高等学校外国语言文学类专业"理解当代中国"系列教材

英语系列教材

UNDERSTANDING CONTEMPORARY CHINA

理解当代中国
汉英翻译教程

Chinese-English Translation

总主编　孙有中
主　编　张　威
副主编　程　维
编　者　王海若　邓小文　刘宇波

外语教学与研究出版社
北京

图书在版编目 (CIP) 数据

高等学校外国语言文学类专业"理解当代中国"系列教材 . 英语系列教材 . 汉英翻译教程／孙有中总主编；张威主编；程维副主编；王海若，邓小文，刘宇波编 . —— 北京：外语教学与研究出版社, 2022.7（2025.7 重印）
ISBN 978-7-5213-3826-3

Ⅰ. ①高… Ⅱ. ①孙… ②张… ③程… ④王… ⑤邓… ⑥刘… Ⅲ. ①英语－翻译－高等学校－教材 Ⅳ. ①H3

中国版本图书馆 CIP 数据核字 (2022) 第 124065 号

出 版 人　王　芳
策划编辑　李会钦　冯　涛
责任编辑　万健玲　张路路
责任校对　孙蒲富阳
封面设计　黄　浩
版式设计　覃一彪
出版发行　外语教学与研究出版社
社　　址　北京市西三环北路 19 号（100089）
网　　址　https://www.fltrp.com
印　　刷　北京盛通印刷股份有限公司
开　　本　787×1092　1/16
印　　张　15.5
版　　次　2022 年 8 月第 1 版　2025 年 7 月第 15 次印刷
书　　号　ISBN 978-7-5213-3826-3
定　　价　60.00 元

如有图书采购需求，图书内容或印刷装订等问题，侵权、盗版书籍等线索，请拨打以下电话或关注官方服务号：
客服电话：400 898 7008
官方服务号：微信搜索并关注公众号"外研社官方服务号"
外研社购书网址：https://fltrp.tmall.com

物料号：338260001

"理解当代中国"系列教材编委会

主 任：

孙有中

副主任：

| 于 漫 | 王 丹 | 文 铮 | 孔德明 | 刘 利 | 刘 宏 | 张洪仪 |
| 陈 英 | 郑立华 | 修 刚 | 姜亚军 | 徐亦行 | 董洪川 |

成 员：

王淑艳	牛林杰	叶良英	田秀坤	朱鹏霄	任 文	刘云虹
许 宏	杜 颖	杨晓敏	李 媛	李长栓	李丽秋	李婧敬
肖 凌	吴中伟	宋协毅	张 威	张 鹏	张世胜	张敏芬
张维琪	陈穗湘	金利民	周异夫	赵 雷	查明建	侯宇翔
姜 锋	徐 辉	高 方	郭风岚	黄 玫	黄东晶	曹羽菲
常福良	傅 荣	谢 詠	雷 佳	綦甲福	蔡美花	臧 宇
魏启荣

总 序

当今世界正面临百年未有之大变局，当代中国正处于近代以来最好的发展时期，实现中华民族伟大复兴进入了不可逆转的历史进程。当前，我国开启全面建设社会主义现代化国家、向第二个百年奋斗目标进军的新征程。全球发展倡议和全球安全倡议，有力引领国际秩序发展正确方向；"一带一路"建设和构建人类命运共同体的中国理念与中国行动，为世界变局下的全球治理注入了中国能量。与此同时，世界各种思想文化交流交融交锋更加频繁，国际舆论斗争和软实力较量更加激烈，国家对有家国情怀、有全球视野，能够讲好中国故事、参与全球竞争的高素质国际化外语人才的需求，从未像今天这样迫切。中国高等外语教育如何积极应变，创新知识体系、课程体系与教材体系，造就一批又一批堪当民族复兴大任的时代新人，服务国家战略需求，助力中国更好走向世界、世界更好了解中国？这是中国高等外语教育界必须应答的时代之问。

一、讲好中国故事是新时代中国高等外语教育的新使命

从近代外语教育培养能读"西书"、译"西学"、学"西洋"的人才，探索抵御列强之道，到革命战争时期培养军事翻译人才，服务对敌斗争之需；从新中国成立后培养多语种外交外事人才，打开我国对外工作新局面，到改革开放以来为经济建设、对外交往和社会发展铺路架桥，再到新世纪培养高素质复合型外语人才，服务国家全球发展和海外合作，中国外语教育始终与民族命运休戚与共，始终把使命担当书写在党和人民的事业之中。历史充分证明，外语教育只有与时俱进，方能服务时代之需，发出时代之声，回应时代之问，培养时代新人。

长期以来，中国高等外语教育关注的是把世界介绍给中国，而进入新时代，中国高等外语教育在继续履行把世界介绍给中国的使命的同时，必须肩负起把中国介绍给世界的新使命。

党的十八大以来，习近平总书记在多种场合发表重要讲话，作出重要批示，为面向未来的中国高等外语教育指明了发展方向，提供了根本遵循。2016年9月，习近平总书记在主持中央政治局集体学习时指出，参与全球治理需要一大批熟悉党和国家方针政策、了解我国国情、具有全球视野、熟练运用外语、通晓国际规则、精通国际谈判的专业人才。2021年5月，习近平总书记在主持中央政治局集体学习时又强调，要讲好中国故事，传播好中国声音，展示真实、立体、全面的中国，下大气力加强国际传播能力建设，形成同我国综合国力和国际地

位相匹配的国际话语权，为我国改革发展稳定营造有利外部舆论环境，为推动构建人类命运共同体作出积极贡献。2021年9月，习近平总书记在中央人才工作会议上强调，要培养造就一批善于传播中华优秀文化的人才，发出中国声音、讲好中国故事，不断提高国际传播影响力、中华文化感召力、中国形象亲和力、中国话语说服力和国际舆论引导力。也是在2021年9月，习近平总书记给北京外国语大学老教授亲切回信，对全国高校外语人才培养提出殷切期许，强调要努力培养更多有家国情怀、有全球视野、有专业本领的复合型人才，在推动中国更好走向世界，世界更好了解中国上作出新的贡献。

新时代中国高等外语教育必须主动服务国家参与全球治理和民族复兴的伟大事业，站在构建中国对外话语体系、提升中国软实力的政治高度，大胆创新知识体系、课程体系与教材体系，努力培养更多国家急需的高层次翻译人才特别是时政翻译人才、国际传播人才、全球治理人才和各行各业参与全球竞争的优秀外语人才，把中华优秀文化、当代中国发展成就和中国共产党治国理政思想介绍给世界，为全球治理提供中国方案，贡献中国智慧，营造有利国际舆论环境，提高我国国际话语权和国家软实力。一句话，当代中国高等外语教育必须大力培养理解当代中国、讲好中国故事的时代新人。

二、《习近平谈治国理政》多语种版本是理解当代中国、讲好中国故事的权威读本

中国文化博大精深，中国故事源远流长。从秦皇汉武到唐宗宋祖，从丝绸之路到郑和下西洋，从四书五经到四大发明，传统中国的故事无疑必须继续讲、创新讲。当前，攸关民族复兴大业的迫切任务，则是要讲好当代中国的故事。讲好当代中国的故事，就必须理解当代中国。

当代中国丰富多彩、气象万千，纵向贯通党史、新中国史、改革开放史、社会主义发展史，横向涵盖政治、经济、社会、文化、教育、国防、外交等方方面面。这显然是多门思政课程才能覆盖的内容。我们认为，对于高校外语类专业而言，在有限的学制学时里，在外语学习的过程中，理解当代中国的最佳选择就是《习近平谈治国理政》多语种版本。

《习近平谈治国理政》是习近平新时代中国特色社会主义思想的重要载体，生动记录了以习近平同志为核心的党中央团结带领全党全军全国各族人民在新时代坚持和发展中国特色社会主义的伟大实践，全面呈现了习近平新时代中国特色社会主义思想的发展逻辑与理论体系，深刻阐释了中国共产党擘画民族复兴大业的宏图伟略和为推动构建人类命运共同体、促进人类和平发展事业贡献

的中国智慧和中国方案。通过《习近平谈治国理政》深入学习领会习近平新时代中国特色社会主义思想，就能更好把握中国实践的理论结晶、中国之治的经验秘籍、民族复兴的根本指南，就能更好理解中国话语体系的基本逻辑、中国故事的叙述框架。

作为中国话语体系的集中体现和融通中外的译文范本，《习近平谈治国理政》多语种版本进入高校外语类专业，有助于师生学习掌握中外权威翻译专家团队的集体智慧，从中汲取翻译技巧、领会话语策略、提高外语应用能力和跨文化沟通能力；有助于外语类专业重构知识体系与课程体系，促进外语类专业新文科建设，深入开展课程思政，落实立德树人根本任务，培养有家国情怀、有全球视野、有专业本领，堪当民族复兴大任的高素质外语人才；有助于推广中国话语的外译标准，构建中国特色话语体系，提高国家语言能力，夯实国家软实力基础，推动中国更好走向世界，世界更好了解中国。

三、"理解当代中国"系列教材是推动习近平新时代中国特色社会主义思想系统融入外语类专业课程体系的有效途径

高等学校外国语言文学类专业"理解当代中国"系列教材（以下简称"本系列教材"）涵盖英语、俄语、德语、法语、西班牙语、阿拉伯语、日语、意大利语、葡萄牙语、韩国语等10个外语语种。各语种本科阶段包括《外语读写教程》《外语演讲教程》《汉外翻译教程》共三册；研究生阶段为《高级汉外翻译教程》，其中英语系列研究生阶段分为《高级汉英笔译教程》和《高级汉英口译教程》。全套教材共41册。[*]

本系列教材旨在将习近平新时代中国特色社会主义思想系统融入外语类专业听说读写译等核心课程，帮助学生夯实外语基本功，在提高读写、演讲与翻译能力的同时，掌握中国特色话语体系，提高用外语讲好中国故事、用中国理论解读中国实践的能力，成为有家国情怀、有全球视野、有专业本领的高素质国际化外语人才，落实好育人育才根本任务。

本系列教材围绕党的十九届六中全会审议通过的《中共中央关于党的百年奋斗重大成就和历史经验的决议》（以下简称《决议》）中"十个明确"，对习近平新时代中国特色社会主义思想的核心内容进行了系统概括，聚焦"十个明确"重要思想内容。本系列教材主课文全部选自《习近平谈治国理政》《决议》以及习近平总书记《在庆祝中国共产党成立100周年大会上的讲话》（以下简

---

[*] "理解当代中国"系列教材还包括国际中文系列，主要面向来华留学生群体。国际中文系列包括《高级中文读写教程》《高级中文听说教程》两个分册。

称《讲话》）等权威文献，并在课堂活动设计与课外延伸阅读等环节辅之以大量生动的事例和数据，坚持中国立场与全球视角相融合、宏大叙事与个案解析相配合、理论思辨与实践观照相结合，引导学生认识真实、立体、全面的当代中国，系统领悟习近平新时代中国特色社会主义思想的原创性、历史性、世界性贡献，为讲好中国故事做好知识准备，打下坚实基础。

为帮助学生有效理解当代中国，用外语讲好中国故事，本系列教材遵循如下编写理念：

课程思政：将价值塑造、知识传授和能力培养融为一体，帮助学生读原著悟原理，将习近平新时代中国特色社会主义思想内化于心、外化于言，坚定"四个自信"，进一步增进对中国共产党领导和中国特色社会主义的政治认同、思想认同、理论认同、情感认同。

融合学习：实施内容与语言融合式外语教学理念，帮助学生在使用外语进行知识探究的过程中不断提高外语能力，在开展听说读写译语言活动的过程中，不断加深对习近平新时代中国特色社会主义思想的理解，最大限度地提高外语学习效能。

能力导向：实施跨文化思辨外语教学理念，帮助学生从跨文化视角分析中国实践，探究中国理论，通过启发式、讨论式、体验式、项目式和线上线下混合式等多种教学形式，提升语言运用能力、跨文化能力、思辨能力、研究能力、合作能力等多元能力。

潮平两岸阔，风正一帆悬。新时代的中国高等外语教育迎来了创新发展的大好机遇。希望本系列教材能够助力全国高校外语类专业与时俱进，更新知识体系和课程体系，不负光荣历史，不负美好时代，为培养堪当民族复兴大任的高素质国际化外语人才作出更大贡献。

在此，谨以习近平总书记的寄语与广大外语学子共勉："用脚步丈量祖国大地，用眼睛发现中国精神，用耳朵倾听人民呼声，用内心感应时代脉搏，把对祖国血浓于水、与人民同呼吸共命运的情感贯穿学业全过程、融汇在事业追求中。"*

"理解当代中国"系列教材编委会
2022 年 6 月

---

* 习近平在中国人民大学考察时强调 坚持党的领导传承红色基因扎根中国大地 走出一条建设中国特色世界一流大学新路，《人民日报》2022 年 4 月 26 日，第 1 版。

前言

一、教材定位

高等学校外国语言文学类专业"理解当代中国"系列教材英语系列教材（以下简称"英语系列教材"）共5册，其中《英语读写教程》《英语演讲教程》和《汉英翻译教程》面向普通高等学校本科学生，《高级汉英笔译教程》和《高级汉英口译教程》面向翻译硕士专业学位研究生、翻译学学术学位硕士研究生、英语语言文学学术学位硕士研究生等。

英语系列教材旨在将习近平新时代中国特色社会主义思想的学习与英语读写、演讲和翻译能力的培养有机融合，引导学生系统学习、深入领会习近平新时代中国特色社会主义思想的核心要义，学会用中国理论观察和分析当代中国的发展与成就，从跨文化视角阐释中国道路和中国智慧，坚定"四个自信"；在内容学习的过程中进一步夯实英语基本功，向高级英语听说读写译能力进阶，重点掌握时政话语特别是中国特色时政文献的语篇特点与规律，培养时政文献阅读与翻译能力，提高思辨能力、跨文化能力和国际传播能力，成为有家国情怀、有全球视野、有专业本领的社会主义建设者和接班人。

二、教材特色

教材突破了技能教材和知识教材的传统分野，将语言学习与知识探究有机融为一体，具有鲜明的特色。

1.《英语读写教程》

本教材可供英语专业、翻译专业、商务英语专业学生本科第4—7学期开设的综合英语、高级英语、英语阅读或中国文化概要等课程使用，也可供大学英语相关课程使用。

理解先行，思辨跟进：引导学生细读习近平新时代中国特色社会主义思想的10个重要方面相关选篇，在全面、准确理解原文思想内涵的基础上，进行应用、分析、评价和创造等高阶思维活动。

理论贯通，实践导向：引导学生通过课文学习和延伸阅读，把握习近平新时代中国特色社会主义思想的核心要义和内在逻辑，并运用该理论体系解释中国实践，加深对中国理论和中国实践的认识，培养理论思维和分析问题与解决问题的能力。

立足中国，放眼世界：通过"全球视角"（Global Perspectives）与"讲好中国故事"（Telling China's Story to the World）特色活动板块，引导学生关注国际社会对中国理论与中国实践的理解与误解，培养学生的跨文化思辨意识，提高用英语讲好中国故事的能力。

自主学习，合作探究：贯彻"学习中心、产出导向"的教学理念，注重指导学生独立预习课文，独立检索相关文献，进行延伸阅读。通过多样化的课内课外、线上线下小组学习活动，引导学生在独立思考和独立研究的基础上进行合作探究，不断提高思辨能力、研究能力和创新能力。

读写结合，显隐得当：以读促写，以写促读，实现阅读能力和写作能力的同步提高。让学生在运用语言的过程中循序渐进提高语言质量（隐性语言学习），同时通过各单元系统设计的词句篇语言练习进一步夯实语言基本功（显性语言学习）。

2.《英语演讲教程》

本教材可供英语专业、翻译专业、商务英语专业学生本科第 4—7 学期高级口语或演讲课程使用，也可供大学英语相关课程使用。

细读原著，理解中国：引导学生通过深入阅读习近平新时代中国特色社会主义思想重要方面的关键选篇，掌握其基本观点和内在逻辑，理解中国理论与中国实践。倡导语言与内容融合发展的教学理念，通过课堂热身活动提供丰富的案例、数据与形式多样的教学活动，加深学生对中国理论和中国实践的理解和认识。

产出导向，讲述中国：以任务为导向，通过主题内容学习和演讲技能训练，搭建脚手架帮助学生完成具有挑战性的口头产出任务。注重培养学生的跨文化思辨意识，提高用英语讲好中国故事的能力。

合作探究，融合发展：贯彻"学习中心"的教学理念，注重指导学生在课前检索相关文献，查找中国治理实例，理解和阐释课文内容。通过多样化的课内课外、线上线下小组学习活动，引导学生在研讨与合作探究中提升英语表达与沟通能力，促进演讲能力、思辨能力、研究能力和创新能力的融合发展。

3.《汉英翻译教程》

本教材可供英语专业、翻译专业、商务英语专业学生本科第 5—8 学期汉英笔译课程使用，也可供大学英语相关课程使用。

教师主导，学生主体：以教师讲解原文思想与翻译策略为基础，引导学生强化翻译策略训练；教师阐释与学生学习体验相结合，围绕习近平新时代中国特色社会主义思想的 10 个重要方面，帮助学生掌握习近平新时代中国特色社会主义思想的核心要义，认识中国时政文献翻译的特点与规律。

突出基础，强化对比：重视汉语与英语的基础知识学习，关注中国时政文献的语言特色以及中国时政话语的中英文差异。

以我为主，融通中外：坚持以中国时政文献原文思想内涵为根本，兼顾国际受众理解与接受，灵活应用多样化翻译策略与方法。

实践为本，反思为要：将翻译实践感悟与理论阐释相结合，引导学生系统总结与理性分析中国时政文献翻译与传播的实践，认识国际传播效果评价的系统性与复杂性。

4.《高级汉英笔译教程》

本教材可供翻译硕士专业学位研究生、翻译学学术学位硕士研究生、英语语言文学学术学位硕士研究生汉英笔译课程使用。

理论为纲，实践为本：以习近平新时代中国特色社会主义思想的 10 个重要方面构建单元逻辑和课程知识结构。引导学生通过选文学习、翻译实践、译文评析、拓展练习和延伸阅读，把握习近平新时代中国特色社会主义思想的核心要义，加深对中国理论和中国实践的认识。同时，学习掌握相关翻译理论，努力做到翻译理论和翻译实践相结合，培养理论思维和分析问题、解决问题的能力。

问题导向，能力为要：以问题为导向，引导学生在基本翻译原则指导下，通过大量实践不断提高翻译决策能力和解决具体问题的能力。引导学生关注中国当代时政文献的特点和基本翻译原则，以及基本原则指导下的决策考量和常见问题的处理方法，并反思译文的接受效果。通过反复实践，引导学生举一反三、融会贯通，培养国际传播意识，提升翻译实践能力。

宏观着眼，微观入手：引导学生遵循"以大见小、以小见大"的翻译程序。先从语篇角度出发，把握文本产生的宏观背景、目的要义、内部逻辑以及整体的风格语域等特点；再从句段入手，处理好局部与细节，解决好重点难点问题，做到局部照应整体，与全文的宗旨要义、风格语域等前后贯通、协调一致。

练习拓展，思考延伸：通过课堂讨论、翻译练习和拓展阅读，引导学生通过自主学习、合作探究、互评互学相结合的方式开展拓展练习和过程反思。鼓励学生运用批判性思维，认识到艺无止境、译无止境；正确认识翻译理论与实践之间的关系，同步提升理论素养与实践技能。

5.《高级汉英口译教程》

本教材可供翻译硕士专业学位研究生、翻译学学术学位硕士研究生、英语语言文学学术学位硕士研究生汉英口译课程使用。

注重分析理解： 围绕习近平新时代中国特色社会主义思想的10个重要方面，引导学生准确理解源语意义，分析源语逻辑和结构，积累相关背景知识和专门术语表达。

遵循能力理论： 将视译和带稿同传分解为多个子能力，引导学生感受并提高多任务协调能力和自我监控能力，从各个子能力角度提高综合口译能力。

关照学生视角： 实施"学习中心"的教学理念，引导学生发现问题，鼓励学生既要重视口译结果也要感受口译过程，不断提高解决问题的能力和口译能力。

贯彻实践导向： 以实践为主，通过跟读练习、口译练习、课堂报告等形式提高学生的表达能力和思辨能力，使理论知识化为实践能力。

三、教学资源

教学资源是保障教材有效使用的必要支撑。英语系列教材在理论高度、知识深度和教学方法等方面对教师均有较大的挑战性。为支持教学工作顺利开展，英语系列教材各册均配有教师用书，提供各单元重难点解析、练习答案、教学建议、补充练习等材料。同时建设了教学资源平台，提供习近平新时代中国特色社会主义思想的系列讲座视频，各册配套优秀教案、示范教学视频，以及形式多样的当代中国主题延伸学习文本和音视频资源，供教师备课参考和学生课外学习使用。此外，为支持课程学习，教材还配有数字课程，提供教学管理功能和丰富的学习资源。

四、译文说明

英语系列教材关于习近平新时代中国特色社会主义思想的语篇、段落和句子大多选自《习近平谈治国理政》第一卷、第二卷、第三卷。为保证术语翻译的规范性，关键术语的译法如在不同卷册有差异，一律以第三卷为准。部分材料选自《讲话》和《决议》，为体现术语翻译的发展，本系列教材也选用了部分《讲话》和《决议》中的术语译法。

五、分工与致谢

英语系列教材的编写团队由北京外国语大学、上海外国语大学、北京第二外国语学院和北京语言大学的资深教授和骨干教师组成。教育部高等学校外国语言文学类专业教学指导委员会英语专业教学指导分委员会全体委员、马克思主义理论专家对英语系列教材进行了专业评审，提出了宝贵的修改意见。中国外文局参与《习近平谈治国理政》翻译和审定稿的中外专家对翻译教材进行了审稿把关。为增强教材内容的多样性与丰富性，我们在编写过程中选用了中央党史和文献研究院、中国外文局、人民出版社、人民网、新华网、中国日报等相关单位的文章素材，人民视觉网提供了《英语读写教程》《英语演讲教程》中的大量图片。对上述单位的倾力支持与帮助，谨致以最诚挚的谢意。

英语系列教材编写组

2022 年 6 月

编写说明

一、教材设计

《汉英翻译教程》以习近平新时代中国特色社会主义思想为纲，在系统学习与充分理解其思想内容的基础上，聚焦中国时政文献的翻译策略与实践。本教材共12个单元。第一单元介绍中国时政文献的内涵与特色，第二单元说明中国时政文献翻译的原则与策略，第三至十二单元为主题单元，分别为：1）中国特色社会主义最本质的特征和中国特色社会主义制度的最大优势；2）坚持和发展中国特色社会主义总任务；3）坚持以人民为中心的发展思想；4）中国特色社会主义事业总体布局和战略布局；5）全面深化改革总目标；6）全面推进依法治国总目标；7）必须坚持和完善社会主义基本经济制度；8）党在新时代的强军目标；9）中国特色大国外交；10）全面从严治党的战略方针。

本教材所选材料来自《习近平谈治国理政》第一卷、第二卷、第三卷，《在庆祝中国共产党成立100周年大会上的讲话》和《中共中央关于党的百年奋斗重大成就和历史经验的决议》，涉及习近平新时代中国特色社会主义思想的重要方面。

在第一、二单元介绍中国时政文献翻译概论的基础上，第三至十二单元结合具体单元主题聚焦翻译实践，基本覆盖时政文献这一特定文体的主要翻译策略。第三至十二单元的内部结构如下：

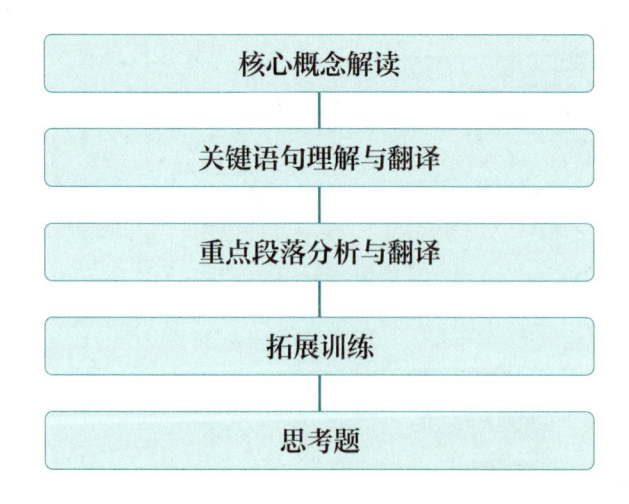

```
核心概念解读
    ↓
关键语句理解与翻译
    ↓
重点段落分析与翻译
    ↓
拓展训练
    ↓
思考题
```

核心概念解读：解读单元主题下相关核心概念的思想内涵，讲解其翻译过程，帮助学生有效提高对具体主题思想的认识，把握核心概念的翻译策略。

关键语句理解与翻译：阐述凸显单元主题思想的关键语句的主要内容及其翻译策略，引导学生在句子语境中进一步学习主题思想，把握语句层面的翻译组织过程，增强学生翻译的句法意识。

重点段落分析与翻译：系统讲解反映单元主题思想的重点段落及其翻译策略，包括基础阅读及试译分析、参考译文及翻译策略分析、补充阅读及翻译分析三个部分。帮助学生在语篇环境中深化对主题思想的学习，学习语篇层次的翻译协调过程，强化其语篇翻译意识。

拓展训练：围绕单元主题思想，从词汇、句子、语篇等不同层次强化学生对原文的理解，拓展其翻译实践，帮助学生进一步领会主题思想，巩固翻译策略的理解与应用。

思考题：围绕单元主题思想，结合重点翻译策略，引发学生基于翻译实践的翻译理性思考，培养学生基于翻译实践的翻译反思能力，强化其翻译研究意识。

二、教学建议

本教材聚焦时政文献翻译，强调时政文献的翻译原则与策略。为更好把握时政文献翻译的特殊性及其主要翻译策略，建议学生在学习本教材前，先修相关课程了解汉英翻译的整体性原则与主要方法。

本教材共 12 个单元，建议每单元安排 2—3 学时。教师可根据本校学生实际特点和具体需求，结合本校实际教学安排，调整具体教学计划。

第一、二单元分别聚焦中国时政文献的定义、性质、功能、特点以及中国时政文献翻译的原则与策略，统领后续单元的翻译策略分析。建议采用课堂教授与研讨的教学方式。

第三至十二单元围绕习近平新时代中国特色社会主义思想的重要方面，帮助学生理解其主要内容与本质内涵，进行相应的翻译策略学习与分析。建议采用自主学习、实践演练、课堂研讨相结合的方式。具体而言，单元内部各环节教学建议如下：

课前建议学生自主学习"核心概念解读""关键语句理解与翻译"，并试译"重点段落分析与翻译"中的文本。

课中建议教师将讲解、讨论相结合，进行核心概念、重点段落讲解，并结合学生试译文本对重点段落进行分析与翻译。

课后建议学生完成"拓展训练"与"思考题"板块。针对"拓展训练",建议教师采用点评方式,针对"思考题",建议学生以小组讨论并撰写研究报告的形式展开翻译研究。

给教师的建议:

1. 提高理论素养

本教材实施价值塑造、知识传授和能力培养三位一体的课程思政理念。为了有效开展教学,教师应率先阅读原著,学习领会习近平新时代中国特色社会主义思想的核心要义和内在逻辑,全面提高自身的政治理论素养,坚定"四个自信",学会用中国理论解读中国实践。

2. 理解当代中国

本教材的核心目标之一就是帮助学生理解当代中国。教师在授课中应引导学生细读课文原著,必要时进行拓展阅读和研究,鼓励和帮助学生运用习近平新时代中国特色社会主义思想的基本观点和方法,在全球大背景下深入分析当代中国改革开放和社会主义现代化建设的丰富实践,成为堪当民族复兴重任的时代新人。

3. 强化语言对比

本教材突出对中国时政文献的充分理解与对外翻译。教师应扎实掌握中英两种语言的基本知识,系统了解中英两种语言的基本关系,特别是中国时政文献话语体系在两种语言的词汇、句法、语篇、逻辑、叙事等不同层面的差异,引导学生熟悉时政文献的语言特点,树立语言对比意识,加强中国时政文献对外翻译的语言规范性。

4. 突出国际传播

本教材的最终目标是培养高素质的翻译与国际传播专门人才。教师应具备国际传播意识,掌握国际传播基本知识。要坚持"以我为主"的原则,忠实传达中国时政文献的核心思想内涵;要明确"融通中外"的国际传播原则,充分理解并客观评价多样化翻译策略的组织协调与具体效果。

5. 丰富教学方法

本教材聚焦中国时政文献的跨文化理解与翻译,涉及内容丰富而深刻的中国话语体系,关联形式多样而复杂的中国话语国际传播。教师应深刻认识到中国话语翻译与国际传播的重要性和艰巨性,充分应用启发式、研讨式教学方法,避免空泛地介绍翻译原则与策略,重视中国时政文献翻译原则统一性与翻译策略灵活性的结合,避免简单、机械地进行语言对比分析,重视基于主题思想理解的跨文化阐释与翻译，避免"标准答案"式的绝对化评价，鼓励基于主题思想有效传播的多样化阐释。

给学生的建议：

1. 争做"三有人才"

在 2021 年北京外国语大学建校 80 周年之际，习近平总书记在给北外老教授的回信中指出，要努力培养有家国情怀、有全球视野、有专业本领的复合型人才。为此，外语类专业学生不仅要系统学习中外语言文化知识，努力提高外语实践技能，更要坚定"四个自信"，提高国际传播能力，在推动中国更好走向世界、让世界更好了解中国的进程中，作出外语人才应有的贡献。

2. 掌握中国话语

加强国际传播能力建设，提升中国国际话语权，已经成为国家发展战略的重要组成部分。同学们要全面学习以中国时政文献为代表的中国话语，把握中国话语的基本内涵，深化对中国话语的理解，提高对中国话语的阐释能力，自觉成为中国道路、中国理论、中国制度、中国文化的学习者、实践者、传播者。

3. 熟悉国际传播

中国话语的国际传播不仅依靠对中国话语本身的理解与翻译，更取决于主动的国际传播意识和有效的国际传播策略。同学们应努力学习国际传播相关理论知识，熟悉国际传播的基本规范与操作过程，以语言为载体、以文化为媒介、以传播为核心，努力提高中国话语国际传播影响力、说服力、引导力。

4. 加强自主学习

中国时政文献的主题思想深刻，内容丰富，语言特色鲜明；时政文献的翻译策略具有多样性、复杂性和灵活性。同学们应加强自主学习意识，培养独立思考能力，磨炼思辨能力，在时政文献学习、翻译策略分析、翻译经验总结等不同阶段，对照翻译基本原则和主要策略，重视个人实践经验提炼升华，加强翻译策略意识，提高翻译实践效果。

三、分工与致谢

本教材是北京外国语大学、北京第二外国语学院资深教授和骨干教师精诚合作的结晶。北京外国语大学张威负责全书的编写理念、基本原则和整体框架，同时负责编写具体章节。北京第二外国语学院程维参与优化全书结构，负责沟通关于中国时政文献主题思想的解读，同时负责编写具体单元。北京外国语大学王海若、邓小文、刘宇波参与讨论全书结构与内容，同时分别负责编写具体单元。具体单元分工为：张威编写第一、二、三、十单元，程维编写第四、五单元，王海若编写第十一、十二单元，邓小文编写第六、九单元，刘宇波编写第七、八单元。

  在编写过程中，我们吸取了教育部高等学校外国语言文学类专业教学指导委员会英语专业教学指导分委员会全体委员，以及外语教学与研究出版社编辑团队的宝贵意见。此外，在原文思想解读、翻译策略分析、中国话语国际传播等不同主题分析过程中，外交部、中国外文局、外文出版社、中央党史和文献研究院等单位的专家通过访谈、审稿等形式给予了专业指导，他们是（按姓氏拼音排序）：陈明明、大卫·弗格森（David Ferguson，英国）、贺军、黄长奇、黄友义、李洋、王刚毅、王丽丽、王明杰、徐明强。最后，初稿完成后，外语教学与研究出版社章思英副总编辑进行了审订，试用院校师生也提出了许多中肯建议，在此一并致谢。

  因时间仓促和编者能力所限，教材中难免有错漏之处，我们诚恳地希望使用本教材的教师和学生给我们提出宝贵意见，以便再版改进。

编 者
2022 年 6 月

目　录

中国时政文献翻译概论

第一单元　　中国时政文献的内涵与特色　　3

第二单元　　中国时政文献翻译的原则与策略　　15

中国时政文献翻译实践

第三单元　　中国特色社会主义最本质的特征和
　　　　　　中国特色社会主义制度的最大优势　　39

第四单元　　坚持和发展中国特色社会主义总任务　　55

第五单元　　坚持以人民为中心的发展思想　　75

第六单元　　中国特色社会主义事业总体布局和战略布局　　93

第七单元　　全面深化改革总目标　　109

第八单元　　全面推进依法治国总目标　　125

第九单元　　必须坚持和完善社会主义基本经济制度　　143

第十单元　　党在新时代的强军目标　　163

第十一单元　中国特色大国外交　　179

第十二单元　全面从严治党的战略方针　　199

参考文献　　220

后　　记　　225

中国时政文献翻译概论

第一单元

中国时政文献的内涵与特色

本单元重点说明中国时政文献的性质、功能，系统介绍中国时政文献的语言特色，为后续翻译实践提供文本意义及语言组织方面的准备。

一、中国时政文献的基本内涵

时政文献一般指反映时代特色的政治、经济、文化、外交等领域事务、活动及相关背景的材料。就文本类型而言，时政文献属于一种以信息传播为主的正式信息型文本，多表现为政府机构及其代表人的官方文件，主要包括领导人讲话、政府公告、政党报告、政府机关政策文件等。

中国时政文献又可称"党政文献"，是阐明中国政府政策方针及相关指导思想的正式文件，主要反映具体时代环境下中国的内政外交和社会经济发展的基本情况，主要包括中国共产党中央委员会、中华人民共和国全国人民代表大会、中华人民共和国国务院和中国人民政治协商会议全国委员会的重要决议、会议公报以及法律、法规等，也包括中央领导人的重要报告、讲话、文稿，以及中华人民共和国国务院新闻办公室发表的白皮书等相关文献资料。

1. 集中体现国家政策、方针

作为一种正式文本，中国时政文献是中国共产党和中国政府对外发布中国共产党的执政理念、宣布国家政策、说明行为规范的重要文件载体，集中说明中国共产党和中国政府大政方针，如中国的国体、政体，中国共产党的领导，中国特色社会主义理论，社会主义核心价值观，中国在经济、政治、文化、外交等关键领域的重大原则、路线与方针。

总之，中国时政文献是中国政府对外交流与宣传的官方文件，也是世界了解与认识中国时政的重要窗口，在加强中外交流、促进中外融通方面发挥着不可替代的作用。

2. 新概念、新范畴、新表述密集呈现

中国时政文献功能明确、体系完整、内容丰富。党和政府理念多集中体现为表述精炼、思想深刻的关键概念或术语，是中国时政文献最突出的代表，也是中国特色话语体系高度的代表。具体而言，中国时政文献或话语中，历史观强调鉴古知今、开创未来；制度观尊重人民选择，彰显自信；发展观注重综合全面；道路观坚持独立自主；世界观推动和平发展；价值观践行义利合一；秩序观孕育和谐共生。

二、中国时政文献的语言特色

鉴于中国时政文献在文本性质和功能上的特殊性，其语言具有明显特点：词汇正式、术语独特、句型特殊、组织严密、语义连贯、修辞多样。以下从词汇、句法、语篇、修辞四个维度具体阐释。

1. 词汇特点

中国时政文献反映党和国家政策、方针，文献材料的词汇表达严谨规范，逻辑严密，主要表现为政策术语集中、特殊词汇使用频繁、数字化表达丰富等。

1.1 政策术语集中

中国时政文献体现党和国家在政治、经济、文化、外交等领域的方针、政策，具体领域的专业表述使用集中，内涵丰富，意义重大，如：

专题	关键词
党的建设	全面从严治党、政治规矩、"四个意识"、"四个自信"、"两个维护"、"两个确立"、"三严三实"、"四风"问题
政治建设	党的领导、人民当家作主和依法治国有机统一、政治体制改革、转变政府职能、统一战线、治理体系和治理能力现代化、中国共产党领导的多党合作和政治协商制度
经济发展	新发展阶段、新发展理念、新发展格局、"中国制造2025"、新型城镇化道路、创新驱动发展战略、战略性新兴产业、中国经济新常态
文化建设	社会主义核心价值观、社会主义核心价值体系、中国特色社会主义文化发展道路、社会主义先进文化、中华优秀传统文化
生态环境及社会治理	美丽中国、生态补偿制度、生态红线、共建共治共享、基层治理、网格化
全面深化改革	供给侧结构性改革、全国统一大市场、简政放权、改革进入深水区
新时代外交	总体国家安全观、新型国际关系、交流互鉴的文明观、正确义利观、中非全面战略合作伙伴关系

1.2 特殊词汇使用频繁

中国时政文献语言表述严谨，特殊词汇使用频繁，主要包括词缀化抽象名词、范畴类虚义名词和多义词。

◆ 词缀化抽象名词

词缀化抽象名词指汉语中由抽象词尾（如"化""性""度"）等附着在具体名词后形成的抽象名词。相比普通名词，这种构词方法更为正式、概括力强，因此在中国时政文献中出现频率较高，其中以"化""性""型""力"为词缀的抽象名词更为突出。

例 1. 马克思主义也面临着进一步中国化、时代化、大众化的问题。

例 2. 改革全面发力、多点突破、纵深推进，着力增强改革系统性、整体性、协同性，压茬拓展改革广度和深度，推出一千五百多项改革举措，重要领域和关键环节改革取得突破性进展，主要领域改革主体框架基本确立。

例 3. 加快建设资源节约型、环境友好型社会。

例 4. 不断增强党的政治领导力、思想引领力、群众组织力、社会号召力，确保我们党永葆旺盛生命力和强大战斗力。

◆ 范畴类虚义名词

范畴类虚义名词指汉语中在具体语境中没有实际所指意义，只是符合汉语表达习惯的部分名词。中国时政文献中范畴类虚义名词使用频繁，主要包括"情况""问题""水平""工作""局面""方向""事业""领域""因素""业务""状态""建设"等。

例 1. 重点检查落实党的十八大和十八届三中、四中、五中全会精神的情况，贯彻落实党中央重大决策部署的情况，确保党的集中统一，保证党中央政令畅通。

例 2. 滥用权力、贪污受贿、腐化堕落、违法乱纪问题，有纪不依、执纪不严、违纪不究问题，不思进取、不敢担当、庸懒无为问题，等等。

例 3. 提高社会治理社会化、法治化、智能化、专业化水平。

◆ 多义词

多义词指汉语中具有多种词义、在不同语境中具有不同内涵的词语。中国时政文献中多义词使用频繁，在特定语境中表达特定含义，如"精神""科学""文明""发展"等。这一点在英文译文中体现明显，也是翻译的难点之一。

例 1. 精神
- 为人民提供精神指引

  to provide a source of cultural and moral guidance for our people
- 弘扬民族精神和时代精神

  to foster a Chinese ethos and a readiness to respond to the call of our times
- 满足人民过上美好生活的新期待，必须提供丰富的精神食粮。

  To meet the people's new aspirations for a better life, we must provide them with rich intellectual nourishment.
- 激发和保护企业家精神，鼓励更多社会主体投身创新创业。

  We will inspire and protect entrepreneurship, and encourage more entities to engage in innovation and businesses.

例 2. 科学
- 发展必须是科学发展。

  Our development must be sound development.
- 形成科学合理的管理体制

  to develop a sound system of administration
- 建立全面规范透明、标准科学、约束有力的预算制度

  to put in place a comprehensive, procedure-based, transparent budget system that uses well-conceived standards and imposes effective constraints
- 科学配置党政部门及内设机构权力、明确职责

  to ensure that powers are designated properly and functions and duties are defined clearly both for the institutions themselves and their internal bodies

例 3. 文明
- 社会文明水平尚需提高。

  Civic awareness needs further improvement.
- 生态文明建设成效显著。

  We have made notable progress in building an eco-civilization.
- 群众性精神文明创建活动扎实开展。

  Initiatives to improve public etiquette and ethical standards have proved successful.

- 为把我国建设成为富强民主文明和谐美丽的社会主义现代化强国而奋斗

  to strive to build China into a great modern socialist country that is prosperous, strong, democratic, culturally advanced, harmonious, and beautiful

- 社会文明程度达到新的高度。

  Social etiquette and civility are significantly enhanced.

- 我国物质文明、政治文明、精神文明、社会文明、生态文明将全面提升。

  New heights are reached in every dimension of material, political, cultural and ethical, social, and eco-environmental progress.

- 建设法治政府，推进依法行政，严格规范公正文明执法。

  We will govern by rule of law, promote law-based government administration, and see that law is enforced in a strict, procedure-based, impartial, and non-abusive way.

- 推动社会主义精神文明和物质文明协调发展

  to promote socialist material wellbeing and raise socialist cultural-ethical standards

- 倡导健康文明生活方式，预防控制重大疾病

  to promote healthy and positive lifestyles, and prevent and control major diseases

- 通过多种渠道，教育和引导贫困群众改变陈规陋习、树立文明新风

  to guide the poor in abandoning outdated customs and cultivating healthy practices through different channels

1.3 数字化表达丰富

数字化结构指数字成为构词的关键要素，成为特殊的词语表达方式。中国时政文献频繁出现数字化词语结构，凝练表达内涵丰富的政策、方针或精神，构成中国时政话语的一个突出特点。

例1. "两学一做"：指学党章党规、学系列讲话，做合格党员。

例2. "三严三实"：指严以修身、严以用权、严以律己，谋事要实、创业要实、做人要实。

例3. "四个自信"：指中国特色社会主义道路自信、理论自信、制度自信、文化自信。

例 4. "五位一体"总体布局：指中国特色社会主义事业总体布局，包括经济建设、政治建设、文化建设、社会建设、生态文明建设。

例 5. "两个一百年"奋斗目标：指建设中国特色社会主义的奋斗目标。在中国共产党成立 100 年时全面建成小康社会，在新中国成立 100 年时建成富强民主文明和谐美丽的社会主义现代化强国。

2. 句法特点

中国时政文献使用的句式丰富多样，主要包括主语省略（隐含）句、连动句、主谓短句（或主谓结构）、流水句、并列句、长句等。

2.1 主语省略（隐含）句

主语省略（隐含）句指汉语句子中不出现（或隐含）主语，保持语义连贯。

例 1. 实现中国梦，必须坚持中国特色社会主义道路。

例 2. 坚定不移贯彻新发展理念，坚决端正发展观念、转变发展方式，发展质量和效益不断提升。

2.2 连动句

连动句指汉语句子中同一主语支配不同动词，这些动词连续使用，形成动宾结构并列出现的形式（动词1 + 宾语1，动词2 + 宾语2，……）。

例 1. 坚持一个中国原则和"九二共识"，推动两岸关系和平发展，加强两岸经济文化交流合作，实现两岸领导人历史性会晤。

例 2. 必须提高政治站位、树立历史眼光、强化理论思维、增强大局观念、丰富知识素养、坚持问题导向。

2.3 主谓短句（或主谓结构）

主谓短句（或主谓结构）指汉语句子只包括主语和谓语两部分，主语强调句子信息的相关主题，谓语说明主题的具体性质和状态。

例 1. 社会主义民主不断发展，党内民主更加广泛，社会主义协商民主全面展开，爱国统一战线巩固发展，民族宗教工作创新推进。

例 2. 生态文明制度体系加快形成，主体功能区制度逐步健全，国家公园体制试点积极推进。

2.4 流水句

流水句指汉语（特别是口语）句子多连续使用短句，强调语义连贯，语法形式灵活，形成前后紧密连接的流水形态，是汉语的一种特殊复句。

例1. 要持之以恒把民生工作抓好，发扬钉钉子精神，有坚持不懈的韧劲，推出的每件事都要一抓到底，一件事情接着一件事情办，一年接着一年干，锲而不舍向前走，做到件件有着落、事事有回音，让群众看到变化、得到实惠。

例2. "快递小哥"工作很辛苦，起早贪黑、风雨无阻，越是节假日越忙碌，像勤劳的小蜜蜂，是最辛勤的劳动者，为大家生活带来了便利。

2.5 并列句

并列句或并列结构指汉语中若干结构相似的简单句或分句连续使用，形式简洁明了，内在语义逻辑复杂多变。

例1. 开展这次主题教育，就是要坚持思想建党、理论强党，坚持学思用贯通、知信行统一，推动广大党员干部全面系统学、深入思考学、联系实际学，不断增强"四个意识"、坚定"四个自信"、做到"两个维护"，筑牢信仰之基、补足精神之钙、把稳思想之舵。

例2. 功成名就时做到居安思危、保持创业初期那种励精图治的精神状态不容易，执掌政权后做到节俭内敛、敬终如始不容易，承平时期严以治吏、防腐戒奢不容易，重大变革关头顺乎潮流、顺应民心不容易。

2.6 长句

长句指汉语句子以连动句、主谓短句、流水句、并列句等多种句式构成的较长的句子，其结构复杂、形式紧凑、内在语义连贯。

例1. 我们党紧紧依靠人民，从根本上改变了中国人民和中华民族的前途命运，不可逆转地结束了近代以后中国内忧外患、积贫积弱的悲惨命运，不可逆转地开启了中华民族不断发展壮大、走向伟大复兴的历史进军，使具有5000多年文明历史的中华民族以崭新的姿态屹立于世界民族之林。

例 2. 在新时代，我们党必须以党的自我革命来推动党领导人民进行的伟大社会革命，把党建设成为始终走在时代前列、人民衷心拥护、勇于自我革命、经得起各种风浪考验、朝气蓬勃的马克思主义执政党，这既是我们党领导人民进行伟大社会革命的客观要求，也是我们党作为马克思主义政党建设和发展的内在需要。

3. 语篇特点

中国时政文献的语言组织整体呈现隐性衔接和语义连贯的特点，多使用重复、省略等方法实现语篇衔接，多依赖语序和内在逻辑实现语义连贯。

3.1 语篇衔接

语篇衔接指利用替代、省略、重复等词汇或语法手段实现语篇内容前后关联，而汉语语篇衔接多借助重复、省略等方法。中国时政文献常常使用重复或省略方法实现语篇衔接。

例 1. 大海有风平浪静之时，也有风狂雨骤之时。没有风狂雨骤，那就不是大海了。狂风骤雨可以掀翻小池塘，但不能掀翻大海。经历了无数次狂风骤雨，大海依旧在那儿！

例 2. 高考改革牵一发而动全身，各级党委和政府要做到亲自把关、亲自协调、亲自督查，加大统筹协调力度，确保这项备受关注的高风险改革平稳落地。（省略："亲自把关、亲自协调、亲自督查，加大统筹协调力度"的对象是"高考改革"；替代和重复："这项……改革"）

3.2 隐性语义连贯

语义连贯指句子信息的内在语义关联，明确彼此的逻辑关系。汉语语篇多表现为主题或信息排列，并不依赖（也不需要）表达内在逻辑关系的语言形式手段，隐性连贯更普遍。中国时政文献的隐性语义连贯比较明显。

例 1. 国家加大中小投资者权益保护力度，完善中小投资者权益保护机制，保障中小投资者的知情权、参与权，提升中小投资者维护合法权益的便利度。

例 2. 现在，教育最突出的问题是中小学生太苦太累，办学中的一些做法太短视太功利，更严重的是大家都知道这种状况是不对的，但又在沿着这条路走，越陷越深，越深越陷！（注意主语省略、流水句的应用，明确内在逻辑：中小学生负担重的原因是办学中一些不合理做法，而且情况严重。）

4. 修辞特点

中国时政文献体现党和国家的方针政策，语言表述整体严谨正式，同时也注重应用多种修辞方法，强化主旨内涵的感召性。习近平善于使用口语化、生活化表达，言辞朴实，平易近人，感情真切，其语言具有显著的说服力、亲和力、感染力和震撼力，形成了独特的话语风格。

4.1 多样化修辞策略

中国时政文献充分利用不同修辞方法，形象地表达具体理念、政策和措施，增强信息传播效果。

◆ "成语化"四字格、三字格

"成语化"四字格、三字格使用四字或三字组合词语或短语，形式紧凑、意义明确、节奏鲜明，是中国时政文献语言表述的一个显著特征。

例 1. 我将一如既往，忠实履行宪法赋予的职责，忠于祖国，忠于人民，恪尽职守，竭尽全力，勤勉工作，赤诚奉献，做人民的勤务员，接受人民监督，决不辜负各位代表和全国各族人民的信任和重托！

例 2. 营造良好政治生态是一项长期任务，必须作为党的政治建设的基础性、经常性工作，浚其源、涵其林、养正气、固根本，锲而不舍、久久为功。

例 3. 紧紧围绕举旗帜、聚民心、育新人、兴文化、展形象的使命任务，在正本清源上展现新担当，在守正创新上实现新作为。

◆ 反复

反复又称重复或"重叠表现法"，指同一词语或表达连续出现，加强表达语气。中国时政文献中反复修辞使用频繁。

例 1. 我们绝不允许任何人、任何组织、任何政党、在任何时候、以任何形式、把任何一块中国领土从中国分裂出去！

例 2. 实践发展永无止境，解放思想永无止境，改革开放也永无止境。

例3. 希望大家坚定文化自信，把握时代脉搏，聆听时代声音，承担记录新时代、书写新时代、讴歌新时代的使命，勇于回答时代课题，从当代中国的伟大创造中发现创作的主题、捕捉创新的灵感，深刻反映我们这个时代的历史巨变，描绘我们这个时代的精神图谱，为时代画像、为时代立传、为时代明德。

◆ 譬喻

譬喻又称比喻，指将两个本质不同但又存在某些相似特点的事物关联使用，提高形象表达力。中国时政文献中譬喻使用频繁，有效增强了具体观点的表达效果。

例1. 中国经济是一片大海，而不是一个小池塘。

例2. 让权力在阳光下运行，把权力关进制度的笼子。

例3. 时代是出卷人，我们是答卷人，人民是阅卷人。

◆ 对偶

对偶指字数相等、句法相同或相似的两个语言单位成对排列。中国时政文献中对偶式表达使用频繁。

例1. 文化兴国运兴，文化强民族强。

例2. 人心是最大的政治，共识是奋进的动力。

◆ 排比

排比指同范围、同性质语言表达排列出现，多为三项或三项以上排列。中国时政文献中排比使用频繁，以起到增强效果的作用。

例1. 波澜壮阔的中华民族发展史是中国人民书写的！博大精深的中华文明是中国人民创造的！历久弥新的中华民族精神是中国人民培育的！

例2. 在劈波斩浪中开拓前进，在披荆斩棘中开辟天地，在攻坚克难中创造业绩，用青春和汗水创造出让世界刮目相看的新奇迹！

◆ 用典

典故一般指文章中引用的历史故事、经典文献、诗词歌赋等材料。中国时政文献常使用典籍、诗词等多种典故，以丰富具体内容的表达效果，突出具体主题的思想内涵。

例1. 法律的生命也在于公平正义，各国和国际司法机构应该确保国际法平等统一适用，不能搞双重标准，不能"合则用、不合则弃"，真正做到"无偏无党，王道荡荡"。

例2. 我们不需要更多的溢美之词，我们一贯欢迎客观的介绍和有益的建议，正所谓"不要人夸颜色好，只留清气满乾坤"。

例 3. 正所谓"大鹏之动,非一羽之轻也;骐骥之速,非一足之力也"。中国要飞得高、跑得快,就得汇集和激发近 14 亿人民的磅礴力量。

4.2 习近平"群众语言"风格

习近平善于灵活运用生活化、通俗化的语言素材,表达重大而深刻的理念与原则,语言朴实,娓娓道来,用"大白话"阐述"真道理",形成了独特的"群众语言"风格。

例 1. 不搞大水漫灌,不搞"手榴弹炸跳蚤",因村因户因人施策,对症下药、精准滴灌、靶向治疗,扶贫扶到点上扶到根上。

例 2. 鞋子合不合脚,只有穿的人才知道。中国特色社会主义制度好不好、优越不优越,中国人民最清楚,也最有发言权。

例 3. 全面从严治党永远在路上,不能有任何喘口气、歇歇脚的念头。

第二单元

中国时政文献翻译的原则与策略

本单元将重点说明中国时政文献翻译的基本原则,系统梳理中国时政文献翻译的不同策略,强调在忠实传达原文语义内涵的基础上,灵活应用多样化翻译策略。

一、中国时政文献翻译的基本理念与原则

中国时政文献是一种特殊的文本类型，翻译时应结合中译外传播的基本目的，强调跨文化交际意识，坚持忠实原文、便于接受的翻译原则。

1. "不忘本来、吸收外来、面向未来"的跨文化交际意识

跨文化交际一般指特定场景下不同文化背景的人员交流与沟通的过程。跨文化交际的具体过程和实际效果受到文化、语言、社会、心理等诸多因素影响，是交际各方相互接触、彼此了解、逐步融合的动态过程。为了进行成功的跨文化交际，我们应秉持文明互鉴的文化观，掌握丰富的跨文化知识，具备熟练的语言沟通能力等。

作为一种跨语言、跨文化的信息交流活动，翻译是一种典型的跨文化交际行为。因此，有效的翻译交流取决于翻译交际各方的相互理解和彼此尊重，这样才能保证原文内涵与特色让译文读者充分理解或接受。

坚持文化自信是新时代中国文化对外传播的根本要求，而"不忘本来、吸收外来、面向未来"的文化发展和交流理念更是中国文化发展与对外交流的根本立场，强调坚守中国文化立场，充分尊重、继承并弘扬中国优秀传统文化，倡导学习并理性借鉴外来优秀文化，同时与时俱进，把握文化发展方向，彰显中国文化风格与气派。总之，真实、全面、立体地向世界介绍中国，助力中国文化和中国话语对外传播，加强国际传播能力，提高中国文化软实力，是中国对外翻译应该秉持的跨文化交流理念。

2. "以我为主、融通中外"的翻译原则

中国时政文献是党和政府的官方权威文件，集中反映国家大政方针，是中国国际传播的重要平台，也是展示中国形象的关键载体。因此，中国时政文献的对外翻译是一种特殊的外宣翻译实践，不仅是党和政府对外传播中国声音、提升国家形象、开展国际交流的重要组成部分，而且具有增强中国特色社会主义道路自信、理论自信、制度自信和文化自信的作用和意义，因此要特别强调对原文思想内涵的准确理解与忠实传达，同时要充分考虑国际传播中译入语读者的期待与反应。

首先，鉴于中国时政文献在文本类型、主题内容、发布机构、社会影响等方面的独特性，其翻译的首要原则是确保准确、系统地理解原文核心内容，确保客观、全面地再现原文思想内涵，使原文主旨能够真实、完整地呈现给译文读者。

其次，鉴于中国时政文献在思想体系、语言表达等方面的特殊性，其翻译要充分考虑中外语言、文化、思维方面的差异，强调译文读者的实际接受情况，采取灵活多样的翻译策略，确保原文主旨思想能够为译文读者有效理解。需要强调的是，鉴于时政文献的政治敏感性、具体翻译方案的历史性，针对读者接受的翻译策略调整也要慎重考虑，要根据具体情况，对重大概念的翻译保持历史一致性。

总之，坚持"以我为主"，忠实传达原文思想内涵，是中国时政文献对外翻译的根本原则。同时，充分考虑中外语言文化差异，特别是国外受众阅读习惯和心理期待，实现"融通中外"，是中国时政文献对外翻译的主导思想。由此，"以我为主、融通中外"，实现原文思想准确性、完整性与译文表达可读性、可接受性之间的有机平衡，确保中国时政文献的翻译质量，增强中国时政话语的对外传播效果。

二、中国时政文献翻译策略

基于"以我为主、融通中外"的指导原则，结合中国时政文献思想内涵与语言特色，时政文献翻译策略可以归纳为语义聚焦、组句调序、谋篇布局、视角转换、逻辑重组等类别，每个类别又包括若干具体策略。

1. 语义聚焦

语义聚焦侧重时政文献的词语意义理解与翻译，指准确、全面地理解原文词语内容与思想内涵，结合汉英词汇意义与结构的差异，灵活应用多种策略表达原文主旨，主要包括语义对应、语义解释、语义融合、语义替代、词语语境化（一词多义和一词多"译"）、"小词大译"等。

1.1 语义对应

语义对应即对应性翻译策略，指原文与译文的词语所指意义相同，也就是在指称意义、言内意义、语用意义等层面基本对应。这种情况下，可以考虑用原文词汇在译入语中的对应表达进行翻译，传达原文词汇语义内容。如：

- 低碳发展 low-carbon development
- 供给侧结构性改革 supply-side structural reform
- 经济全球化 economic globalization

- 生态红线 ecological red lines
- 资源配置 resource allocation

中国时政文献的某些概念由多个词语组合而成，风格独特，语义深刻，形成一种特有的术语化表达。某些具体概念整体在译入语中没有对应形式，但该概念中每个词语在译入语中可以直接对应，由此产生的概念整体译文具有"陌生化"效应，旨在强调原文词语的特点，保持原文概念的内涵。翻译时需考虑原文与译文语序差异。如：

- 爱国统一战线 patriotic united front
- 社会主义核心价值观 the core socialist values
- 中国特色社会主义 socialism with Chinese characteristics

中国时政文献经常借助隐喻修辞或生活化语言表达具体语义，语言风格独特，语义鲜明，在具体语境下可考虑保留原文词语的语言特色，形象传达原文思想内容，也可以归为对应式翻译策略。

例1. 坚定不移"打虎"、"拍蝇"、"猎狐"。

We have taken firm action to "take out tigers", "swat flies", and "hunt down foxes".

例2. 巡视利剑作用彰显，实现中央和省级党委巡视全覆盖。

Disciplinary inspections have cut like a blade through corruption and misconduct; they have covered every Party committee in all departments at the central and provincial levels.

例3. 坚持照镜子、正衣冠、洗洗澡、治治病的要求，开展党的群众路线教育实践活动和"三严三实"专题教育。

We have committed to "examining ourselves in the mirror, tidying our attire, taking a bath, and treating our ailments", launched activities to see members command and act on the Party's mass line, and initiated a campaign for the observance of the Three Guidelines for Ethical Behavior and Three Basic Rules of Conduct.

例4. 我反复讲，鞋子合不合脚，只有穿的人才知道。中国特色社会主义制度好不好、优越不优越，中国人民最清楚，也最有发言权。

I have often said that only the wearer of the shoes knows if they fit or not. The Chinese people know best whether the Chinese socialist system suits the country or not.

需要强调的是，鉴于中国时政文献在主题思想与语言表达上的特殊性，词语的语义对应翻译策略要谨慎使用，应充分考虑具体词语的内涵及其语境，综合应用其他多种翻译策略，有效传达原文词语核心意义。

1.2 语义解释

语义解释即解释性翻译策略，指原文词语在译入语中没有直接对应表达，即词义不同或冲突，出现"对应障碍"，或者原文词语语义特殊，不宜直接转换为译入语对应表达，需要说明或阐释原文词语的具体内容或思想，使得原文词语内涵更加明确，便于译入语读者理解。

例 1. 小康社会

"小康社会"是具有鲜明中国特色的时政话语，主要指经济富裕、政治民主、文化繁荣、社会公平、生态良好，需要根据具体语境作具体说明。

- 决胜全面建成小康社会

    to secure a decisive victory in building a moderately prosperous society in all respects

例 2. "三农"

"三农"指农业、农村和农民，要根据具体语境加以说明。

- 新时代"三农"工作必须围绕农业农村现代化这个总目标来推进。

    The work on agriculture, rural areas and rural people in the new era must focus on the general goal of modernizing agriculture and rural areas.

- 培养造就一支懂农业、爱农村、爱农民的"三农"工作队伍。

    We will train professional rural service personnel who have a good knowledge of agriculture, love our rural areas, and care about rural people.

例 3. 最大的政治

- 人民是党执政的最大底气，也是党执政最深厚的根基。正是从这个意义上讲，民心是最大的政治。

    The people are our Party's foundation and greatest strength in governance. It is in this sense that we say people's support is of paramount importance.

本句中，"民心是最大的政治"强调人民拥护和支持是党执政的保证，"政治"要根据具体语境解释，不宜简单对应翻译。

语义解释也可包括词语性质的调整，即词类转换，用不同性质的词语表达原文词语语义。

- 当前，世界多极化、经济全球化、文化多样化、社会信息化深入发展，人类社会充满希望。

  The world today is moving towards multi-polarity and becoming more economically globalized, culturally diverse, and IT-driven. All this offers hope to humanity.

本句中，以"化"结尾的汉语抽象名词连续出现，不宜简单译为相应的英语抽象名词，可结合词语具体意义，转换为名词、分词、形容词等形式。

- 马克思主义也面临着进一步中国化、时代化、大众化的问题。

  Marxism also needs to be better integrated with the realities of China, keep abreast with the times, and respond to the need of the Chinese people.

本句中，以"化"结尾的汉语抽象名词无法对应为相应的英语抽象名词，而要根据具体语义加以解释："中国化"强调马克思主义需要与中国实际相结合，"时代化"强调与时俱进，而"大众化"指应对中国人民的实际需求。根据这三个汉语抽象名词的具体语义，在译入语中采取动词短语的形式可以准确传达原文语义，因此将原文抽象名词转化为英语动词形式。

- 着力增强改革系统性、整体性、协同性，压茬拓展改革广度和深度。

  We have pursued reform in a more systematic, holistic, and coordinated way, increasing its coverage and depth.

同上例，本句中的"系统性""整体性""协同性"不宜机械对应为译入语的抽象名词，可转换为形容词，再配合介词词组表示行为方式，传达原文语义。

1.3 语义融合

语义融合指原文词汇部分结构的语义内容并不明显，或者词汇形式或语义重复，可以考虑采用省略或压缩的方法，直接表达原文词语的核心内涵，是一种精炼再现语义内涵的方法。语义融合可用于翻译汉语范畴类虚义名词，也可用于简化处理汉语重复表达，也就是"同义反复"的情况。

◆ **汉语范畴类虚义名词**

例 1. 要加强对全会精神贯彻落实情况的监督检查。

We will strengthen our supervision of the implementation of these decisions.

本句中的"情况"并无实际意义，翻译时不必对应翻译，可直接表达"落实"语义。

例 2. 我国稳定解决了十几亿人的温饱问题。

China has seen the basic needs of over a billion people met.

本句中"问题"不含实质内容，翻译时要侧重传达"温饱"的语义内容。

◆ **汉语重复表达**

例1. 在激烈的国际竞争中，惟创新者进，惟创新者强，惟创新者胜。

Against the backdrop of international competition, only those who innovate can make progress, grow stronger and prevail.

本句中，"创新者"连续出现，但更强调其行为和结果，因此在译文中可不必重复。

例2. 记住要求，就是要把社会主义核心价值观的基本内容熟记熟背，让它们融化在心灵里、铭刻在脑子中。

Remembering the requirements means that children need to learn by heart the core socialist values, and always keep these values in mind.

本句选自习近平2014年5月30日在北京市海淀区民族小学主持召开座谈会时的讲话，强调从小积极培育和践行社会主义核心价值观。"融化在心灵里"与"铭刻在脑子中"语义相同，翻译时表达其一致语义即可。

当然，针对原文的重复表达，特定语境下也要注意保持原文特殊的语气和目的。

例3. 世界每时每刻都在发生变化，中国也每时每刻都在发生变化。

The world is changing with every second, every moment; and China, too, is changing with every second, every moment.

本句中，"每时每刻都在发生变化"重复出现，强调说明中国与世界同样经历快速变化，翻译时可重复表达，以体现原文强调语气。

例4. 我们绝不允许任何人、任何组织、任何政党、在任何时候、以任何形式、把任何一块中国领土从中国分裂出去！

We will never allow anyone, any organization, or any political party, at any time or in any form, to separate any part of Chinese territory from China.

本句中"任何"连续使用，语气强烈，突出中国维护国家统一的坚决意志，翻译时要重复表达，以体现原文语义内涵和强调语气。

1.4 语义替代

语义替代指原文词汇或短语语义虽不能直接对应译入语中的词汇，但翻译时可以使用译入语既有的相似词汇或短语，使原文内容和思想充分呈现。

例1. 改革全面发力、多点突破、纵深推进。

We have taken moves across the board, achieved breakthroughs in many areas, and made further progress in reform.

本句中，"全面"（或"多点"）可以表达为 comprehensive、in all areas、in all respects、all-round 等英语既有词语，再现原文语义内涵。

例 2. 脱贫攻坚战取得决定性进展，六千多万贫困人口稳定脱贫，贫困发生率从百分之十点二下降到百分之四以下。

Decisive progress has been made in the fight against poverty: More than 60 million people have been lifted out of poverty, and the poverty headcount ratio has dropped from 10.2 percent to less than 4 percent.

本句中，"贫困发生率"可用英语既有惯用表达 poverty headcount ratio 或 poverty incidence 来翻译，若对应翻译为 poverty occurrence rate 就是中式英语了。

例 3. 思政课教师，要给学生心灵埋下真善美的种子，引导学生扣好人生第一粒扣子。

Teachers of political philosophy should help their students sow the seeds of the true, the good and the beautiful, and guide them how to tie their shoelaces properly before embarking on their journey of life.

本句中，"扣好人生第一粒扣子"并未直接采用语义对应翻译，而是借用了英文既有搭配 tie one's shoelaces，客观传达了原文语义，也便于译文读者理解。

1.5 词语语境化（一词多义和一词多"译"）

词语语境化指原文词语语义丰富，在具体语境下实际所指和内涵各有不同，同时考虑到原文与译文词语在语义范围上的差异，需要相应表达为译入语的具体词语。

例 1. 强国

- 人才强国战略

  the strategy on developing a quality workforce

- 建设制造强国

  to build China into a manufacturer of quality

- 加快建设人才强国

  to step up efforts to make China a talent-strong country

- 推进贸易强国建设

  to turn China into a trader of quality

- 推进体育强国建设

  to build China into a country strong in sport

- 实现农业大国向农业强国跨越

  to transform China from a country with high agricultural output to one with a leading edge in agriculture

- 为建设科技强国、质量强国、航天强国、网络强国、交通强国、数字中国、智慧社会提供有力支撑

  to provide powerful support for building China's strength in science and technology, product quality, aerospace, cyberspace, and transport, and for building a digital China and a smart society

例 2. 理念

- 我们将贯彻新发展理念，推动中国经济持续健康发展，惠及中国人民和各国人民。

  We will act on the new development philosophy, and strive for sustained and healthy economic growth that benefits people in China and all around the world.

- 我们秉持"两岸一家亲"理念，尊重台湾现有的社会制度和台湾同胞生活方式，愿意率先同台湾同胞分享大陆发展的机遇。

  Guided by the conviction that we are all of the same family, we respect the current social system and way of life in Taiwan and are ready to share the development opportunities on the mainland with our Taiwan compatriots first.

- 中国……按照亲诚惠容理念和与邻为善、以邻为伴周边外交方针深化同周边国家关系，秉持正确义利观和真实亲诚理念加强同发展中国家团结合作。

  China will deepen relations with its neighbors in accordance with the principle of amity, sincerity, mutual benefit, and inclusiveness and the policy of forging friendship and partnership with our neighbors. Guided by the principle of upholding justice while pursuing shared interests and the principle of sincerity, real results, affinity, and good faith, China will work to strengthen solidarity and cooperation with other developing countries.

1.6 "小词大译"

"小词大译"指用通俗化、简单化词语传达原文独特或复杂语义，即用译文"小"的表达方式（如用包含 do、work、make、take 等动词的结构）阐释原文的大问题。

- 保持政治定力，坚持实干兴邦，始终坚持和发展中国特色社会主义。

  We must maintain our political orientation, do the good solid work that sees our country thrive, and continue to uphold and develop socialism with Chinese characteristics.

- 全党要坚定信心、奋发有为，让中国特色社会主义展现出更加强大的生命力！

  Our entire Party should develop unshakable confidence, work hard and work well to see socialism with Chinese characteristics display even stronger vitality.

- 深化金融体制改革，增强金融服务实体经济能力，提高直接融资比重，促进多层次资本市场健康发展。

  We will deepen institutional reform in the financial sector, make it better serve the real economy, increase the proportion of direct financing, and promote the healthy development of a multi-level capital market.

2. 组句调序

组句调序侧重时政文献的语句结构，指准确把握原文思想内涵，结合中英句法结构的关系，有效调整译文信息结构，丰富译文表达形式，主要包括主谓定位、主语判断、谓语组织、句型对应与调整。

2.1 主谓定位

汉语与英语在句子组织形式方面有明显差异。汉语句子是典型的"话题+说明"型，语段意义及内在逻辑决定语言组织。英语句子是典型的"主谓一致"型，"主谓结构"决定句子的语义信息与形式要素。因此，在中国时政文献英译过程中，在明确原文意义的基础上，应思考主谓定位，确保英语句子结构的完整性。

例1. 70年前，我们的先辈以远见卓识，建立了联合国这一最具普遍性、代表性、权威性的国际组织，寄托人类新愿景，开启合作新时代。

Seventy years ago, those before us, with vision and foresight, established the United Nations. This universal and most representative and authoritative international organization has carried mankind's hope for a new future and ushered in a new era of cooperation.

本句中，"我们的先辈"作为主语引导后续宾语，而"联合国"又是"寄托人类新愿景，开启合作新时代"的主语（承前省略，没有出现）。因此，英译时要明确原句不同语段主语的变化，同时搭配其相应谓语，有效传达原句语义。

例 2. 主旋律更加响亮，正能量更加强劲，文化自信得到彰显，国家文化软实力和中华文化影响力大幅提升，全党全社会思想上的团结统一更加巩固。

Our country's underlying values hold greater appeal than ever before, and the wave of positive energy felt throughout society is building. We, the Chinese people, have greater confidence in our own culture. China's cultural soft power and the international influence of Chinese culture have increased significantly. There is greater unity in thinking both within the Party and throughout society.

本句中，各个语段语义并行，而且主语不断变化，翻译时不仅要合理断句，还要确定译文主语的表现形式，是否要与原文主语信息一致，是否要根据语义调整主语，随后还要确定具体的谓语形式，完成具体语段及整个语句的主谓协调。

2.2 主语判断

如上所述，汉语语句是"话题＋说明"型，句首位置描述对象，后续作出说明或评价，前后语义连贯，无需语法管辖，而英语语句是"主谓一致"型，主语和谓语语义上是支配关系，语法上也要求严格一致。因此，英译时要特别重视译文主语的选择，由此形成主谓结构的英语语句。中国时政文献的语句特征明显，多为主语省略（隐含）句、并列句、长句等，英译时要确定具体语段的关键信息作为译文主语，灵活采用多种方法传达原文语义。

◆ 添加逻辑主语

在中国时政文献话语中，常会出现无主语的句子，比如"优先发展教育事业。""积极参与全球环境治理，落实减排承诺。"等，英译时可根据语境补充具体逻辑主语。

例 1. 要坚持一体化发展方向，加快从相加阶段迈向相融阶段。

We need to keep moving towards integration and move faster from media plus to media integration.

本句是中国时政文献中典型的主语省略（隐含）句，因整体语境中主语明确，所以在具体语段不出现主语，连续使用动宾结构，形式紧凑，语义连贯。翻译时可根据具体语段语义添加逻辑主语。

◆ 使用被动语态

具体语境下，可考虑将原文隐含主语句的宾语或相关内容调整为译文的主语，形成被动语态，突出原文语义重点。

例1. 党的十八大以来，❶我们坚持导向为魂、移动为先、内容为王、创新为要，❷在体制机制、政策措施、流程管理、人才技术等方面加快融合步伐，❸建立融合传播矩阵，❹打造融合产品，❺取得了积极成效。

Since the 18th CPC National Congress in 2012, we have emphasized the importance of guiding public opinion, giving priority to mobile media, improving media content, and promoting innovation. The integration of institutions and mechanisms, policies, procedures, technology and talent has been accelerated. Positive results have been achieved in building up integrated all-media matrices and in creating cross-media products.

本句中，"我们"作为主语统领整个句子，英译时可采用同一主语统领译文。但❷❸❹❺四个短句的翻译，也可考虑用英语被动语态传达，突出强调融合取得的具体成效。

◆ 主语从句作为主语

具体语境下，可考虑用主语从句表述具体内容，作为句子主语，引导后续相关说明。

例1. 今天，中国人民拥有的一切，凝聚着中国人的聪明才智，浸透着中国人的辛勤汗水，蕴涵着中国人的巨大牺牲。

What the Chinese people have achieved stems from ingenuity and expertise, hard work, and enormous sacrifice.

本句以"中国人民拥有的一切"为主题，后面连续使用三个动词（"凝聚""浸透""蕴涵"），具体说明主题内涵。翻译时，可考虑用主语从句表达原文主题"中国人民拥有的一切"（What the Chinese people have achieved），而原文三个动词都强调了"中国人民拥有的一切"的来源，可融合翻译为 stem from。

◆ 确定原文特定信息作为主语

具体语境下，为突出特定信息，可考虑以该信息为主语，重新组织译文句法表达。

例1. 我们在古丝绸之路上"舟舶继路、商使交属"……谱写了合作共赢的灿烂篇章。

Our ancestors, merchants and diplomatic envoys alike, traveled back and forth along the overland and maritime Silk Roads…creating a splendid chapter of win-win cooperation.

本句第一个语段强调"舟舶继路、商使交属"，主语虽然是"我们"，但引申主语应是"我们的先辈"，即"商使"，说明各国商贸、外交人员频繁交往，可将"商使"作为译文主语，突出原文特定信息。

◆ 主谓结构或短句作为主语

具体语境下，可考虑将原文短句以名词或主谓结构呈现，成为译文句子主语，引导后续说明内容。

例 1. 不同国家相互帮助共同解决面临的突出问题，是世界经济发展的客观要求。

Mutual help between different countries in solving salient problems is the objective requirement of world economic development.

本句中，"不同国家相互帮助共同解决面临的突出问题"是原文信息的出发点，语义上可以成为后续内容的主语，可将此汉语句子"降格"处理为英语名词结构，以 mutual help between different countries in solving salient problems 为主语，再连接后续内容。

◆ 动宾结构作为主语

具体语境下，可考虑以动名词或动词不定式对应原文动宾词组作为句子主语。

例 1. ❶亲仁善邻、协和万邦是中华文明一贯的处世之道，❷惠民利民、安民富民是中华文明鲜明的价值导向。

For Chinese civilization, pursuing amity, good neighborliness and harmony is the principle guiding our interactions with other countries. To bring prosperity and security to the people is the overarching goal.

本句中，动宾结构"亲仁善邻、协和万邦""惠民利民、安民富民"分别是其所在句子的主语，可以将其转换为动名词或不定式结构作为译文主语，连接后续内容。

◆ it 作为形式主语

具体语境下，可考虑以 it 作为形式主语，引导原文后续内容。

例 1. ❶需要指出的是，❷"一带一路"建设是全新的事物，❸在合作中有些不同意见是完全正常的。

It must be pointed out that as the BRI is a new initiative, it is perfectly natural to have different views.

本句中，❷和❸是核心内容，翻译时可考虑用 it 作形式主语，将核心内容置后。❸中的主语较长，也可以用 it 作为形式主语。

2.3 谓语组织

英语句子各成分的句法功能与词性存在一致关系。如英语主语一般由名词（或具有名词性质的从句）、动名词、不定式、代词等承担，而谓语一般由动词承担，并且要与主语保持人称和数的一致关系。但汉语句子各成分的句法功能与词性没有严格一致的关系，只要语义符合逻辑，任何词汇均有可能作为主语或谓语。因此，时政文献翻译中，依据原文语义确定译文主语后，应根据原文句法特点和语义逻辑确定谓语动词，形成译文主谓句式结构。特别需要说明的是，中国时政文献多用主语省略（隐含）句、长句、重复结构，特别是动宾结构的并列形式使用频繁，英译时要适时选择译文的谓语动词，灵活安排其他动宾结构。

例 1. ❶生态环境治理明显加强，❷环境状况得到改善。

Ecological and environmental governance has been significantly strengthened, leading to marked improvements in the environment.

本句包括两个动词"加强""改善"，分析原文语义逻辑可知，❷是❶的结果，可考虑将"加强"作为谓语动词，增加表示结果的 leading to，使"改善"以名词形式出现，显化原文逻辑关系，整体传达原文核心信息。

2.4 句型对应与调整

整体而言，英语句子以主谓结构为统辖，充分应用各种表示关系和连接的词汇，如介词（词组）、连词、关系代词（副词）、连接代词（副词）、非谓语动词（词组）等，形成显性衔接的多类型从句，如形容词性从句（定语从句）、名词性从句（主语从句和宾语从句等）、副词性从句（状语从句）等。而汉语句法强调语义连贯，不强调显性关联，常用散句、紧缩句、省略句、并列句。中国时政文献多用主语省略（隐含）句、并列结构、长句，重视语句信息隐性连贯，句子语法边界并不非常严格。因此，中国时政文献的句型翻译可考虑拆分、合并等不同方法，转换为英语主谓结构，有效传达原文语义内涵。

例 1. ❶公共文化服务水平不断提高，❷文艺创作持续繁荣，❸文化事业和文化产业蓬勃发展，❹互联网建设管理运用不断完善，❺全民健身和竞技体育全面发展。

Public cultural services have been improved; art and literature are thriving, and cultural programs and industries are going strong. The development, administration, and functioning of internet services have been enhanced. Fitness-for-all programs and competitive sports have seen extensive development.

本句出现了中国时政文献中典型的多个分句并列的现象，各个分句语义平行，译文可考虑切分为不同主谓结构，传达原文信息，并注意译文每个单句的主谓结构与原文相应分句的差异。

例 2. 改革全面发力、多点突破、纵深推进，着力增强改革系统性、整体性、协同性，压茬拓展改革广度和深度，推出一千五百多项改革举措，重要领域和关键环节改革取得突破性进展，主要领域改革主体框架基本确立。

We have taken moves across the board, achieved breakthroughs in many areas, and made further progress in reform. We have pursued reform in a more systematic, holistic, and coordinated way, increasing its coverage and depth. Thanks to the launch of over 1,500 reform measures, breakthroughs have been made in key areas, and general frameworks for reform have been established in major fields.

本句是中国时政文献典型的长句，其中包括主语省略（隐含）句、连动句、并列结构。英译时可考虑根据原文语义适当切分，调整为若干英语主谓结构句型，并具体考虑主语与谓语搭配，同时考虑显化原文逻辑关系，有效传达原文信息。

3. 谋篇布局

一般认为，语篇（英语为 text 或 discourse）指任何长度的、在语义上完整的口语和书面语段落，通常指一系列连续的句子或语段构成的语言整体。因此，语篇一般指大于句子范围的语言表达，通常由多个句子组成。语篇具有明显的衔接与连贯特征，从形式、逻辑、内涵等各层面使得全篇一脉相承，融为一体。

谋篇布局侧重时政文献的篇章架构，指全面了解原文信息，明确原文交际意图，结合中英语篇组织的关系，有机调整译文句子之间的相互关系，明确前后衔接关系，加强语义连贯效果。

3.1 语篇衔接

衔接是语篇特征的重要内容，是语篇的有形网络。语篇衔接包括语法衔接和词汇衔接两类，语法衔接包括照应（人称和指示代词）、替代、重复、省略等，词汇衔接包括同词重复、同义词、上下义词、搭配等。

整体而言，英语语篇衔接更多依赖语法和词汇等多种衔接手段，更具显性特征，而汉语语篇衔接多用重复或省略，或借助语序和语义，更具隐性特点。因此，在中国时政文献的语篇翻译过程中，要注意英语语篇的显化衔接特点，适时利用多种衔接手段，既有效传达原文语篇内容，又符合英语语篇组织规范。

例1. 要把党的十八大确立的改革开放重大部署落实好，就要认真回顾和深入总结改革开放的历程，更加深刻地认识改革开放的历史必然性，更加自觉地把握改革开放的规律性，更加坚定地肩负起深化改革开放的重大责任。

To implement the major propositions on reform and opening up raised at the 18th [CPC] National Congress, we need to review reform and opening up, better understand its historical necessity, conscientiously master its laws, and firmly assume the responsibility of extending it.

本句中"改革开放"多次出现，翻译时不必机械重复，可考虑利用英语代词指示原文语义，形成译文语篇衔接。注意代词 it 及其物主代词 its 在语篇衔接中的作用。

例2. 五是坚持依法治国、依法执政、依法行政共同推进，法治国家、法治政府、法治社会一体建设。

We must pursue coordinated progress in law-based governance, law-based exercise of state power, and law-based government administration, and promote the integrated development of rule of law for the country, the government, and society.

本句中"依法""法治"重复出现，英译时可根据原文语气采用重复或省略衔接手段，"依法"采用重复衔接以示强调，而"法治"则可采用合并同类项的衔接手段，使整个长句句式灵活多变，实现语篇衔接。

3.2 语义连贯

相对于语篇衔接强调语言形式关系，语篇结构中的语义连贯强调语言信息内容的内在逻辑和可理解性，是情景语境与语言形式相互作用的结果。当然，连贯与衔接密不可分，体系化的衔接结构就可以产生形式上的连贯效应，甚至可以认为衔接就是连贯建构中非常重要的一种手段。因此，中国时政文献翻译要注意原文语义连贯在译文中的充分体现，既有效传达原文信息，又便于译入语读者理解。

例1. ❶当今世界，人类生活在不同文化、种族、肤色、宗教和不同社会制度所组成的世界里，❷各国人民形成了你中有我、我中有你的命运共同体。

Today, we live in a world with different cultures, ethnic groups, skin colors, religions and social systems, and all people on the planet have become members of an intimate community of shared future.

❶说明人类生活在不同文化、种族、肤色等组成的世界里（in a world），❷强调各国人民在这样的世界里（on the planet）形成了彼此紧密相依的命运共同体，内在语义逻辑明显。翻译时要注意体现原文这种内在逻辑，实现译文的语义连贯。注意前后两个短句主语不同，需根据原文语义逻辑建立联系，由此强调译文逻辑关系。

例 2. 回首过去，全党同志必须牢记，落后就要挨打，发展才能自强。

Reviewing the past, all Party members must bear in mind that backwardness left us vulnerable to attack, whereas only development makes us strong.

本句中连续使用"落后就要挨打""发展才能自强"两个紧缩句，其中"落后就要挨打"是启发我们"发展才能自强"的原因，在译文中可用 whereas 明确表达两个紧缩句的逻辑关系，实现语义连贯。

4. 视角转换

视角转换侧重时政文献的叙事风格，指深入把握原文叙事模式，明确原文信息焦点，结合汉英叙事结构的差异，适时调整译文叙事类型，加强信息传递效果，主要包括主动与被动、主体与客体、静态与动态、正向与反向等。

4.1 主动与被动

就语法结构而言，汉英都有主动与被动的组织形式，主动强调动作执行者，而被动突出动作接受者，形成不同的叙事视角。此外，汉语常使用主动形式表达被动意义，也就是"意义被动式"更普遍，而英语由于"形合"的句法特点，倾向于用被动形式表达被动意义，也就是"结构被动式"使用更频繁。因此，中国时政文献英译时，可考虑将汉语主动形式与意义在译文中进行调整，灵活调整叙事角度，突出原文核心或重点信息。

例 1. 生态文明制度体系加快形成，主体功能区制度逐步健全，国家公园体制试点积极推进。全面节约资源有效推进，能源资源消耗强度大幅下降。

Efforts to develop a system of institutions for building an eco-civilization have been accelerated; the system of functional zoning has been steadily improved; and progress has been made in piloting the national park system. Across-the-board efforts to conserve resources have seen encouraging progress; the intensity of energy and resource consumption has been significantly reduced.

本句连续出现主谓短语，形成并列组合："……形成""……健全""……推进""……下降"，说明生态文明建设的成果。英译时可考虑用被动语态突出实际工作成效，调整译文叙事角度，凸显原文重点信息。

4.2 主体与客体

主体视角与客体视角在中英两种语言表述中都存在。整体而言，英语语言表述更倾向于突出事物对象，多使用物称视角，即"客体性描述"，强调事物自身的客观呈现，而汉语语言表述更强调主体思维，多使用人称视角（或隐含人称或省略人称），即"主体性叙述"，侧重对事物的主观认识。英译中国时政文献时，可根据原文语义，灵活调整译文主体和客体叙事角度，传达原文信息重点。

例 1. 政法系统要在更高起点上，推动改革取得新的突破性进展，加快构建优化协同高效的政法机构职能体系。

We need to make new breakthroughs in the reform of the judicial, prosecuting and public security systems from an overall perspective and quicken our pace in establishing and optimizing judicial, prosecuting and public security departments that collaborate to achieve high efficiency.

本句以"政法系统"为主语，引导两个动宾结构，客观描述该领域工作重点，英译时可考虑强调具体工作的执行者，在译文中突出主体叙事，传达原文信息出发点。

此外，主体与客体也体现在叙事人称的变化中。第一人称往往强调叙事者（发言人）主体意识，强调叙事者对具体行为或现象的主观态度，而第二、三人称常常明确叙事者客体意识，更侧重说明叙事对象（听众）的行为和观点。因此，中国时政文献英译时，可根据原文语义，灵活调整原文叙事人称，有效传达原文语义或语气效果。

例 2. 全党同志一定要永远与人民同呼吸、共命运、心连心，永远把人民对美好生活的向往作为奋斗目标，以永不懈怠的精神状态和一往无前的奋斗姿态，继续朝着实现中华民族伟大复兴的宏伟目标奋勇前进。

In our Party, each and every one of us must always breathe the same air as the people, share the same future, and stay truly connected to them. The aspirations of the people to live a better life must always be the focus of our efforts. We must keep on striving with endless energy towards the great goal of national rejuvenation.

本句以"全党同志"进行第三人称叙事，译文可考虑转换为第一人称叙事，强调发言人与听众的统一整体，强化原文语义。

例 3. 广大青年要坚定理想信念，志存高远，脚踏实地，勇做时代的弄潮儿，在实现中国梦的生动实践中放飞青春梦想，在为人民利益的不懈奋斗中书写人生华章！

To all our young people, you should have firm ideals and convictions, aim high, and have your feet firmly on the ground. You should ride the waves of your day; and in the course of realizing the Chinese Dream, fulfill your youthful dreams, and write a vivid chapter in your tireless endeavors to serve the interests of the people.

本句以"广大青年"进行第三人称叙事，译文可考虑转换为第二人称叙事，强调原文叙事者对听众（"广大青年"）的要求与期望。

4.3 静态与动态

一般而言，英语主谓结构强调单一谓语动词，其他动词语义多借助其他词类（如名词、介词、形容词）或语法手段（如从句）实现，因此"静态"特征更明显，也就是静态叙述；而汉语动词不受形态束缚，使用灵活、方便，可以承担多种句法成分，而且连动句、兼语句交错使用，因而"动态"特征更突出，也就是动态叙述。因此，中国时政文献英译时，可根据原文语义，灵活调整译文的动态或静态叙述方式，有效传达原文语义内容。

例 1. 随着中国的发展和进步，全国各地城乡基层民主不断扩大，公民有序的政治参与渠道增多，民主的实现形式日益丰富。

China's increasing prosperity and progress have been accompanied by greater democracy at the community level in both urban and rural areas throughout the country, increased orderly participation of its citizens in political life, and a multiplication of democratic practices.

本句包括若干主谓短句："……扩大""……增多""……丰富"，翻译时可考虑对应为英文相应句式，同时考虑其逻辑关系，也可将汉语短句降级或压缩成英语名词短语，体现英语名词的"静态"特征，再配合根据具体语境确定的主语，客观传达原文语义。

4.4 正向与反向

汉语与英语表述都使用正向评价和反向评价两种评价方式，也就是对事物的肯定说明与否定叙述，也包括使用双重否定表达肯定的结构。因此，在中国时政文献翻译过程中，可根据原文语义，适时调整译文评价方式，传达原文信息内容。

例 1. 大陆和台湾虽然尚未统一，但同属一个中国，是不可分割的整体。
Although the mainland and Taiwan are yet to be reunited, they belong to one and the same China, which is an indivisible whole.

本句使用否定形式"尚未"说明大陆与台湾目前暂未统一的状况，英译时可考虑明确原文整体语义内涵，用肯定方式强调原文语义重点。

例 2. 加强纪律教育，强化纪律执行，让党员、干部知敬畏、存戒惧、守底线，习惯在受监督和约束的环境中工作生活。
We will raise Party members' awareness of discipline and strengthen discipline enforcement, and demand that Party members and officials hold discipline in awe and respect, do not cross the line, and become used to working and living under oversight and constraints.

本句用肯定形式"守底线"强调对党员和干部的纪律要求，英译时可用肯定形式，如 uphold the principle，也可考虑用否定形式 do not cross the line，突出原文语义重点。

5. 逻辑重组

逻辑重组侧重时政文献的思维体系，指结合汉英思维模式的特点，适度调整译文信息的逻辑关系，加强译文信息的可读性和可接受性，主要包括逻辑显化与逻辑调整。

整体而言，英语分析性与逻辑性思维特点更明显，表现为语言形式丰富，语法组织重形合，强调语法功能与词汇性质的一致与统一，语义逻辑更多表现为显性的语法关系；汉语综合性与直觉性思维特征更显著，表现为语言组织重意合，强调语义的内在连贯，较少依赖语言形式规范，语义逻辑的"隐含性"更明显。因此，中国时政文献翻译中，在确保充分传达原文语义信息和内涵的基础上，要考虑译文思维逻辑特点和逻辑在语法组织上的体现，提高译文表达的可读性。

5.1 逻辑显化

逻辑显化指在译文中使用词汇和语法手段，将原文隐含的逻辑关系明确说明，便于译文读者理解。

例 1. 人民有信仰，国家有力量，民族有希望。

When the people have ideals, their country will have strength, and their nation will have a bright future.

本句呈现三个并列形式，但其内在逻辑更侧重"人民有信仰"的根本性前提作用，英译时可考虑用 when 来显化逻辑，明确说明这个前提。

例 2. ❶和平、发展、公平、正义、民主、自由，是全人类的共同价值，也是联合国的崇高目标。❷目标远未完成，我们仍须努力。

Peace, development, fairness, justice, democracy, and freedom are common values of humanity and also the lofty goals of the United Nations. Yet these goals are far from being achieved; therefore we must continue our endeavors.

❶说明全人类的共同价值和联合国的目标，❷强调存在的困难，进而强调要更加努力，隐含着转折、因果关系，英译时可通过关联词显化表达原文语义逻辑。

例 3. ❶面对世界经济复苏乏力、局部冲突和动荡频发、全球性问题加剧的外部环境，❷面对我国经济发展进入新常态等一系列深刻变化……

Outside China, we have been confronted with sluggish global economic recovery, frequent outbreaks of regional conflicts and disturbances, and intensifying global issues. At home, we have encountered profound changes as China has entered a new normal in economic development.

❶介绍国际形势，❷说明中国当前发展状况，前后存在对比关系，英译时可考虑使用outside China 和at home明确显化原文的对比关系。

5.2 逻辑调整

逻辑调整指在译文中重新梳理原文语义逻辑及其内涵，并在表述中作相应变化，便于译文读者理解。

例 1. ❶站立在九百六十多万平方公里的广袤土地上，❷吸吮着五千多年中华民族漫长奋斗积累的文化养分，❸拥有十三亿多中国人民聚合的磅礴之力，❹我们走中国特色社会主义道路，❺具有无比广阔的时代舞台，❻具有无比深厚的历史底蕴，❼具有无比强大的前进定力。

Rooted in a land of more than 9.6 million square kilometers, nourished by a culture of more than 5,000 years, and blessed with the strength of more than 1.3 billion people, we have an infinitely vast stage of our era, a heritage of unmatched depth, and incomparable resolve that enable us to forge ahead on the road of socialism with Chinese characteristics.

本句❶❷❸强调我们走中国特色社会主义道路的基础，❺❻❼强调走中国特色社会主义道路的背景、历史和动力，英译时可考虑调整译文表述逻辑，突出原文语义关系。注意译文先说明背景，再突出主题，传达原文重点信息。同时注意原文"站立""吸吮""拥有"三个动词的含义与翻译方法。

中国时政文献翻译实践

第三单元

中国特色社会主义最本质的特征和中国特色社会主义制度的最大优势

中国特色社会主义最本质的特征是中国共产党领导，中国特色社会主义制度的最大优势是中国共产党领导，中国共产党是最高政治领导力量，全党必须增强"四个意识"、坚定"四个自信"、做到"两个维护"。本单元将结合中国特色社会主义最本质的特征和中国特色社会主义制度的最大优势的思想内容，系统介绍对相关理念与表述的理解与翻译策略。

第三单元

一、核心概念解读

1. 领导核心

> 中国共产党是中国特色社会主义事业的坚强领导核心。

根据对"领导核心"的理解,"领导"与"核心"同等重要,突出中国共产党在领导全国各族人民推进中国特色社会主义事业中所发挥的总揽全局、协调各方的领导核心作用,而且"领导核心"语义明确,译文可对应翻译,并在具体语境中适时调整,如 core role in providing overall leadership、the core leadership 等,客观再现原文语义。

2. "两个确立"

> 党确立习近平同志党中央的核心、全党的核心地位,确立习近平新时代中国特色社会主义思想的指导地位,反映了全党全军全国各族人民共同心愿,对新时代党和国家事业发展、对推进中华民族伟大复兴历史进程具有决定性意义。

根据对"两个确立"的认识,其具体内容要在翻译中充分体现,旗帜鲜明地展示中国共产党、中国政府和中国人民的明确选择和坚定意志。

首先,确立习近平同志党中央的核心、全党的核心地位,确立习近平新时代中国特色社会主义思想的指导地位,这是全面深刻总结党的百年奋斗历程,特别是党的十八大以来伟大实践得出的重大历史结论,更是实现中华民族伟大复兴中国梦的科学行动指南。"确立"强调了高度认可与一致承认的含义,可考虑对应翻译为 affirm,该词表示对具体对象公开而强烈的信心,能够再现原文确定领导核心、创立指导理论的语义内涵。

其次,"党中央的核心、全党的核心地位"语义明确,强调在党中央及全党的核心地位。"核心地位"语义清楚,可对应翻译为 core position。

另外,"习近平新时代中国特色社会主义思想"语义内涵丰富而深刻,可译为 Xi Jinping Thought on Socialism with Chinese Characteristics for a New Era。

因此,根据上述分析,"两个确立"的相关内容可译为:The Party has affirmed Comrade Xi Jinping's core position on the Party Central Committee and in the Party as a whole, and the guiding role of Xi Jinping Thought on Socialism with Chinese

Characteristics for a New Era.

最后，"两个确立"内涵明确，意义重大，可以作为独立术语使用，译文可采用 affirm 的名词形式，并体现复数概念，同时注意首字母大写，显示特定术语的地位，表达为 Two Affirmations。

3. "四个意识"

> "四个意识"指全体党员要有政治意识、大局意识、核心意识、看齐意识。
>
> 政治意识就是要从政治上看待、分析和处理问题，保持清醒的政治头脑，具有正确的政治思想、坚定的政治立场、先进的政治观点和敏锐的政治观察力、鉴别力。
>
> 大局意识就是要正确认识大局、自觉服从大局、坚决维护大局，始终在党和国家大局下想问题、作决策、办事情，勇于担当、敢于负责。
>
> 核心意识就是要坚持中国共产党的领导，坚决听从党中央的决策部署，与以习近平同志为核心的党中央保持高度一致，确立习近平同志党中央的核心、全党的核心地位。
>
> 看齐意识就是要自觉向党中央看齐，向党的理论和路线方针政策看齐，向党中央决策部署看齐。

"四个意识"的内涵非常丰富，具有鲜明的中国特色，要用简明扼要的英文将其含义完整准确地翻译出来很难，必须抓住原文的主要思想内涵，并借助上下文语境帮助译入语读者理解。

"政治意识"是"四个意识"中最具中国特色、也是翻译难度最大的，英文中没有完全对应的表述。当前常用译文之一 maintain political commitment 强调在政治上忠诚尽责，较好地体现了原文的主要意思。"政治意识"有时也译为 maintain political integrity，强调廉洁奉公。"大局意识"强调胸怀党和国家工作大局，在大局下思考和行动，可译为 think in terms of the general picture，其中用 general picture 表示"大局"，旨在形象传达原文思想，便于译入语读者理解和接受。"核心意识"强调党中央的核心领导地位，可译为 follow the core leadership of the CPC Central Committee。"看齐意识"明确要遵循党中央的各项部署和要求，可译为 act in accordance with the requirements of the CPC Central Committee。

基于上述分析，"四个意识"整体可翻译为 maintain one's political commitment, think in terms of the general picture, follow the core leadership of the CPC Central Committee, and act in accordance with its requirements。

"四个意识"内容丰富，各部分相互关联，融为一体，成为体现坚持和加强党的全面领导的一个关键概念，经常作为一个独立术语使用。因此，翻译实践中，分别解释"四个意识"各部分内容后，有必要对"四个意识"这个高度概括的简称给出译文，保持其核心术语的独立性。"四个意识"中的"意识"指自觉领会和落实相关精神和要求，与 conscious 的语义对应，因此采用其名词形式 consciousness，将"四个意识"翻译为 Four Consciousnesses，在具体说明后可以单独出现，成为独立术语。需要说明的是，英文中的抽象名词一般是不可数名词，但在翻译特定术语时，根据实际内容和上下文支撑可以把不可数名词当作可数名词用。

4. "四个自信"

"四个自信"指中国特色社会主义道路自信、理论自信、制度自信、文化自信。

中国特色社会主义道路，指坚持以经济建设为中心，坚持四项基本原则，坚持改革开放；统筹推进经济建设、政治建设、文化建设、社会建设、生态文明建设"五位一体"总体布局，协调推进全面建设社会主义现代化国家、全面深化改革、全面依法治国、全面从严治党"四个全面"战略布局；不断解放和发展社会生产力，逐步实现全体人民共同富裕、促进人的全面发展。中国特色社会主义道路是创造人民美好生活、实现中华民族伟大复兴的康庄大道，是党和人民历经千辛万苦、付出巨大代价取得的根本成就。

中国特色社会主义理论，是党和人民实现中华民族伟大复兴的正确理论，是立于时代前沿、与时俱进的科学理论。习近平新时代中国特色社会主义思想，是对马克思列宁主义、毛泽东思想、邓小平理论、"三个代表"重要思想、科学发展观的继承和发展，实现了马克思主义中国化新的飞跃，是当代中国马克思主义、二十一世纪马克思主义，是中华文化和中国精神的时代精华，对新时代党和国家事业发展、对推进中华民族伟大复兴历史进程具有决定性意义。

中国特色社会主义制度，是当代中国发展进步的根本制度保障，是具有鲜明中国特色、明显制度优势、强大自我完善能力的先进制度。这一制度体现在经济、政治、文化、社会、生态文明各个方面，例如，人民代表大会制度的根本政治制度，中国共产党领导的多党合作和政治协商制度，公有制为主体、多种所有制经济共同发展的基本经济制度等。

中国特色社会主义文化，源自于中华民族 5000 多年文明历史所孕育的中华优秀传统文化，熔铸于党领导人民在革命、建设、改革中创造的革命文化和社会主义先进文化，植根于中国特色社会主义伟大实践，对汇聚实现中华民族伟大复兴的智慧和力量具有积极意义。

根据对"四个自信"主要内容的理解，"四个自信"的翻译要确保完整体现原文思想内涵，便于译入语读者理解。

需要说明的是，道路自信、理论自信、制度自信、文化自信都强调"中国特色社会主义"。因此，"四个自信"的具体内容如果单独出现，"中国特色社会主义"的对应翻译 socialism with Chinese characteristics 可保留在具体表述中。

"道路""理论""制度""文化"意义明确，可以分别对应翻译为 path、theory、system 和 culture。因此，道路自信指坚持中国特色社会主义道路，可以对应翻译为 the path of socialism with Chinese characteristics；理论自信指坚持中国特色社会主义理论体系，可以对应翻译为 the theory of socialism with Chinese characteristics；制度自信指坚持中国特色社会主义制度，可以对应翻译为 the system of socialism with Chinese characteristics；文化自信指坚持中国特色社会主义文化，可以对应翻译为 the culture of socialism with Chinese characteristics。当然，在具体语境中，在不影响理解的前提下，"四个自信"可简洁表达，如 the confidence in the path, theory, system and culture of socialism with Chinese characteristics。

道路自信、理论自信、制度自信、文化自信涉及不同领域和层次，同时相互关联，构成一个有机整体，形成"四个自信"这个关键概念，因此，需要对应翻译为术语形式，集中体现党和国家的信念。同时，"自信"强调对具体内容的坚定信念，与英文中 confidence 的内涵基本一致，所以可直接对应翻译。"四个自信"作为简称时，译文可以加上表示范畴的词汇，如 sphere，译为 Four-sphere Confidence，这样做可以在有选择的范围内，避免将不可数名词 confidence 变为复数，从而使表述更符合英语规范。

5."两个维护"

"两个维护"指坚决维护习近平总书记党中央的核心、全党的核心地位，坚决维护党中央权威和集中统一领导。

根据对"两个维护"的认识，其具体内容要在翻译中充分体现，集中反映中国人民与中国政府的态度与信念。

"两个维护"中的"维护"强调衷心拥护、高度统一，因此用 uphold 对应表达。

"维护习近平总书记党中央的核心、全党的核心地位"语义明确，可对应翻译为 uphold General Secretary Xi Jinping's core position on the CPC Central Committee and in the Party as a whole。同时，"维护党中央权威和集中统一领导"突出"权威""集中"与"统一"，语义清晰，可分别对应，整体翻译为 uphold the Central Committee's authority and its centralized, unified leadership。

"两个维护"集中代表中国人民与中国政府的态度与信念，是反映习近平新时代中国特色社会主义思想的独特表达，其独立术语形式可对应翻译为 Two Upholds。

6. 国之大者

> 要自觉讲政治，对国之大者要心中有数，关注党中央在关心什么、强调什么，深刻领会什么是党和国家最重要的利益、什么是最需要坚定维护的立场。

根据对"国之大者"的理解，其强调的是关系党和国家前途命运、关系中华民族伟大复兴、关系人民幸福安康、关系社会长治久安的大事，也就是对国家和民族而言最重要的价值或利益，因此，可采用解释性策略翻译为 the country's most fundamental interests。

二、关键语句理解与翻译

认真阅读以下句子，学习并领会关于中国特色社会主义最本质的特征和中国特色社会主义制度的最大优势的具体内容和精神，注意句子翻译的相关策略及其应用。

1. 中国共产党领导是中国特色社会主义最本质的特征，是中国特色社会主义制度的最大优势。
   Party leadership is the defining feature of socialism with Chinese characteristics and the greatest strength of China's socialist system.

本句主谓结构清楚，由单一主语（"中国共产党领导"）引导两个并列系表结构，句子语义明确，译文可对应原文句法结构。此外，"最本质的特征"强调决定性属性，可考虑用 defining 对应表达（或 most important），"最大优势"突出中国特色社会主义制度的优势，strength 本身有"优势"之意，因此可对应考虑表达为 the greatest strength。

2. 党政军民学，东西南北中，党是领导一切的。
   The Party exercises overall leadership over all areas of endeavor in every part of the country.

本句是"话题+说明"句型，先说明各个群体及不同地域，再强调党的领导覆盖所有行业及地域。翻译时可考虑调整原文语序，先突出党的领导作用，再说明党领导作用的具体表现。此外，"党政军民学"可用词汇衔接手段指代说明各个群体或行业（area 或 sector），实现语篇衔接，而"东西南北中"强调全国各地，可作相应解释说明。

3. 坚持和加强党的全面领导，首先要维护党中央权威和集中统一领导。
   Upholding the CPC Central Committee's authority and its centralized, unified leadership is the prerequisite for bolstering overall Party leadership.

本句说明了坚持和加强党的全面领导的首要因素，翻译时可调整原文语序，突出维护党中央权威和集中统一领导的首要作用。此外，"维护"可用 uphold 表示

"高度拥护"，"集中""统一"可分别对应相应形容词，"首先"或"首要"可解释为"先决或必备条件"。

4. 只有党中央有权威，才能把全党牢固凝聚起来，进而把全国各族人民紧密团结起来，形成万众一心、无坚不摧的磅礴力量。
Only with authority can the CPC Central Committee pool the strength of all Party members and unite the whole Party and the whole nation, bringing into being an invincible force of the same aspiration.

　　本句为"只有……才……"条件句式，强调党中央权威的作用和力量，翻译时可以对应为以 only 引导的条件状语从句。此外，原文主句连续使用"凝聚""团结""形成"等动词，译文要注意谓语动词的选择。可将"凝聚""团结"处理为并列谓语，同时配合"形成"的非谓语动词形式。"全党"指所有党员，"无坚不摧"可解释为"不可战胜的"（invincible、unbeatable 等），而"万众一心"虽与"无坚不摧"同为并列修饰词，但可以转换为名词，丰富译文表达形式。

5. 没有中国共产党，就没有新中国，就没有中华民族伟大复兴。
Without the Communist Party of China, there would be no new China and no national rejuvenation.

　　本句使用"没有……就没有……"条件句式，强调中国共产党缔造新中国的丰功伟绩，明确中国共产党带领全国各族人民实现中华民族伟大复兴中国梦的核心领导地位。因此，翻译时可用介词 without 引导虚拟语气结构，表达原文语义逻辑。

三、重点段落分析与翻译

1. 基础阅读及试译分析

认真阅读以下段落，全面理解原文内容，深入领会原文思想，熟悉原文语言特色，并进行试译。

段落一　　办好中国的事情，关键在党。中华民族近代以来 180 多年的历史、中国共产党成立以来 100 年的历史、中华人民共和国成立以来 70 多年的历史都充分证明，没有中国共产党，就没有新中国，就没有中华民族伟大复兴。历史和人民选择了中国共产党。中国共产党领导是中国特色社会主义最本质的特征，是中国特色社会主义制度的最大优势，是党和国家的根本所在、命脉所在，是全国各族人民的利益所系、命运所系。

（2021 年 7 月 1 日，习近平在庆祝中国共产党成立 100 周年大会上的讲话）

解读分析 | 本段语言表述严谨，词汇正式，句法规范，翻译时要注意体现原文的文体特点。此外，本段部分句子较长，体现出中国时政文献话语的句式排比、语义递进的特点，翻译时要考虑汉语与英语句法的差异，灵活选择不同的翻译策略。

段落二　　党中央权威和集中统一领导，最关键的是政治领导。看一名党员干部特别是高级干部的素质和能力，首先看政治上是否站得稳、靠得住。站得稳、靠得住，最重要的就是要牢固树立"四个意识"，自觉在思想上政治上行动上同党中央保持高度一致，坚决维护党中央权威和集中统一领导，在各项工作中毫不动摇、百折不挠贯彻落实党中央决策部署，不打任何折扣，不要任何小聪明，不搞任何小动作。

（2017 年 10 月 25 日，习近平在中共十九届一中全会上的讲话）

解读分析 | 本段语言表述整体正式，部分用语灵活、生动，体现了习近平鲜活的语言风格。在翻译实践中，要注意结合原文思想内涵适时转换上述语言表述。

2. 参考译文及翻译策略分析

结合原文，对比个人译文与参考译文的异同，明确原文理解难点，讨论具体翻译策略的应用。

段落一

❶办好中国的事情，关键在党。❷中华民族近代以来 180 多年的历史、中国共产党成立以来 100 年的历史、中华人民共和国成立以来 70 多年的历史都充分证明，没有中国共产党，就没有新中国，就没有中华民族伟大复兴。❸历史和人民选择了中国共产党。❹中国共产党领导是中国特色社会主义最本质的特征，是中国特色社会主义制度的最大优势，是党和国家的根本所在、命脉所在，是全国各族人民的利益所系、命运所系。

China's success hinges on the Party. The more than 180-year-long modern history of the Chinese nation, the 100-year-long history of the Party, and the more than 70-year-long history of the People's Republic of China all provide ample evidence that without the Communist Party of China, there would be no new China and no national rejuvenation. The Party was chosen by history and the people. The leadership of the Party is the defining feature of socialism with Chinese characteristics and constitutes the greatest strength of this system. It is the foundation and lifeblood of the Party and the country, and the crux upon which the interests and wellbeing of all Chinese people depend.

❶中，"办好中国的事情"指中国各方面发展的进步，特别是各领域取得的成就，因此可以用解释性翻译策略表达为 success。同时，"办好中国的事情"是动宾词组，可以用对应性翻译策略表达为 achieve success in China，也可以用转换性翻译策略将动宾词组调整为名词词组，即 China's success。"关键在党"指中国的发展与成功取决于党的领导，可以考虑用 hinge on 这个词组表达"取决于""依赖"的含义。因此，该句整体可翻译为 China's success hinges on the Party，体现了解释性、转换性翻译策略的应用，突出了具体词汇意义的理解与表达。

❷的词汇语义和句法结构都比较清楚。主语表现为三个并列的短语，构成排比，语义关系明确，可考虑使用对应性翻译策略。谓语动词"证明"，可以用转换性翻译策略调整为动宾词组 provide evidence，便于用英语从句表达后续内容。

❸说明了中国共产党是中国历史和中国人民的正确选择。译文可考虑使用被动语态，实现视角转换，突出中国共产党在中国历史上和中国人民心目中的地位与作用。

❹连续使用四个"是"引导的系表结构，各部分语义层层递进。长句可用切分方法翻译为若干短句，可将前两个"是"引导的结构合并翻译为 The leadership of the Party is the defining feature of socialism with Chinese characteristics and constitutes the greatest strength of this system，凸显中国共产党领导的特征，而将后两个"是"引导的结构合并翻译为 It is the foundation and lifeblood of the Party and the country, and the crux upon which the interests and wellbeing of all Chinese people depend，说明中国共产党领导的意义。前两个分句中出现两次"中国特色社会主义"，翻译时可以用指示代词 this 进行代词照应，避免重复，实现语篇衔接。本句中相关词汇不必简单对应翻译，而考虑有效解释或转换。例如："最本质的"不必对应为英语形容词最高级形式，可选用 defining，同样具有界定性质、划分范围的作用，再现了原文"最本质"的意义；"命运"无须对应翻译为 fate、destiny、fortune 等词，而可解释为 wellbeing，强调人民的福祉。本句四个系表结构中的"是"，翻译时可考虑用 is、constitute 以及转化为其他表达，实现词汇多样化，丰富译文的表达形式。

段落二

❶党中央权威和集中统一领导最关键的是政治领导。❷看一名党员干部特别是高级干部的素质和能力，首先看政治上是否站得稳、靠得住。❸站得稳、靠得住，最重要的就是要牢固树立"四个意识"，自觉在思想上政治上行动上同党中央保持高度一致，坚决维护党中央权威和集中统一领导，在各项工作中毫不动摇、百折不挠贯彻落实党中央决策部署，不打任何折扣，不要任何小聪明，不搞任何小动作。

Political leadership is crucial to the CPC Central Committee's authority and its centralized, unified leadership. When we assess the caliber and capabilities of Party members and officials, especially those in high positions, we will judge in the first place whether they are politically resolute and reliable. A purposeful and trustworthy official must have the Four Consciousnesses, keep in line with the Central Committee in thinking, action and political orientation, uphold the authority of the Central Committee and its centralized, unified leadership, resolutely implement the Central Committee's decisions and plans in all their work, and not engage in political maneuverings.

❶强调的是政治领导在维护党中央权威与集中统一领导中的关键作用，为突出原文核心信息，翻译时可调整原文语序，将译文主语确定为"政治领导"，再用对应性翻译策略将"关键"处理为形容词 crucial，与 be 动词连用，形成系表结构，整句可调整为 Political leadership is crucial to the CPC Central Committee's authority and its centralized, unified leadership。

❷❸中，"站得稳、靠得住"连续出现。前者可考虑用解释性翻译策略说明这个表达的语义，后者用其他词汇说明，避免重复。

原文使用鲜明的生活化语言，形象生动地表达了深刻的含义，翻译时不必机械对应，可以考虑采用解释性或融合性翻译策略。"站得稳、靠得住"可解释为 resolute and reliable，表明立场坚定、值得信赖。而"不打任何折扣""不要任何小聪明""不搞任何小动作"三个短语意义相近，特别是"小聪明""小动作"可解释为 political maneuvering，意指政治上的操弄，三个短语整体可采用融合性翻译策略处理为 not engage in political maneuverings，表示坚决彻底执行党中央的决策和部署。

3. 补充阅读及翻译分析

根据上述翻译实践及分析过程，讨论对以下材料的理解与翻译，注意翻译策略的应用。

段落三

❶党明确提出，党的领导是全面的、系统的、整体的，保证党的团结统一是党的生命；❷党中央集中统一领导是党的领导的最高原则，加强和维护党中央集中统一领导是全党共同的政治责任，❸坚持党的领导首先要旗帜鲜明讲政治，保证全党服从中央。

（2021年11月11日，《中共中央关于党的百年奋斗重大成就和历史经验的决议》）

The Party has clearly stated that it exercises overall, systemic, and integrated leadership and that its lifeblood lies in maintaining its solidarity and unity. The centralized, unified leadership of the Central Committee is the highest principle of the Party's leadership, and upholding and strengthening this is the common political responsibility of each and every Party member. In upholding the Party's leadership, all Party members must, first and foremost, take a clear stance in maintaining political integrity to ensure that the whole Party obeys the Central Committee.

❶翻译时可单独成句，处理为主句和两个并列的宾语从句。前一个从句中，"全面的""系统的""整体的"可分别用对应性翻译策略表达为英文相应词汇 overall、systemic、integrated；后一个从句中，可调整原文语序，凸显"党的生命"所在，而"生命"可解释为至关重要的命脉（lifeblood）。

❷翻译时可单独成句，处理为前后两个并列短句。前者，"集中统一领导"表述相对固定，可对应翻译为 centralized, unified leadership；后者，"集中统一领导"重复出现，可使用英语代词 this 实现语篇衔接，而"全党"指全体党员（each and every Party member）。

❸翻译时可单独成句，"讲政治"指政治上正直而坚定，可根据具体语境解释为 maintain political integrity、stress political awareness 或 take a clear political stance。

中国特色社会主义最本质的特征和中国特色社会主义制度的最大优势

段落四

❶中国共产党根基在人民、血脉在人民、力量在人民。❷中国共产党始终代表最广大人民根本利益,与人民休戚与共、生死相依。❸没有任何自己特殊的利益,从来不代表任何利益集团、任何权势团体、任何特权阶层的利益。❹任何想把中国共产党同中国人民分割开来、对立起来的企图,都是绝不会得逞的!❺9500多万中国共产党人不答应!14亿多中国人民也不答应!

(2021年7月1日,习近平在庆祝中国共产党成立100周年大会上的讲话)

The Party has in the people its roots, its lifeblood, and its source of strength. The Party has always represented the fundamental interests of all Chinese people; it stands with them through thick and thin and shares a common fate with them. The Party has no special interests of its own – it has never represented any individual interest group, power group, or privileged stratum. Any attempt to divide the Party from the Chinese people or to set the people against the Party is bound to fail. The more than 95 million Party members will not allow it. The more than 1.4 billion Chinese people will not allow it.

❶结构清楚,语义明确,可使用对应性翻译策略。其中"力量"翻译为 source of strength,强调人民是中国共产党的根本力量来源。

❷❸强调,中国共产党是最广大人民根本利益的代表者与维护者。本句较长,可用切分策略。❷说明中国共产党与人民群众的紧密关系,❸重申中国共产党代表人民的利益。❷中,"人民"两次出现,翻译时可用代词(them)照应,实现语篇衔接,避免重复。而"与人民休戚与共、生死相依"可用替代性翻译策略表达为 through thick and thin,强调中国共产党与广大人民群众同甘共苦、荣辱与共。

❹使用否定形式,翻译时可调整为 bound to fail 这种形式上肯定但语义上否定的表达,加强语气,意指这种企图注定失败。❺中,"不答应"后省略了宾语(即前一句的"企图"),即不允许这种企图实现,翻译时应注意补充省略的宾语,同时为避免机械重复,可考虑用代词(it)表达,实现语篇衔接。

四、拓展训练

1 词汇翻译：参考翻译策略建议，翻译以下加粗的词语，注意其在特定语境下的含义。

> 1. 在政治立场、政治方向、政治原则、政治道路上同党中央保持高度一致，自觉维护党中央权威。这是对大家**党性**的考验，也是根本的政治纪律和政治规矩。

内容理解与翻译策略建议 | "党性"是坚持和加强党的全面领导相关思想的重要概念，在特定语境中的含义具体而明确，或是坚持党的原则，或是体现党的精神，或是完成党的使命等，可结合具体语义翻译。

> 2. 党的十八届六中全会通过关于新形势下党内政治生活的若干准则，党中央出台中央政治局加强和维护党中央集中统一领导的若干规定，严明党的政治纪律和政治规矩，防止和反对**个人主义**、**分散主义**、**自由主义**、**本位主义**、**好人主义**等，发展积极健康的党内政治文化，推动营造风清气正的良好政治生态。

内容理解与翻译策略建议 | 本句中，"个人主义""分散主义""自由主义""本位主义""好人主义"都是以"主义"作为词缀而形成的抽象名词，其语义内涵各有不同，不宜机械对应翻译。"个人主义"应该注意中外语境的不同解读，不宜简单对应翻译，可解释为以个人为中心的行为；"分散主义"指不坚持中央领导，译文可相应解释；"自由主义"指不遵守规则的行为，译文可相应解释；"本位主义"贬义相对明确，指只顾个体单位利益而不考虑与其他单位的关系，可考虑以英文既有特色表达替代（如 silo mentality）；"好人主义"的语境构词性质更加明显，意指在任何场合下都充当"好人"（nice guy），即不讲原则、没有鲜明立场，对问题或矛盾不敢于批评，是不讲党性的庸俗作风，可对应翻译，并可考虑配以抽象化词缀（如 -ism），形成一个表达形象而意义明确的词语。

2 句子翻译：参考内容理解与翻译策略建议，翻译以下句子，注意句子的语义内涵及句法特点。

> 1. 党的领导是党和国家的根本所在、命脉所在，是全国各族人民的利益所系、命运所系。

内容理解与翻译策略建议 | 本句明确了党的领导对党和国家及全国人民的重要意义。本句以"党的领导"作为主语,后接两个由"是"引导的系表结构,语义并列,译文句法可整体对应表达。此外,"根本所在"强调党的领导在党和国家各项事业中的基础性作用,"命运所系"则突出全国各族人民的福祉,具体译文可作相应解释。同时,"利益所系、命运所系"突出说明全国各族人民的利益与命运取决于党的领导,译文可考虑增加形象表达以传达原文语义内涵。

2. ❶党中央是大脑和中枢,❷党中央必须有定于一尊、一锤定音的权威,❸这样才能"如身使臂,如臂使指,叱咤变化,无有留难,则天下之势一矣"。

内容理解与翻译策略建议 | 本句强调必须坚决维护党中央权威和集中统一领导。"党中央"是语义核心,可作为译文主语,❶"是大脑和中枢"和❷"必须有定于一尊、一锤定音的权威"说明其功能,可作为译文谓语部分,翻译时需要注意谓语动词的选择,遵循主谓一致的原则。❷"定于一尊、一锤定音"在语义上重复强调党中央的权威地位,可考虑用融合性翻译策略精简表达。❸"这样才能"说明条件关系,可考虑对应翻译,实现译文语篇衔接。❸中引号部分是中国典籍用语,形象说明党中央核心领导地位的重要作用,可考虑对应性翻译策略,再现原文语言和文化风格。而且,❸与❶❷逻辑关系紧密,翻译时可考虑用代词 it 替代"党中央",避免重复,实现语篇衔接,并可适度增补说明与上一句的逻辑关系,即党中央协调管理其他机构。

3 语篇翻译:参考内容理解与翻译策略建议,翻译以下段落,注意语篇的内容及组织特点。

1. ❶长征胜利启示我们:党的领导是党和人民事业成功的根本保证。❷毛泽东同志指出:"谁使长征胜利的呢?是共产党。没有共产党,这样的长征是不可能设想的。中国共产党,它的领导机关,它的干部,它的党员,是不怕任何艰难困苦的。"❸中国共产党的领导,是中国革命、建设、改革不断取得胜利最根本的保证,是中国特色社会主义最本质的特征,也是中国特色社会主义的最大优势,❹必须毫不动摇坚持和完善。

内容理解与翻译策略建议 | 本段总结了长征精神的核心内容,即党的领导从根本上保证了党和人民事业的成功。❶中,"长征胜利启示我们"中的"启示"更强调事实证明,注意对应为译文相应词汇;❷中引号内容,毛泽东同志自问自答,语言朴素,意义深刻,翻译时要注意体现原文语言特色。❸❹较长,翻译时可根据具体语义切分为两个短句。

其中，"中国共产党的领导"是❸的主语，是❹的宾语，语义反复，翻译时可考虑采用"代词 + 名词"进行语篇衔接，避免重复。

2. ❶中国共产党自一九二一年成立以来，始终把为中国人民谋幸福、为中华民族谋复兴作为自己的初心使命，❷始终坚持共产主义理想和社会主义信念，团结带领全国各族人民为争取民族独立、人民解放和实现国家富强、人民幸福而不懈奋斗，❸已经走过一百年光辉历程。

内容理解与翻译策略建议 | 本段简要概括了中国共产党百年奋斗历程所取得的伟大功绩。本段较长，语义丰富，翻译时可考虑根据原文具体语义层次切分为三个短句。本段为连动句，主语同为"中国共产党"，连续使用动宾结构，翻译时需注意主谓一致，可以灵活使用代词实现译文语篇衔接。

五、思考题

❶ 中国时政文献常见并列句，以达到重复说明、强化主旨的目的。翻译时可使用融合、省略等翻译策略。结合以下例证中汉语并列句式的语义特点，客观、全面评价译文所使用的翻译策略及其效果。

原文　任何想把中国共产党同中国人民分割开来、对立起来的企图，都是绝不会得逞的！9500 多万中国共产党人不答应！14 亿多中国人民也不答应！

译文　Any attempt to divide the Party from the Chinese people or to set the people against the Party is bound to fail. The more than 95 million Party members will not allow it. The more than 1.4 billion Chinese people will not allow it.

❷ 讨论《习近平谈治国理政》书名的翻译，注意"治国""理政"的处理方法。

原文　《习近平谈治国理政》
译文　The Governance of China

❸ 针对本单元主题，小组讨论，选定最有困难的翻译材料，确定解决方案，并形成小型研究报告。

第四单元

坚持和发展中国特色社会主义总任务

坚持和发展中国特色社会主义，总任务是实现社会主义现代化和中华民族伟大复兴，在全面建成小康社会的基础上，分两步走在本世纪中叶建成富强民主文明和谐美丽的社会主义现代化强国，以中国式现代化推进中华民族伟大复兴。本单元将结合坚持和发展中国特色社会主义的思想内容，系统介绍对相关理念与表述的理解与翻译策略。

第四单元

一、核心概念解读

1. 中国特色社会主义进入新时代

改革开放之初，中国共产党发出了走自己的路、建设中国特色社会主义的伟大号召。经过长期努力，中国特色社会主义进入了新时代，这是我国发展新的历史方位。党的十九大作出这个重大政治判断，是一项关系全局的战略考量。中国特色社会主义进入新时代，意味着近代以来久经磨难的中华民族迎来了从站起来、富起来到强起来的伟大飞跃，迎来了实现中华民族伟大复兴的光明前景；意味着科学社会主义在二十一世纪的中国焕发出强大生机活力，在世界上高高举起了中国特色社会主义伟大旗帜；意味着中国特色社会主义道路、理论、制度、文化不断发展，拓展了发展中国家走向现代化的途径，给世界上那些既希望加快发展又希望保持自身独立性的国家和民族提供了全新选择，为解决人类问题贡献了中国智慧和中国方案。

这个新时代，是承前启后、继往开来，在新的历史条件下继续夺取中国特色社会主义伟大胜利的时代，是决胜全面建成小康社会、进而全面建设社会主义现代化强国的时代，是全国各族人民团结奋斗、不断创造美好生活、逐步实现全体人民共同富裕的时代，是全体中华儿女勠力同心、奋力实现中华民族伟大复兴中国梦的时代，是我国不断为人类作出更大贡献的时代。

1982 年，邓小平在中国共产党第十二次全国代表大会开幕词中提出："把马克思主义的普遍真理同我国的具体实际结合起来，走自己的道路，建设**有中国特色的社会主义**，这就是我们总结长期历史经验得出的基本结论。"中国共产党第十四次全国代表大会报告提出"以建设**有中国特色社会主义**理论为指导的党的基本路线"。中国共产党第十八次全国代表大会报告中指出"坚定不移沿着**中国特色社会主义**道路前进"。习近平在中国共产党第十九次全国代表大会报告中提出："不忘初心，牢记使命，高举中国特色社会主义伟大旗帜，决胜全面建成小康社会，夺取**新时代中国特色社会主义**伟大胜利，为实现中华民族伟大复兴的中国梦不懈奋斗。"从有中国特色的社会主义、有中国特色社会主义、中国特色社会主义，到新时代中国特色社会主义，概念的发展和内涵的升华体现出愈加成熟的社会主义中国形态。"中国特色社会主义"的英文是 socialism with Chinese characteristics，从构词上既强调了中国特色社会主义是社会主义，不是别的什么主义，也强调了与中国具体实际相结合的特征。"新时代"是党史、新中国史的重要组成部分，也是党史、新中国史的里程碑和新坐标。这一术语言简意深，翻译时要准确把握其深刻的内涵，注意严肃性、准确性和语境上的适切性。在英语中，有多个词汇可以表示"时代"，但 era 比 period、age、epoch 等近义词更强调具有鲜明特征的历史时代，可以更准确反映承前启后、继往开来的里程碑意义和新坐标指向。综上，"中国特色社会主义进入新时代"可译为 socialism with Chinese characteristics has entered a new era。

此外，a (the) new era 在具体使用中还应注意与所在语境的适切性。专有名词的翻译并不是表单式的对应翻译，关注其在具体语境中的实际含义非常重要。比如，在"全党要深刻领会**新时代**中国特色社会主义思想的精神实质和丰富内涵，在各项工作中全面准确贯彻落实"这个句子中，"**新时代**中国特色社会主义思想"译为 the Thought on Socialism with Chinese Characteristics *for* *a* *New* *Era*。

2."两个一百年"奋斗目标

> 党的十八大描绘了全面建成小康社会、加快推进社会主义现代化的宏伟蓝图，提出了"两个一百年"的奋斗目标：到 2021 年中国共产党成立一百年时全面建成小康社会，国内生产总值和城乡居民人均收入比 2010 年翻一番；到 2049 年中华人民共和国成立一百年时建成富强民主文明和谐的社会主义现代化国家，达到中等发达国家水平。"两个一百年"奋斗目标，将中国梦的蓝图和光明前景具体化，成为实现中国梦的基础。

"两个一百年"奋斗目标是解读中国特色社会主义发展、解读中国共产党治国理政重要实践的关键概念之一。制定科学可行的中长期战略规划并一步一个脚印付诸实践，体现了中国特色社会主义历史发展的连续性和阶段性的统一，也是中国共产党作为在中国长期执政的马克思主义政党治国理政的重要方式。在翻译这个概念时要注意，原文中的双引号不宜套用在 Two Centenary Goals 的英文译文中。英文的引号除用于直接引语外，多为非正式用法，有时甚至带有讽刺或质疑的意味。在正式的英语写作中，首字母大写、下划线、黑体字或斜体字等是常见的强调词汇或短语的方式。所以这个专门术语可用首字母大写的方法，译为 Two Centenary Goals。

此外，原文中的"奋斗"不必逐字译出。与 intention、aim、end、objective 等近义词相比，goal 更强调经过努力奋斗、克服困难所达成的目标。

3. 中国梦

> 实现中华民族伟大复兴，是近代以来中国人民最伟大的梦想，我们称之为"中国梦"，基本内涵是实现国家富强、民族振兴、人民幸福。

2012 年 11 月 29 日，习近平在参观《复兴之路》展览时发表讲话并首次提出"中国梦"，此后又在多个场合、多次提及并系统阐述了中国梦的深刻内涵。正确理解和翻译"中国梦"，有助于国际社会了解中国人民期待和平与发展的理想和愿望。中国梦是国家梦、民族梦、人民梦的辩证统一，国家富强与民族振兴的落脚点都是人民幸福。这个概念可译为 Chinese Dream，其中 Chinese 意为 relating or belonging to China or its languages or **its people**。与 China Dream 或 China's Dream 相比，Chinese Dream 更准确地传达了这一重要政治术语的精神实质。

4. 中国式现代化道路

> 中国式现代化，是人口规模巨大的现代化，是全体人民共同富裕的现代化，是物质文明和精神文明相协调的现代化，是人与自然和谐共生的现代化，是走和平发展道路的现代化。

中国式现代化道路的成功实践充分表明，世界各个国家、各个民族，通往现代化的道路是多种多样的，决不只有欧美发达国家一种模式、一条道路、一个标准，更不能将欧美现代化道路视若唯一，进而否定其他国家的道路选择和社会进步。由此可见，这个概念强调中国在遵循现代化普遍规律的基础上立足国情进行独立自主的探索，翻译时可增加副词解释、突出这一道路的鲜明特色。"中国式"是这个概念最核心的前置修饰词，强调中国现代化道路的独特性和独特优势。从语用和语义上考虑，跟所修饰名词关系越紧密，反映该名词本质特征的成分就越靠近所修饰名词。故可将"现代化"（modern）变为抽象名词（modernization）并后移，意为前进道路（path）的目标，保留并突出"中国式"修饰语的核心地位。这一术语的整体译文为 a distinctively Chinese path to modernization。在庆祝中国共产党成立 100 周年大会上，习近平提出"中国式现代化新道路"，可以译为 a new and uniquely Chinese path to modernization。

5. 社会主义现代化强国

> 从二〇三五年到本世纪中叶，在基本实现现代化的基础上，再奋斗十五年，把我国建成富强民主文明和谐美丽的社会主义现代化强国。到那时，我国物质文明、政治文明、精神文明、社会文明、生态文明将全面提升，实现国家治理体系和治理能力现代化，成为综合国力和国际影响力领先的国家，全体人民共同富裕基本实现，我国人民将享有更加幸福安康的生活，中华民族将以更加昂扬的姿态屹立于世界民族之林。

在翻译这个概念时要注意深刻理解原文内涵。社会主义现代化是惠及14亿多人的现代化，是追求实现共同富裕的现代化，是物质文明和精神文明协调发展的现代化，是人与自然和谐共生的现代化，是和平发展的现代化。所以我们在自述"强国"目标时，应尽量选择 great 等既描述程度，又强调令人尊敬之意的形容词，避免使用 powerful 等突出力量、权势的形容词，以避免对外传播中的误读。

此外，该概念的英译要注意几个限定词的顺序。一般情况下，英语形容词（限定词）排序是按照"看法—大小—其他大部分性质—年龄—颜色—来源—材料—种类"的惯例。"社会主义"指国家类别，即种类；"现代化"指国家的发展程度，即性质；"强"是对国家的评价，即看法。所以该概念的英译按照"看法—性质—种类"的顺序，翻译成 a great modern socialist country。

二、关键语句理解与翻译

认真阅读以下句子，学习并领会关于坚持和发展中国特色社会主义总任务的具体内容和精神，注意句子翻译的相关策略及其应用。

1. 实现中国梦，必须坚持中国特色社会主义道路。
   To realize the Chinese Dream, we must adhere to the path of socialism with Chinese characteristics.

原句具有典型的"话题 + 说明"的汉语语句特征，属于主语省略（隐含）句，翻译时需要明确并补充主语"我们"，通过添加逻辑主语的方式形成符合英语表达习惯的主谓结构。

2. ❶我们坚持和发展中国特色社会主义，❷推动物质文明、政治文明、精神文明、社会文明、生态文明协调发展，❸创造了中国式现代化新道路，❹创造了人类文明新形态。
As we have upheld and developed socialism with Chinese characteristics and driven coordinated progress in material, political, cultural-ethical, social, and ecological terms, we have pioneered a new and uniquely Chinese path to modernization, and created a new model for human advancement.

本句英译时一要厘清各分句之间的逻辑关系，二要准确理解句中六个"文明"的含义。汉语句子少用甚至不用形式连接手段，注重隐性连贯（implicit coherence），注重时间和事理顺序，注重功能、意义，注重以意役形；英语句子常用各种形式手段连接词汇、句子、语篇，注重显性衔接（explicit cohesion），注重句子形式，注重结构完整，注重以形显义。

在该句中，❶（根本方向）及❷（"五位一体"总体布局的实施路径）是成绩取得的前提条件和重要原因；❸❹是结果，即我们所取得的具体成就。翻译时可用 as 等表示原因的连词引导❶❷，显化原句的内在因果逻辑。

"文明"一词多义，粘贴性极强，翻译时应充分考虑其所在的语境，确定不同的译法。若机械译为 civilization，不仅词不达意，而且容易造成混乱。❷中五个"文明"是指五个方面的协同进步，可考虑用 in...terms 表示；❹中"人类文明"并不是指具有文化和制度的社会，也不是指人类社会的开化程度，而是人类在生产、生活和其他社会活动中的发展和进步，因此可以考虑使用 advancement 或 progress。

3. ❶中国特色社会主义是适合中国国情、符合中国特点、顺应时代发展要求的理论和实践，❷所以才能取得成功，并将继续取得成功。
Chinese socialism is a path that suits China's national conditions and reality and the requirements of the times in both theory and practice. Therefore, it has yielded and will continue to yield practical results.

❶中有三个定语修饰中心词"理论"和"实践"。这是汉语中常见的定语前置现象，而英语的定语位置比较灵活，可以前置也可以后置。因此，在修饰语较多的情况下，为避免头重脚轻，翻译时应根据英语结构的特点前置中心词，并以定语从句的语法手段表达原句意思。❷英译时要注意：除非有意强调或出于修辞的需要，英语倾向于避免重复；在能明确表达意思的前提下，尤其是在并列结构中，英语宜采用替代、省略或转换等方法避免重复。所以，❷的译文不必像原文一样出现两次"成功"（practical results），省略的翻译策略使行文简洁有力，符合英语表达习惯。

4. 中国特色社会主义是不是好，要看事实，要看中国人民的判断，而不是看那些戴着有色眼镜的人的主观臆断。
To judge whether socialism with Chinese characteristics is good or not, we should look to the facts and listen to the voices of the Chinese people – not to the subjective judgment of those who look at China through a distorted lens.

该句翻译时要注意话题句的处理以及譬喻修辞的翻译。"中国特色社会主义是不是好"是话题，并不是全句的真正主语，翻译时需要明确译文的主语"我们"，通过添加逻辑主语形成主谓结构。"有色眼镜"在这句话中带有贬义，意为看待人或事物所抱的成见、偏见，直译为 tinted spectacles/glasses（有颜色的眼镜）就失去了原文的丰富内涵，所以应采用解释性翻译策略。

5. ❶中国特色社会主义是前无古人的伟大事业，❷改革开放和社会主义现代化建设还有很长的路要走。
In advancing the unprecedented cause of Chinese socialism, we still have a long way to go in completing our reform and opening up and modernization.

原文两个分句各有不同的主语，但分句之间的逻辑关系很明确，形成信息的隐性连贯。中国特色社会主义为改革开放和社会主义现代化建设定性，改革开放和社会主义现代化建设是实践和举措，❶的中心词和❷的中心词施动者是一致的。该句可以采用合并及显化逻辑的方法，用显性的连接手段突出两个分句之间的关系，同时确保主谓一致。

6. ❶社会主义并没有定于一尊、一成不变的套路，❷只有把科学社会主义基本原则同本国具体实际、历史文化传统、时代要求紧密结合起来，在实践中不断探索总结，才能把蓝图变为美好现实。

There is no orthodox, fixed version of socialism. A blueprint will become a bright reality only when we combine the basic principles of scientific socialism with China's realities, historical and cultural traditions, and contemporary needs, and constantly analyze and summarize the lessons gained from our practice.

四字成语和长句是这个句子的翻译难点。"定于一尊""一成不变"属于含古代实词义项及结构但无特殊寓意的成语，可通过语义解释进行翻译。从上下文看，定于一尊、一成不变是对社会主义模式的教条式理解甚至曲解，可翻译为orthodox, fixed version of socialism。❷中，"只有"引导一个较长的条件状语从句。在英语中较长、较多的状语一般移至句首或句尾，而以句尾为多，目的是为了增加"末端重量"。所以在翻译"只有……才能……"这个长句的时候，要注意调整语序。

7. 中国共产党和中国人民将在自己选择的道路上昂首阔步走下去，把中国发展进步的命运牢牢掌握在自己手中！

The Party and the Chinese people will keep moving confidently forward in broad strides along the path that we have chosen for ourselves, and we will make sure the destiny of China's development and progress remains firmly in our own hands.

把字句及感叹号是本句翻译需要注意的地方。"把"在语义上通常将强调部分转移到受事，使其成为注意中心。在翻译时可适当改变动词形态，转换为英语的主谓结构句式。英语的正式文体中较少使用感叹号，在翻译时要注意译文标点的使用规范。

三、重点段落分析与翻译

1. 基础阅读及试译分析

认真阅读以下材料，全面理解原文内容，深入领会原文思想，熟悉原文语言特色，并进行试译。

段落一　中国特色社会主义不是从天上掉下来的，而是在改革开放40年的伟大实践中得来的，是在中华人民共和国成立近70年的持续探索中得来的，是在我们党领导人民进行伟大社会革命97年的实践中得来的，是在近代以来中华民族由衰到盛170多年的历史进程中得来的，是对中华文明5000多年的传承发展中得来的，是党和人民历经千辛万苦、付出各种代价取得的宝贵成果。得到这个成果极不容易。

（2018年1月5日，习近平在新进中央委员会的委员、候补委员和省部级主要领导干部学习贯彻习近平新时代中国特色社会主义思想和党的十九大精神研讨班开班式上的讲话）

解读分析　本段首句由五个同范围、同性质的并列句构成，句中反复、连续出现"是……的"和表示时间的数字，通过反复和排比的修辞讲述了改革开放、中华人民共和国成立、党领导人民进行伟大社会革命、中华民族历经由衰到盛、中华文明传承发展等宏大事件。本段依赖语序和内在逻辑实现语义连贯，将中国特色社会主义的艰辛探索和成功实践刻画得入木三分。

段落二　近代以后，创造了灿烂文明的中华民族遭遇到文明难以赓续的深重危机，呈现在世界面前的是一派衰败凋零的景象。一百年来，党领导人民不懈奋斗、不断进取，成功开辟了实现中华民族伟大复兴的正确道路。中国从四分五裂、一盘散沙到高度统一、民族团结，从积贫积弱、一穷二白到全面小康、繁荣富强，从被动挨打、饱受欺凌到独立自主、坚定自信，仅用几十年时间就走完发达国家几百年走过的工业化历程，创造了经济快速发展和社会长期稳定两大奇迹。

（2021年11月11日，《中共中央关于党的百年奋斗重大成就和历史经验的决议》）

第四单元

解读分析 本段讲述了百年大党创造两大奇迹的奋斗历程，文中多用四字成语和排比、反复的修辞，大气磅礴，翻译时要注意原文遣词造句的特点，使译文在语言风格上尽量贴近原文。此外，翻译时还应注意寻求原文语篇的深层逻辑关系，并通过词汇衔接、语法衔接等方式在译文中体现出来。

2. 参考译文及翻译策略分析

结合原文，对比分析个人译文与参考译文的异同，明确原文理解难点，讨论具体翻译策略的应用。

段落一

❶中国特色社会主义不是从天上掉下来的，❷而是在改革开放40年的伟大实践中得来的，❸是在中华人民共和国成立近70年的持续探索中得来的，❹是在我们党领导人民进行伟大社会革命97年的实践中得来的，❺是在近代以来中华民族由衰到盛170多年的历史进程中得来的，❻是对中华文明5000多年的传承发展中得来的，❼是党和人民历经千辛万苦、付出各种代价取得的宝贵成果。❽得到这个成果极不容易。	Chinese socialism did not drop from the sky, but has stemmed from 40 years of reform and opening up and nearly 70 years of exploration since the founding of the PRC in 1949. It is the result of the Chinese people's experiences during 97 years of great social revolutions under the leadership of the CPC founded in 1921. It is the result of more than 170 years of historical progress since 1840 during which the Chinese nation has evolved from decline to prosperity. It is the bequest and development of the Chinese civilization in the past 5,000 years or more. It is a valuable result of the painstaking efforts made by our Party and the people at great cost. It is a hard-won achievement.

第一，本段以反复和排比两种修辞饱含情感地讲述了改革开放史、新中国史、中国共产党近百年奋斗史以及近代以来中华民族由衰到盛、5000多年中华文明传承发展的历史进程。反复指同一（类）词语或表达连续或间隔出现，加强表达语气，比如文中反复出现的"是……的"句式和表示时间的数字。排比指同范围、同性质语言表达排列出现，多为三项或三项以上排列，比如文中五次出现的句式结构"是……得来的"。两种修辞手法均能加强语气、强调特定内容。

本段语言大气磅礴，铿锵有力，在翻译时应充分考虑如何重现这种表达效果，让译入语读者也充分感受到语言的艺术和力量。英语中的parallelism类似于汉语的排比、间隔反复，是一种富于表现力的修辞手段。大多数情况下，排比和反复都尽量考虑对应式翻译，使译文在结构、语义、修辞和语用效果方面都尽量保留原文特点。比如，本段的排比结构由❷—❼中五个"是……的"强调句型构成，"的"字是语气词，它前面的内容"……得来"是句子的信息焦点。在英语中，it be 结构与"是……的"语义类似，故翻译时可采用这一结构；同时，可将"得来的"进行名词化处理，译为表示结果、成就的英语名词 result。

第二，文中❷—❼中 40、70、97、170、5000 是使用数字的反复修辞，按照时间由近到远层层递进，使语气不断加强。无论是排比还是反复，翻译时应注意既要尽量保证结构对应，还要兼顾译入语读者的认知。以本段的反复修辞为例，如果译文只顾及数字反复修辞的形式，译入语读者很难感受到这些数字所承载的历史内涵。由此可见，在修辞的翻译中，修辞形式及效果的"移植"固然重要，但还应充分考虑译入语读者对涉及中国近代史的了解程度。译文补充的 1949、1921、1840 三个具体年份，即有助于译入语读者明确相应的历史阶段。

第三，❽在英译时注意根据英汉两种语言的差异，酌情进行谓语组织和句型调整。首先，英语中谓语一般由动词承担，并且要与主语保持人称和数的一致关系。但汉语句子中的谓语具有较大的自由度和灵活性，除了动词以外，形容词、名词、数词等都可以充当谓语。比如，❽中"不容易"就是形容词充当谓语的例子。汉语谓语构成的多元化使主谓定位也变得复杂，英译时应注意结合语境增补动词作谓语。其次，从句子信息分布来看，英语句子的信息重心一般位于句末，即"末端重量"原则；汉语则没有严格的重量原则的遵循，若带有主题结构的汉语句子出现"头重脚轻"的情况，英译时应适当调整句型，以符合英语的表达规范。综上，"得到这个成果极不容易"经过谓语组织和句型调整，可译为 It is a hard-won achievement。

段落二

❶近代以后，创造了灿烂文明的中华民族遭遇到文明难以赓续的深重危机，呈现在世界面前的是一派衰败凋零的景象。❷一百年来，党领导人民不懈奋斗、不断进取，成功开辟了实现中华民族伟大复兴的正确道路。❸中国从四分五裂、一盘散沙到高度统一、民族团结，从积贫积弱、一穷二白到全面小康、繁荣富强，从被动挨打、饱受欺凌到独立自主、坚定自信，❹仅用几十年时间就走完发达国家几百年走过的工业化历程，创造了经济快速发展和社会长期稳定两大奇迹。

After the advent of modern times, the Chinese nation faced a grave crisis. As it withered away in the eyes of the world, it was uncertain whether or not the splendid civilization it had created would endure. Over the past century, the Party has led the people in forging ahead ceaselessly, opening up the right path to national rejuvenation. China has moved from a state of disunity and division to a high level of unity and solidarity, from weakness and poverty to strength and moderate prosperity in all respects, and from being beaten and bullied to becoming independent, self-reliant, and confident. China has completed a process of industrialization that took developed countries several centuries in the space of mere decades, bringing about the two miracles of rapid economic growth and enduring social stability.

本段描述了中国共产党带领中国走出近代百年屈辱历史，开启中华民族伟大复兴新征程。整段呈现出汉语隐性语义连贯的特征，即主题或信息排列，并不依赖外在的形式，而是依赖文本内在的逻辑关系。在翻译时，应首先梳理原文的内在逻辑，再通过词汇衔接、语法衔接等方式构建译文的连贯。

❶通过对比曾经的辉煌与近代史上的屈辱，引发读者共鸣。原文信息密集，积极和消极信息相互对比。根据英语的表达习惯，若长句信息量大、信息重叠相交，应将原文中的信息按逻辑进行拆分，形成多个短句。❶可拆分为两层含义：前者陈述近代中国面临的危机，后者提出在危机下辉煌历史能否延续的问题。这样的调整不仅使句子层次更加清晰，还能使语篇更加连贯。在英语写作中，为了给读者顺畅、连贯的阅读体验，句子的已知信息通常前置，新信息和复杂信息置于句子末尾，既有助于读者贯通理解新旧信息，也有助于引导其深入思考，实现语篇意义上的衔接和连贯。如果❶的译文以 it withered away in the eyes of the world 结尾，可能与❷之间出现意义上的"断层"，降低译入语读者的阅读体验。相反，如果将❶的译文以 whether or not the splendid civilization it had created would endure 这样一个问题作为结尾，可形成自然的过渡，引导译入语读者顺着叙事者思路进入斗争史的内容。翻译是原文语篇连贯关系的重构，语篇连贯对原文的解读和译文的重构都非常关键。

❷体现了汉语动态感强的语言特征。该句中"领导""奋斗""进取""开辟""实现"等动词连用进一步强化了句子和语篇的动态特征。大量动词涌现在汉语句子中却不会引起臃肿和混乱，在于汉语动词没有屈折的形态变化，使用时不受形态上的限制，而且动作先后有序，脉络清晰。翻译时要考虑到英汉两种语言的差异，借助其他词类或语法手段酌情调整动静状态。在这个动词密集联动的句子中，可考虑使用介词变动为静，比如 the Party has led the people *in* **forging** ahead persistently, **opening up** the right path *to* national rejuvenation。

❸中出现"从……到……"的排比结构，且每一个"从"和"到"都跟着结构对称、意义相近的四字格。翻译这个长句时，不可忽视词汇衔接在实现语篇连贯方面的功能。词汇衔接主要包括复现（reiteration）和同现（collocation）。其中，同义词复现是实现语篇衔接的重要手段。同义词连续、成组地使用，以客观陈述史实的方式传递出强烈的情感，引起读者共鸣。对于同义词复现的翻译，只要译入语具有同义词资源，最佳的选择就是对应翻译，这样既可以保留原文的衔接功能，也不会损害其修辞价值。也就是说，实现语篇连贯的复现不是无意义的重复，它具有一定的修辞功能，翻译时不宜随意对同义词"合并同类项"，而是要充分发掘相应的英语同义词潜力，保留原文作者的修辞努力。该长句可译为：China has moved from a state of **disunity** and **division** to a high level of **unity** and **solidarity**, from **weakness** and **poverty** to **strength** and **moderate prosperity** in all respects, and from **suffering invasion** and **bullying** to **becoming independent, self-reliant, and confident.**

另外，句子之间的时态关系构成了另外一条隐性的连贯脉络，把一个个句子按照时间脉络连贯成一个统一的整体，从而在时间维度上联句成篇。翻译时需要将原文隐含的时间逻辑利用语法衔接在译文中加以体现。❷以"党"作主语，讲述党的百年奋斗历程以及国家取得的成就；❸主语"中国"，讲述成绩来之不易，与❹构成同级意义，均用现在完成时形成一个连贯的整体。

3. 补充阅读及翻译分析

根据上述翻译实践及分析过程，讨论对以下材料的理解与翻译，注意翻译策略的应用。

段落三

中国特色社会主义是社会主义而不是其他什么主义，科学社会主义基本原则不能丢，丢了就不是社会主义。一个国家实行什么样的主义，关键要看这个主义能否解决这个国家面临的历史性课题。

（2013 年 1 月 5 日，习近平在新进中央委员会的委员、候补委员学习贯彻党的十八大精神研讨班上的讲话）

Socialism with Chinese characteristics is socialism and nothing else. The basic principles of scientific socialism must not be abandoned; otherwise it is not socialism. What doctrine a country may choose is based on whether it can resolve the historical problems that confront that country.

第一，本段言简意深，凝练有力，深刻阐明了坚持和发展中国特色社会主义的重要性。文中共有七处"主义"，用反复的修辞强调道路选择的意义及标准。"……不能丢，丢了就……"突出了对道路问题的认识错误带来的危害。

第二，大多数情况下，"主义"与不同名词连用构成不同的概念，英语中多以抽象化词缀 -ism 结尾，比如社会主义（socialism）、集体主义（collectivism）、爱国主义（patriotism）等等。"主义"作专有名词，是指对客观世界、社会生活以及学术问题等所持有的系统的理论和主张，相当于英语 doctrine 一词，表示 a formulated theory that is supported by evidence, backed by authority, and proposed for acceptance。

第三，在翻译反复修辞时，要注意译出其突出强调的修辞效果，还要避免表达形式上的重复冗余。"不是其他什么主义"翻译时可灵活处理，采用语义融合的方法，直接表达原文的核心内涵，简化处理汉语的重复表达：Socialism with Chinese characteristics is socialism and nothing else。"一个国家实行什么样的主义"带有话题性质，翻译时可以用 what 引导的主语从句提出话题，引起读者关注、思考，同时 what 结构也便于将核心词"主义"前置，起到突出强调的作用。当"主义"再一次出现，按照英语的表达规范以代词 it 指代，实现语篇衔接。同样，"……不能丢，丢了就……"亦可采用语义融合的方法，译为 ...must not be abandoned; otherwise...。

坚持和发展中国特色社会主义总任务

段落四

❶脚踏中华大地,传承中华文明,走符合中国国情的正确道路,党和人民就具有无比广阔的舞台,具有无比深厚的历史底蕴,具有无比强大的前进定力。❷只要我们既不走封闭僵化的老路,也不走改旗易帜的邪路,坚定不移走中国特色社会主义道路,就一定能够把我国建设成为富强民主文明和谐美丽的社会主义现代化强国。

(2021年11月11日,《中共中央关于党的百年奋斗重大成就和历史经验的决议》)

The Chinese land, the Chinese civilization, and the Chinese path provide our Party and people an infinitely vast stage, a heritage of incomparable depth, and an unmatched resolve for forging ahead.

We must neither relapse into rigidity and isolation of the past, nor take a wrong turn by changing our nature and abandoning our system. As long as we follow the path of socialism with Chinese characteristics with unswerving commitment, we will be able to develop China into a great modern socialist country that is prosperous, strong, democratic, culturally advanced, harmonious, and beautiful.

  本段翻译时可考虑进行逻辑调整,以"中华大地""中华文明""中国道路"为❶的主语,再配合谓语动词 provide,强调其为党和人民提供"舞台""底蕴"和"定力"。汉语中短语(主谓短语、动宾短语、偏正短语等)可以在语段中充当句子,英语短语却无此功能。汉英翻译时,应以"主谓定位"为基本原则,将流散型的汉语语段重新建构为聚集型的英语语段,将长短相间、重复交替的汉语句子酌情进行切分、整合或者词类转换,组织成包孕环扣、层次交叠的英语句子。比如,通过词类转换,将"脚踏中华大地,传承中华文明,走符合中国国情的正确道路"三个占用主语位置的动宾短语转变为凸显原文语义内涵的名词短语,并作为句子主语:The Chinese land, the Chinese civilization, and the Chinese path。确定主语之后,在"主谓定位"原则下明确谓语动词 provide,再现原文"为……提供……"的逻辑内涵。"底蕴"强调历史传统或特色,可解释为 heritage,"定力"强调决心,可对应为 resolve。

  ❷中"封闭僵化的老路""改旗易帜的邪路"和"中国特色社会主义道路"是以譬喻的修辞手法,生动、深刻地阐述了正确道路与错误道路的本质区别和判断标准。譬喻的翻译首先应该明确本体和喻体的内涵,判断二者的结合是否在源语和译入语中相通。如果不相通,出现"对应障碍",则需要通过部分替换或语义解释的方式翻译源语表达的内容和思想。具体而言,汉语中的"道路",不仅指供通行的路径,也可喻指达到某一目标的途径、事物发展的途径。原文中的"老"和"邪"分别比喻陈旧不合时宜的、错误不当的(观念、思想、道路等);"老路"并不仅仅从

时间意义上强调过去的做法，而是特指改革开放前封闭僵化的模式，"邪路"并非"邪恶"（evil），而是指抛弃马克思主义、共产主义理想以及偏离社会主义道路的错误模式，翻译时可采用语义解释补充说明"老路""邪路"的内涵：neither relapse into rigidity and isolation of the past, nor take the wrong turn by changing our nature and abandoning our system。

四、拓展训练

1 词汇翻译：参考内容理解与翻译策略建议，翻译以下加粗的词语，注意其在特定语境下的含义。

> 1. 马克思主义是我们立党立国、兴党强国的根本指导思想。马克思主义理论不是教条而是行动指南，必须随着实践发展而发展，必须**中国化**才能落地生根、本土化才能深入人心。

内容理解与翻译策略建议 | 马克思主义中国化，是中国共产党在百年奋斗历程中将马克思主义普遍真理同中国具体实际相结合、同中华民族优秀传统文化及时代要求相结合的过程。对于"中国化"这个概念的翻译，不能简单处理成以 -ize/-ise 为词缀的动词，如 sinicize，或其抽象名词 sinicization，因为这个词含有较强的贬义色彩，应避免在这种语境中使用。

> 2. 中国特色社会主义理论体系是指导党和人民沿着中国特色社会主义道路实现**中华民族伟大复兴**的正确理论，是立于时代前沿、与时俱进的科学理论。

内容理解与翻译策略建议 | 实现中华民族伟大复兴是中华民族近代以来最伟大的梦想。中华民族伟大复兴不是在某一时间点上实现的某一具体目标，更不是重回历史某一时间点的某一发展状态。所以在翻译"复兴"这个概念时，应注意区分 rejuvenate、restore、resurge 等近义词的不同含义，选择最能反映国家富强、人民幸福、民族振兴、和平发展内涵的词汇。

2 **句子翻译：参考内容理解与翻译策略建议，翻译以下句子，注意句子的语义内涵及句法特点。**

> 1. 当代中国的伟大社会变革，不是简单延续我国历史文化的母版，不是简单套用马克思主义经典作家设想的模板，不是其他国家社会主义实践的再版，也不是国外现代化发展的翻版。

内容理解与翻译策略建议 | 该句连续使用四个"不是……"以及四个 ban 音（三个"版"和一个"板"），利用反复修辞否定了对中国特色社会主义道路的不当认识。翻译时一是要注意通过语义解释的方法译出"母版""模板""再版""翻版"的内涵；二是要注意译出反复修辞的突出强调效果，而不要拘泥于形式；三是要注意英汉两种语言的差异，适当应用动静转换的方法，以符合译入语规范。

> 2. 我们必须增强忧患意识，做到居安思危，懂就是懂，不懂就是不懂；懂了的就努力创造条件去做，不懂的就要抓紧学习研究弄懂，来不得半点含糊。

内容理解与翻译策略建议 | 该句所在段落旨在论述马克思主义不是一成不变的；事业越前进、越发展，新情况、新问题就会越多，面临的风险和挑战就会越多，所以全党同志要有紧迫感。全句采用反复修辞，翻译时要厘清"懂就是懂"与"不懂就是不懂"之间的逻辑关系，以逻辑显化的方式阐释"大白话"，揭示深刻的内涵。

3 **语篇翻译：参考内容理解与翻译策略建议，翻译以下段落，注意语篇的内容及组织特点。**

> 1. 历史和现实都告诉我们，只有社会主义才能救中国，只有中国特色社会主义才能发展中国，这是历史的结论、人民的选择。随着中国特色社会主义不断发展，我们的制度必将越来越成熟，我国社会主义制度的优越性必将进一步显现，我们的道路必将越走越宽广。

内容理解与翻译策略建议 | 反复和排比修辞是该语篇的突出特征。由于源语和译入语的言内意义、语用意义等基本一致，该句可采用语义对应的翻译策略保留原文的语言结构、语言风格。同时要注意使用词汇衔接和语法衔接确保语篇连贯。

2. 我们要赢得优势、赢得主动、赢得未来，必须不断提高运用马克思主义分析和解决实际问题的能力，不断提高运用科学理论指导我们应对重大挑战、抵御重大风险、克服重大阻力、化解重大矛盾、解决重大问题的能力，以更宽广的视野、更长远的眼光来思考把握未来发展面临的一系列重大问题，不断坚定马克思主义信仰和共产主义理想。

内容理解与翻译策略建议 | 本段中反复和排比修辞出现多次。对于词汇的反复，要注意避免在译入语中同一词汇频繁叠加（比如对三个"赢得"的不同处理）；对于句子的反复和排比，尽量保留原文结构，突出其气势磅礴的修辞效果。此外，该句句式复杂，具有汉语流水句的特征，译前可根据句际内在逻辑适当调整语序，并通过增加逻辑连接词确保译文连贯流畅、逻辑清晰。

五、思考题

1 对比"大文章"在不同语境中的译法，总结影响譬喻修辞翻译的主要因素。

原文 1　要把乡村振兴战略这篇**大文章**做好，必须走城乡融合发展之路。

译文 1　We must pursue integrated urban-rural development for the rural revitalization strategy to be successful.

原文 2　要教育引导各级领导干部自觉用"四个全面"战略布局统一思想……勇于自我革命，敢于直面问题，共同把全面深化改革这篇**大文章**做好。

译文 2　We should urge officials to keep their thinking in line with the Four-pronged Strategy.…They should impose revolution on themselves and confront problems face-to-face as they work together to accomplish **the great mission** of further all-round reform.

原文 3　坚持和发展中国特色社会主义是一篇**大文章**，邓小平同志为它确定了基本思路和基本原则，以江泽民同志为核心的党的第三代中央领导集体、以胡锦涛同志为总书记的党中央在这篇**大文章**上都写下了精彩的篇章。现在，我们这一代共产党人的任务，就是继续把这篇**大文章**写下去。

译文 3　Developing Chinese socialism is **a great cause**. Deng Xiaoping clearly defined some basic thoughts and principles on the subject. The Central Committee headed by Jiang Zemin, and later by Hu Jintao also added some outstanding chapters to **it**. Now, the job of the Communists of our generation is to continue with **this mission**.

2 分析下列句子，解释译文中加粗部分的翻译策略应用，并从段落类型、翻译目的、受众思维等维度思考这种翻译策略的应用场景。

原文　我们党领导人民进行社会主义建设，有改革开放前和改革开放后两个历史时期，这是两个相互联系又有重大区别的时期，但本质上都是我们党领导人民进行社会主义建设的实践探索。中国特色社会主义是在改革开放历史新时期开创的，但也是在新中国已经建立起社会主义基本制度、并进行了20多年建设的基础上开创的。

译文　The process by which the people build socialism under the leadership of the Party can be divided into two historical phases – one that preceded the launch of reform and opening up **in 1978**, and a second that followed on from that event. The two phases – at once related to and distinct from each other – are both pragmatic explorations in building socialism conducted by the people under the leadership of the Party. Chinese socialism was initiated after the launch of reform and opening up and based on more than 20 years of development since the socialist system was established **in the 1950s** after the People's Republic of China (PRC) was founded.

3 针对本单元主题，小组讨论，选定最有困难的翻译材料，确定解决方案，并形成小型研究报告。

第五单元

坚持以人民为中心的发展思想

新时代我国社会主要矛盾是人民日益增长的美好生活需要和不平衡不充分的发展之间的矛盾，必须坚持以人民为中心的发展思想，发展全过程人民民主，推动人的全面发展、全体人民共同富裕取得更为明显的实质性进展。本单元将结合新时代我国社会主要矛盾的思想内容，系统介绍对相关理念与表述的理解与翻译策略。

第五单元

一、核心概念解读

1. 我国社会主要矛盾

> 社会主要矛盾是处于支配地位，在社会发展过程一定阶段上起主导作用的矛盾。社会主要矛盾的存在和发展，规定或影响着社会非主要矛盾的存在和发展。社会主要矛盾不是一成不变的，它在一定条件下会发生转化。新时代我国社会主要矛盾是人民日益增长的美好生活需要和不平衡不充分的发展之间的矛盾。

对"矛盾"的辩证理解是马克思主义哲学的重要范畴。人的认识活动和实践活动，从根本上说就是不断认识矛盾、不断解决矛盾的过程。在马克思和恩格斯的著作（英译版）中有不少关于 contradiction 的表述。在辩证唯物主义哲学的语境中，contradiction 已成为"矛盾"这一概念最常见的英文表达。

回顾党的百年奋斗历程，不同历史时期我国面临不同的社会主要矛盾。中国共产党科学判断社会主要矛盾，并据此确定党的重点工作任务和奋斗目标。在党的十九大报告中，习近平指出："中国特色社会主义进入新时代，我国社会主要矛盾已经转化为人民日益增长的美好生活需要和不平衡不充分的发展之间的矛盾。"在翻译这一概念的时候，要注意不同时期的语境，比如，"近代中国社会主要矛盾"译为 the principal/major/main contradiction in modern Chinese society，"新时代我国社会主要矛盾"译为 the principal/major/main contradiction facing Chinese society in the new era。在非哲学理论的语境下，从传播效果和受众的角度考虑，"社会主要矛盾"有时也可译为 principal challenges，通俗易懂。在《习近平谈治国理政》第三卷的英文版中，principal challenges 的译法较为常见，比如，"中国特色社会主义进入了新时代，社会主要矛盾、农业主要矛盾发生了很大变化。"译为：As socialism with Chinese characteristics has entered a new era, the **principal challenges** facing agriculture and society at large have undergone great changes.

2. 以人民为中心

> 以人民为中心是我们党立党为公、执政为民的生动体现，是全心全意为人民服务根本宗旨的时代彰显。人民性是马克思主义最鲜明的品格，人民立场是马克思主义政党的根本政治立场。我们党自成立之日起，就把"人民"二字铭刻在心，把坚持人民利益高于一切鲜明地写在自己的旗帜上。党的十八大以来，以习近平同志为核心的党中央团结带领全国人民坚决打赢脱贫攻坚战，彻底解决绝对贫困问题，创造了人类减贫史上的奇迹；决胜全面建成小康社会，使中华民族千年夙愿梦想成真；奋力推进全面深化改革，让发展成果更多更公平地惠及全体人民……这些成就的取得，归根结底就在于我们党始终把人民放在心中最高位置，把人民幸福镌刻在通向民族伟大复兴的里程碑上。

在翻译专有术语"以人民为中心"的时候，可根据具体语境，将其译为指导各项工作的具体理念、遵循、原则、思想和框架等。语义解释是这个关键概念的主要翻译方法，即原文词语语义特殊，需要说明或阐释原文词语的具体内容或思想，使原文词语内涵更加明确，便于译文读者理解。

"以人民为中心"一般翻译为 people-centered，但是需要根据语境补足内容。比如：

"坚持以人民为中心"（标题）译为 People-Centered Development。在这个例子中，"坚持以人民为中心"是《习近平谈治国理政》第三卷第四个专题的标题，具有很强的导读作用，是对本章几篇文章内容的归纳总结，即发展为了人民、发展依靠人民、发展成果由人民共享。该标题的英译采用语义解释策略，添加了 development 一词，引导读者更加清晰地把握整章内容的主题。

"全面加强党的领导同坚持以人民为中心是高度统一的。"这句话译为：Strengthening leadership by the Party in all respects is entirely consistent with our people-centered philosophy. 从原文的语境看，"以人民为中心"是指党的根本遵循、价值理念，经过词语语境化，译文添加了 philosophy（理念）一词，内涵更加突出。

3. 全过程人民民主

> 全过程人民民主，实现了过程民主和成果民主、程序民主和实质民主、直接民主和间接民主、人民民主和国家意志相统一，是全链条、全方位、全覆盖的民主，是最广泛、最真实、最管用的社会主义民主。

这个概念包括两个关键要素，一个是全过程，一个是人民。"全过程"译为 whole-process，意为全过程人民民主体现在中国共产党治国理政全部活动之中，贯通于政治、经济、社会、文化等诸多领域，落实在民主选举、民主协商、民主决策、民主管理、民主监督等不同环节，体现了社会主义民主的广泛性、整体性，与 thorough、complete、entire 等其他英语近义词相比，whole-process 更贴近全链条、全方位、全覆盖民主的内涵。

除了兼顾程序上的全过程，人民民主还体现了以人民为中心的民主实质。在中国，时政文献中的"人民"（people）是一个带有较强政治性的概念，概括意义明显。在此语境下，people 强调全体人民都能有效参与人民民主实践，人民意志能有效转化为国家大政方针政策。因此"全过程人民民主"宜译为 whole-process people's democracy。

4. 全体人民共同富裕

> 我们说的共同富裕是全体人民共同富裕，是人民群众物质生活和精神生活都富裕，不是少数人的富裕，也不是整齐划一的平均主义。

在英文中有不少表示"财富""富有"的词，比如 affluence、wealth、riches 等，但这些词更多强调经济上的成功和富有。相比之下，prosperity（the state of being successful usually by making a lot of money）在侧重经济上富足的同时，能较好地兼顾人民群众精神生活及全面发展多维度的需要。英译时可根据语境在 common prosperity 后面加上 for all/for everyone/for all our people，进一步强调这个概念的人民性内涵，强调这种富裕是惠及全体人民的共同富裕。

二、关键语句理解与翻译

认真阅读以下句子，学习并领会关于坚持以人民为中心的发展思想的具体内容和精神，注意句子翻译的相关策略及其应用。

1. 人民立场是中国共产党的根本政治立场，是马克思主义政党区别于其他政党的显著标志。

   Prosperity for the people is the basic political position of the CPC, and it is the prominent feature that distinguishes Marxist parties from other parties.

   "人民立场"和"政治立场"两个词组都是偏正结构。核心词"立场"是认识和处理问题时所处的地位和所抱的态度。值得注意的是，"政治立场"中的"政治"是限制性定语，限制中心语"立场"的范围；"人民立场"中的"人民"是描写性定语，"人民立场"指一切为了人民或依靠人民的立场，该词组的黏合性更强。英译的时候，政治立场可以译为 political position（position: an opinion or judgment on a particular subject），political 和 position 两个概念相对独立，符合限制性定语与中心词的关系特征。但是"人民立场"不宜照搬偏正结构直译为 people position，而是应该根据语境，采用语义解释的方法阐释原文词语的具体内容和思想，将（中国共产党）心系人民、从人民角度与基点上看待、分析和解决复杂的社会矛盾与现实问题的价值准则赋予实在、具体的意义。在翻译"是马克思主义政党区别于其他政党的显著标志"时，注意从中文思维的"首端开放"（即在中心词前面添加修饰词或限定语）转换为英文思维的"末端开放"（即在中心词后面添加修饰成分），先确认中心词"显著标志"，然后以后置定语或定语从句的方式译出"马克思主义政党区别于其他政党"部分。

2. 在中国社会主义制度下，有事好商量、众人的事情由众人商量，找到全社会意愿和要求的最大公约数，是人民民主的真谛。

   Under China's socialist system, whenever a problem crops up, we should turn to deliberations first. Matters involving many people are discussed by all those involved; to reach the greatest common ground on the wishes and needs of the whole of society is the essence of people's democracy.

该句的"话题"特征和动态特征都十分突出。首先，汉语语句是"话题+说明"型，句首位置的信息是描述的对象，后续连接对信息进行说明或评价，前后语义连贯，无需语法管辖，而英语语句是"主谓一致"型，主语和谓语不仅语义是支配关系，而且要在语法上严格地保持一致。其次，汉英两种语言在形态上存在动态和静态的差异：英语的动词受形态规范和句法规范的约束，常通过构词法或其他语法手段进行转换，形变意不变，呈静态特征；受谓语动词约束较少的汉语则呈动态趋势。比如，该句中"有事好商量""找到……最大公约数"等表达都体现了汉语的动态特征。此外，英译时注意以语义解释的方法，阐释原文"找到……最大公约数"这个譬喻的内涵，即寻求不同群体的利益共同点，从而凝聚共识、达成一致。

本句英译时可通过添加逻辑主语、使用被动语态的方式形成主谓结构，并通过名词化、介词短语等方式变动为静。

3. 中国特色社会主义进入新时代，我国社会主要矛盾已经转化为人民日益增长的美好生活需要和不平衡不充分的发展之间的矛盾。
As socialism with Chinese characteristics has entered a new era, the principal challenge facing Chinese society has evolved. What we now face is the gap between unbalanced and inadequate development and the ever-growing expectation of the people for a better life.

该句前后两个分句语义连贯，具有汉语突出的意合特征。英译时注意分析其内在逻辑，补充相应的关系词和连接词，显化其隐含的逻辑关系。此外，第二个分句较长，如果翻译时保留其原有结构，会使译文冗长，影响语言的表达力。建议将这个分句按意群进行拆分，并采用 what 引导的主语从句，形成新的英文主谓结构。注意"矛盾"在本句中的实际意义及其翻译策略。

4. 中国人民相信，山再高，往上攀，总能登顶；路再长，走下去，定能到达。
It is our firm belief that no matter how high a mountain is, if we keep climbing, we will reach the top; no matter how long a road is, if we keep walking, we will reach the destination.

该句是典型的汉语紧缩句。所谓"紧"，就是紧凑，是取消各分句之间的语音停顿，让它们紧挨在一起；所谓"缩"，就是压缩，即略去原来分句的一些词语，使其更为简洁。翻译前应认真分析分句之间隐含的逻辑关系，通过添加显性标记等方式转换为英语的形合结构。其次，"相信""往上攀""登顶""走下去"

"到达"几个词呈现出汉语动词的动态特征。翻译时要考虑到汉英两种语言的差异，借助其他词类或语法手段酌情调整动静状态。此外，在英文中可适当补充人称代词"我们""你们"，增强话语的感染力。

5. ❶江山就是人民、人民就是江山，❷打江山、守江山，❸守的是人民的心。
This country is its people; the people are the country. As we have fought to establish and consolidate our leadership over the country, we have in fact been fighting to earn and keep the people's support.

　　❶运用了汉语的回环修辞手法。回环指一个短语或句子的语序颠倒，首尾词语互换，组成另一个短语或句子的一种修辞方式，特点是表达形式循环往复，语意丰赡。汉语中回环的结构类似于 A→B，B→A，但 AB 之间并不是简单的文字游戏，而是具有相互依存的辩证关系，目的在于加深读者对客观事物及其规律的理解。"人民江山论"是中国共产党政权建设理论的创新成果，其最大的创新之处在于突破工具理性的局限，不是把人民当作打江山的工具，而是视之为目的，把人民看作江山本身，建立的政权就是人民政权，以此来跳出历史上改朝换代的兴亡周期律。所以江山和人民是相互依存、互为一体的，英译时要尽量保留"江山（A）→人民（B），人民（B）→江山（A）"的回环修辞效果，故可在两个分句之间使用分号，既符合英语形合的语法规范，又无需增加任何词汇破坏原有的回环结构。

　　"江山"意为江河和山岭，多用来指国家或国家的政权。英译时可以直接译作 the country。汉语中的"心"也通常指人的思想、感情，在这个语境下代指人民的情感认同和信任支持，可以译为 the people's support。

　　❷❸由短语构成，无主语、无时态、无连词，英译时应首先根据各自语境补充逻辑主语；其次，要注意汉英动宾结构的语义差异。英语动宾结构中宾语通常只表示受事，而汉语讲究"言随意遣"，动宾结构有很大的灵活性，语义关系屈折多变，除了施受直接关系以外，还存在多种间接关系。比如该句中"打"与"江山"之间并不是直接的施事与受事关系，而是目的、动机的关系，英译时应将这种隐含的逻辑关系外显，译作 fight *to* establish our leadership over the country；最后，❷与❸之间是同步关系，"我们"打江山、守江山的时候，就是在赢得人民信任、得到人民支持、让人民过上好日子，故可以用连词 as 衔接。

三、重点段落分析与翻译

1. 基础阅读及试译分析

认真阅读以下材料，全面理解原文内容，深入领会原文思想，熟悉原文语言特色，并进行试译。

段落一　　新的征程上，我们必须紧紧依靠人民创造历史，坚持全心全意为人民服务的根本宗旨，站稳人民立场，贯彻党的群众路线，尊重人民首创精神，践行以人民为中心的发展思想，发展全过程人民民主，维护社会公平正义，着力解决发展不平衡不充分问题和人民群众急难愁盼问题，推动人的全面发展、全体人民共同富裕取得更为明显的实质性进展！

（2021年7月1日，习近平在庆祝中国共产党成立100周年大会上的讲话）

解读分析｜本段语言结构流散，语法富有弹性，"依靠""坚持""站稳""贯彻""尊重""践行""发展""维护""解决""推动"10个动词连续使用，构成典型的连动句型。翻译时要仔细分析原文中有几层意思，层级之间、每层包含的分句之间是什么逻辑关系，然后根据意群拆分长句，形成符合英语表达规范的译文。要特别注意的是，政治话语是党和政府在处理国家内政外交的过程中形成的具有特定含义的政治表达，在译前解读和分析原文特点、内在逻辑的时候，切不可主观臆断。

段落二　　带领人民创造幸福生活，是我们党始终不渝的奋斗目标。我们要顺应人民群众对美好生活的向往，坚持以人民为中心的发展思想，以保障和改善民生为重点，发展各项社会事业，加大收入分配调节力度，打赢脱贫攻坚战，保证人民平等参与、平等发展权利，使改革发展成果更多更公平惠及全体人民，朝着实现全体人民共同富裕的目标稳步迈进。

（2016年7月1日，习近平在庆祝中国共产党成立95周年大会上的讲话）

解读分析｜本段语言风格体现出汉语结构流散、语法富有弹性的特征：注重意合，注重功能、意义，几乎没有使用显性的连接手段。英译时，应先分析段落的框架结构（大逻辑），以及每句的功能、意义，厘清句与句之间的内在逻辑，才能确定英语句子的结构和形式。英汉互译往往是英语语法型语句与汉语语义型语句之间的转换，也是树形句法与流水句法之间的转换。此外，在翻译这个段落时还应特别注意恰当处理汉语的以字句和使字句。

2. 参考译文及翻译策略分析

结合原文，对比分析个人译文与参考译文的异同，明确原文理解难点，讨论具体翻译策略的应用。

段落一

❶新的征程上，我们必须紧紧依靠人民创造历史，❷坚持全心全意为人民服务的根本宗旨，站稳人民立场，贯彻党的群众路线，尊重人民首创精神，践行以人民为中心的发展思想，❸发展全过程人民民主，维护社会公平正义，着力解决发展不平衡不充分问题和人民群众急难愁盼问题，❹推动人的全面发展、全体人民共同富裕取得更为明显的实质性进展！

On the journey ahead, we must rely closely on the people to create history. Upholding the Party's fundamental purpose of wholeheartedly serving the people, we will stand firmly with the people, implement the Party's mass line, respect the people's creativity, and practice a people-centered philosophy of development. We will develop whole-process people's democracy, safeguard social fairness and justice, and resolve the imbalances and inadequacies in development and the most pressing difficulties and problems that are of great concern to the people. In doing so, we will make more substantive progress towards achieving well-rounded human development and common prosperity for all.

第一，本段从表面看结构流散，语法富有弹性，其中却包含着严谨的逻辑架构和丰富的思想内涵。本段从不同方面阐释怎么依靠人民创造历史，包括理念、举措和目标。全段可划分为四个意群：❶是全段核心句，提纲挈领；❷是从宗旨提出的根本要求；❸是把根本宗旨和立场贯穿于治国理政的各个方面，强调举措；❹是通过各种举措最终要达成的目标。

按照以上逻辑划分意群后，英译时可以通过拆分句子及增加逻辑连词的方式传达原文语义内涵。比如，❶可以考虑单独成句，体现其总领全段的地位；❷中，"坚持"引导的分句又统领了"站稳""贯彻""尊重""践行"引导的几个分句，因为政党宗旨关乎一个政党的生命、存在的主要目的和意图，也决定着一个政党的立场和路线。英译时可通过语言手段区分主次，比如，动词 uphold 的现在分词作原因状语，upholding the Party's fundamental purpose…，然后引出主体"我们"应遵循的根本要求：we will stand…, implement…, respect…, and practice…，四个同级动词并列，以 and 连接。❸另起新句，以 We will develop…, safeguard…, and resolve… 构成的主谓结构描述具体举措。❹表达最终目标，采用承上启下的逻辑连接词或短语（比如 in doing so）促进语篇连贯，引出人的全面发展和全体人民共同富裕的宏伟目标。

　　第二，该段落中包含一些特殊句型，翻译时要紧紧抓住句子总体语义结构进行汉英转换。比如，❹具有兼语式谓语（"推动……取得……"）特征，其内部存在一个层次套接，有两个动词。英语谓语的形式机制比较强，一个句子结构通常只有一个谓语动词，而汉语的谓语具有较大的独立性，与主语不发生形式结构的联系。英译时应充分借助非谓语动词或动词以外的词类，酌情"弱化"非主要动词。

　　最后要注意的是"首创精神""急难愁盼"等几个词的翻译。"精神""文明""科学"等词语在时政文献中出现的频率较高，且具有多义性，需要根据不同语境阐释其具体含义。由于英文中一些带有 -ty、-tion、-ness 等词尾的词缀化抽象词汇（比如 creativity）具有范畴词的特点，因此只要语境清楚，"精神"可以省略不译或变通译为更加具体的表述。

　　"急难愁盼"体现了汉语动态感的表现力。该四字格中的几个词高度压缩后黏合在一起，共同修饰"问题"。英译时应运用语义解释等方式，并通过衔接手段将几个"拼接"在一起、节奏强的词转换为形式主轴结构（formal-centered structure，即语言结构以表层形式或装置作为基本构建纽带）。"急"指紧迫，可对应译为 pressing，"难"和"愁"与后面的"问题"对应，可以不译，而"盼"指受到民众关切，可以解释为 concern，并以"of + 名词"的形式出现。综上，"急难愁盼"可译为 the most pressing difficulties and problems that are of great concern to the people。

段落二

❶带领人民创造幸福生活，是我们党始终不渝的奋斗目标。❷我们要顺应人民群众对美好生活的向往，坚持以人民为中心的发展思想，以保障和改善民生为重点，发展各项社会事业，加大收入分配调节力度，打赢脱贫攻坚战，保证人民平等参与、平等发展权利，❸使改革发展成果更多更公平惠及全体人民，朝着实现全体人民共同富裕的目标稳步迈进。

Leading the people to create a happy life is the persistent goal of our Party. We should follow people's longing for a better life, insist on people-oriented development, focus on ensuring and improving people's living standard while developing all social programs, balance income distribution, win the battle against poverty, and guarantee people's rights of equal participation and equal development, making the achievement of reform better benefit all the people in a more equal way, and moving towards realizing the goal of common prosperity of all people.

第一，注意厘清段落的逻辑结构。从段落框架来看，❶总领全段，提纲挈领，是其他分句内容的中心主旨，即我们党领导和推动各项改革的目的是带领人民创造幸福生活。❷❸是一个复杂的长句，紧紧围绕中心主旨，分别阐述"我们"的任务和"我们"要努力达到的结果，译文可以用不同的语言手段标识出这两个意群的界线，使句子形式更加聚合，更有层次感，符合英语以形显义的特点。❷中，各分句是并列关系，故以 and 连接六个相同形式的动词（短语）；❸中，以动词现在分词（making…and moving towards）作状语，表示自然而然或符合逻辑的结果。

第二，处理好以字句和使字句两个特殊的汉语句型。以字句是汉语中比较特殊的一种语法现象，通常把受事宾语提到谓语动词前面，从而使受事得到凸显。由于英语中鲜有相对应的句子结构，英译的时候可以通过语义融合的方法，调整以字句中原有的句子成分和词类，直接表达核心内涵。比如，"以保障和改善民生为重点"中，可将名词"重点"调整为 focus on、prioritize 等实义动词（短语）作谓语。使字句是汉语中特殊的使役结构，英译时可根据语境需要，通过句法性使役结构或者词汇性使役结构两种方式处理。句法性使役结构主要包括英语中的 make、cause 等引导的从句，词汇性使役结构指加有致使意义的词缀（如 -en、-fy 等）的动词、能够直接表达致使意义的单纯词（如 annoy）和转类词（如 surprise）。

第三，处理好修辞的翻译。❷中"打赢脱贫攻坚战"使用了战争隐喻，将脱贫这项伟大而艰巨的事业视作攻克设有坚固防御要地的作战。这是具有积极意义的战争隐喻，既陈述了艰难险阻这一客观事实，又以积极态度鼓舞读者。考虑到英汉两种语言中的战争隐喻具有一定的共通性，该句可根据语境译为 win the battle against poverty。

3. 补充阅读及翻译分析

根据上述翻译实践及分析程序，讨论以下材料的理解与翻译过程，注意翻译策略的应用。

段落三

❶人民群众对我们拥护不拥护、支持不支持、满意不满意，不仅要看我们是怎么说的，更要看我们是怎么做的。❷实干方能兴邦、实干方能强国、实干方能富民。❸一切不思进取、庸政怠政、明哲保身、得过且过的思想和行为都是同人民群众期盼、同新时代新要求格格不入的。

（2018年6月29日，习近平在主持中共十九届中央政治局第六次集体学习时的讲话）

Public support, approval and satisfaction depend not only on what we say but on what we do. Only hard work can make our country prosperous and strong and our people better off. Complacency, laxity, muddling through in one's work, considering self-interests first in the face of difficulties, and making half-hearted efforts are all incompatible with the needs of the people and the demands of the new era.

第一，本段❶是典型的话题句。人民群众对党的态度是启动该句的话题，党的态度和党的实际行动是述题。汉语是话题优先型的语言，而英语是主语优先型的语言，英译时应确定译文主语，方能形成"主谓一致"的结构。一般情况下，逻辑、语境、句中动词和总体意义等都是推导主语的重要线索。"拥护不拥护、支持不支持、满意不满意"是意义相对的词组叠加，使话语具有力量和音律美。从"要看……"等动词来判断，❶含义就是"（群众对党的）拥护、支持、满意度取决于……"，经过逻辑推导，汉语"V不V"句式不必生硬对应为英语 whether or not 结构，可以酌情转换为意义相应的名词，再配合相应谓语动词，使译文表达简洁明确。

第二，该段排比加反复的修辞强化了语言的动态特征。❷中，三个结构相同、谓语动词形式相似的短句使用反复和排比的修辞手段，节奏感强，富有感染力。英译时应尽量保留汉语排比的修辞效果，但有时排比项中包含的重复并不需要完整传达，过多的重复会造成结构上的臃肿和内容上的冗余，这时可采用对重复部分进行全部或部分合并的办法来避免结构上的重复，或者用能表达相同意义的结构来避免用词上的重复。该段英译时可酌情淡化密集重复的内容，以集约的句式表达原文的内涵和力量即可。

第三，四字格英译注意以形显义。本段出现了"不思进取、庸政怠政、明哲保身、得过且过"四个带有贬义的四字格，结构紧密，内容凝练，对不担当、不作为的官僚形象刻画得入木三分。时政文献中常见四字格并列结构，若非特殊语境和翻译要求，英译时把握其精神实质和话语效果，将以意役形的汉语四字格转换为以形显义的英文结构即可。"不思进取"指满足于现状，相当于英语中 complacency 一词（a feeling of being satisfied with how things are and not wanting to try to make them better）；"庸政怠政"意指部分官员平庸不为（muddling through in one's work），对待政事懒散懈怠（laxity），其中 muddling through 意为 doing something without doing it very well or easily；"明哲保身"指为了保住个人利益回避原则斗争，相当于英语中 consider self-interests first in the face of difficulties；"得过且过"指对工作敷衍了事，相当于英语短语 make half-hearted efforts，此处 half-hearted 意为 feeling or showing a lack of interest or enthusiasm。

段落四

❶"水能载舟，亦能覆舟。"❷这个道理我们必须牢记，任何时候都不能忘却。❸老百姓是天，老百姓是地。❹忘记了人民，脱离了人民，我们就会成为无源之水、无本之木，就会一事无成。❺我们要坚持党的群众路线，始终保持党同人民群众的血肉联系，始终接受人民群众批评和监督，心中常思百姓疾苦，脑中常谋富民之策，使我们党永远赢得人民群众信任和拥护，使我们的事业始终拥有不竭的力量源泉。

（2016年10月21日，习近平在纪念红军长征胜利80周年大会上的讲话）

There is an old saying: "The same water that keeps a ship afloat can also sink it." This is something we must never ever forget. The people are the skies above us and the earth below us. If we forget the people and become distanced from them, we will lose their support, like a river with no headwater or a tree with no roots, and achieve nothing. Therefore, we must uphold the CPC's principle of relying on and serving the people, preserve our close ties with the people, readily subject ourselves to the criticism and oversight of the public, remain mindful of the difficulties ordinary people face, and search constantly for means of bringing prosperity to the people, so as to ensure that the CPC always has the trust and support of the people, and ensure that our cause has an inexhaustible source of strength to carry it forward.

❶以水与舟作比百姓与管理者的关系，水既能托起舟船、使其安稳航行，也能将舟船掀翻、使其沉没。古文的特点是简明紧凑，分句之间的语法关系、逻辑关系往往是隐含的，而英语语义逻辑更多表现为显性的语法关系。❶中两个分句的主语都是"水"，但如果不加以限定，"水"即是笼统意义上的"水"，英译时可利用 the same...that 显化逻辑。此外，第二个"舟"出现了同义反复的情况，应以语义融合的策略简化处理汉语重复表达。

❹中的"无源之水、无本之木"是忘记人民、脱离人民的后果，故前面分句是后面分句的假设条件。翻译时应显化这一逻辑（比如使用 if 引导条件状语从句），从而提高译文的可读性。

❺承接前一句，说明人民是根本，所以党要坚持群众路线，译文可考虑显化原文逻辑（therefore）。其次，这句话的英译还要把握好主谓定位。本句中，各个语段语义并行，主语不断变化——前部分主语是"我们"，后部分主语似乎又切换到"心"和"脑"。翻译时应保持主谓一致，根据语义酌情调整谓语动词。该句主体结构可译为 We must uphold the CPC's principle of…, preserve…, readily subject ourselves to…, **remain mindful of…, and search constantly for** means of bringing prosperity to the people。再次，"群众路线"强调依靠人民、服务人民，"血肉联系"形容党和人民的紧密关系，这两个词的翻译均不宜机械对应，可考虑使用解释性翻译策略表达原文内涵。

四、拓展训练

1 词汇翻译：参考翻译策略建议，翻译以下加粗的词语，注意其在特定语境下的含义。

1. 以前我们要解决**"有没有"**的问题，现在则要解决**"好不好"**的问题。

内容理解与翻译策略建议 | "有没有""好不好"的表达简洁、有力。"有没有"是提出事物存在与否的问题，是有关最基本需求的问题；"好不好"是提出事物质量的问题，是更高层次的生活品质问题。明确内涵后，应采用灵活的语义解释策略进行翻译。

2. 中国实行工人阶级领导的、以工农联盟为基础的人民民主专政的国体，实行人民代表大会制度的政体，实行中国共产党领导的多党合作和政治协商制度，实行民族区域自治制度，实行**基层群众自治制度**，具有鲜明的中国特色。

内容理解与翻译策略建议 | 基层群众自治制度是社会主义民主的直接体现。此"自治"不同于民族区域自治的"自治"，不是设立自治机关、行使自治权的制度，而是中国共产党领导下的基层协商治理，强调"治理"的概念，故不宜译为 autonomy。此外，该

语境中的"基层"不是按财富或权势划分的"底层"群体，不一定机械地对应译为 grassroots，可灵活处理为表示社区等自治单元的 community。

2 句子翻译：参考翻译策略建议，翻译以下句子，注意句子的语义内涵及句法特点。

1. 我将无我，不负人民。

内容理解与翻译策略建议 | 2019年3月22日，习近平会见意大利众议长菲科时，菲科问起他当选中国国家主席时的心情，习近平回答"我将无我，不负人民。我愿意做到一个'无我'的状态，为中国的发展奉献自己。"这句话的翻译难点是对"无我"的理解。结合语境，此处的"无我"是超越了心为物役的杂念私心、一心为民爱民的情怀和境界，翻译时可考虑采用正向与反向视角转换，将前半句的否定句变为肯定句，表达"我"将为人民奉献毕生的决心。

2. 想问题、作决策、办事情都要站在群众的立场上。

内容理解与翻译策略建议 | 该句是时政文献中常见的主题句、主语省略（隐含）句。"想问题、作决策、办事情"是话题，"都要站在群众的立场上"是述题。此类句子英译时的首要任务是确定主语、明确主谓定位。此外还要特别注意正确理解和阐释"站在群众的立场"这个短语的含义。"站在群众的立场"就是站在人民立场，这是中国共产党的根本政治立场。英译时可以将立场具体化，即"想问题、作决策、办事情"都要从人民群众的利益出发，把人民群众的利益摆在首位。

3 语篇翻译：参考翻译策略建议，翻译以下段落，注意语篇的内容及组织特点。

1. 必须以保障和改善民生为重点加强社会建设，尽力而为、量力而行，一件事情接着一件事情办，一年接着一年干，在幼有所育、学有所教、劳有所得、病有所医、老有所养、住有所居、弱有所扶上持续用力，加强和创新社会治理，使人民获得感、幸福感、安全感更加充实、更有保障、更可持续。

内容理解与翻译策略建议 | 本段是一个主语省略（隐含）、多用反复修辞、多用四字格、结构流散但意义层次清晰的语篇。英译时首先根据全段逻辑划分意群，将原文拆分成几个短句进行翻译。其次，注意根据语境明确和补充主语，以符合英语主谓一致的

规范。第三，厘清句与句之间的内在逻辑，通过关系连接词显化句中隐含的逻辑，变汉语流散型结构为英语聚集型结构。第四，使字句英译有多种灵活的方式。除了使用 make、enable、help、ensure、keep 等词以外，英译时也可使用 so that 等引导的目的状语从句。"……使人民获得感、幸福感、安全感更加充实、更有保障、更可持续"这个长句结构套叠，可转换为目的状语，让译文的层次、逻辑更加清晰。

> 2. 我们要向周恩来同志学习，坚持立党为公、执政为民，自觉践行全心全意为人民服务的根本宗旨，把党的群众路线贯彻到治国理政全部活动之中，把人民对美好生活的向往作为奋斗目标，依靠人民创造历史伟业。

内容理解与翻译策略建议 | 这段文字的主语比较明确，但语篇中因为包含了两个把字句，主谓定位较困难。汉语中让字句、把字句等非主谓句通常是英译的难点。把字句将动宾提前的转换一般是为了强调，即将强调部分从动作转移到受事，使它成为注意中心。在英语中，要构筑新的语义结构，则必须使动词形态发生变化。两个把字句的主语是承接前述主语"我们"，翻译时可酌情将把字句还原成陈述句或祈使句，确保主谓一致，表达流畅。

五、思考题

1 英汉两种语言中存在一些词汇或表达方式，字面意义、语义结构看上去相似或者相同，但含义截然不同。英国翻译研究学者莫娜·贝克将"两种或多种语言中形式相同但含义不同的词语或表达"称为"伪友"（假朋友）；翻译家方梦之认为"貌合神离的假朋友是翻译中一大陷阱，如不予辨别，会惹出麻烦。"结合语境研读以下重点词汇或表达，分析每一对"假朋友"之间语义内涵和文化内涵等方面的差异，并思考具体语境下汉英翻译的技巧。

1. 党的十八届六中全会通过关于新形势下党内政治生活的若干准则，党中央出台中央政治局加强和维护党中央集中统一领导的若干规定，严明党的政治纪律和政治规矩，防止和反对**个人主义**、分散主义、**自由主义**、本位主义、好人主义等，发展积极健康的党内政治文化，推动营造风清气正的良好政治生态。

汉语	VS	英语
个人主义		individualism
自由主义		liberalism

2. 老百姓是**天**，老百姓是地。

汉语	VS	英语
天		heaven

3. 人民只有投票的权利而没有广泛参与的权利，人民只有在投票时被唤醒、投票后就进入休眠期，这样的民主是**形式主义**的。

汉语	VS	英语
形式主义		formalism

2 **汉语的特殊句式包括把字句、被字句、有字句等。结合本单元中的相关分析，翻译以下让字句，并试着总结时政文献中让字句的翻译策略。**

1. 真抓实干解民忧、纾民怨、暖民心，**让**人民群众获得感、幸福感、安全感更加充实、更有保障、更可持续。
2. 着力解决好人民最关心最直接最现实的利益问题，**让**全体中国人民和中华儿女在实现中华民族伟大复兴的历史进程中共享幸福和荣光！
3. 要抓住人民最关心最直接最现实的利益问题，把人民群众的小事当作我们的大事，从人民群众关心的事情做起，从**让**人民满意的事情抓起。

3 **针对本单元主题，小组讨论，选定最有困难的翻译材料，确定解决方案，并形成小型研究报告。**

第六单元

中国特色社会主义事业总体布局和战略布局

中国特色社会主义事业总体布局是经济建设、政治建设、文化建设、社会建设、生态文明建设五位一体,战略布局是全面建设社会主义现代化国家、全面深化改革、全面依法治国、全面从严治党四个全面。本单元将结合"五位一体"总体布局和"四个全面"战略布局的主要内容,系统介绍对相关理念与表述的理解与翻译策略。

一、核心概念解读

1. 统筹推进"五位一体"总体布局

"五位一体"总体布局指中国特色社会主义事业总体布局，包括经济建设、政治建设、文化建设、社会建设、生态文明建设。

党的十八大将生态文明建设提升到总体布局中来，在"四位一体"的基础上形成了"五位一体"的建设中国特色社会主义总体布局。要求在坚持以经济建设为中心的同时，全面推进经济建设、政治建设、文化建设、社会建设、生态文明建设，促进现代化建设各个环节、各个方面协调发展。在推动经济发展的基础上，建设社会主义市场经济、民主政治、先进文化、和谐社会、生态文明，协同推进人民富裕、国家强盛、中国美丽。"五位一体"总体布局的提出，体现了中国共产党对协调发展认识的不断深化，对中国特色社会主义规律认识的不断深化。党的十九大，站在新时代的历史方位，对我国社会主义现代化建设作出新的战略部署，进一步明确以"五位一体"的总体布局推进中国特色社会主义事业，是新时代推进中国特色社会主义事业的路线图，是更好推动人的全面发展、社会全面进步的任务书。

"五位一体"属于数字化词语结构，凝练表达内涵丰富的政策、方针或精神，各领域形成有机整体，共同服务于中国特色社会主义事业的建设，翻译时有必要对各领域内容进行整合，浓缩为相对简洁精炼的术语。"统筹推进"中，"统筹"意为 in a coordinated manner，但这层含义已经隐含在"总体布局"里，也可以不译，使译文更简洁；"推进"的含义是开展、执行、推动等，可以对应译为 carry out/implement/advance；"五位一体"总体布局中的"五位"即五个领域，可以表述为 five-sphere，而"一体"则强调五大领域建设协调推进，融为一体，可以表述为 integrated plan。综上，可将"五位一体"总体布局凝练为 Five-sphere Integrated Plan，"统筹推进'五位一体'总体布局"可以译为 carry out/implement/advance the Five-sphere Integrated Plan；如果需要名词形式，可译为 coordinated implementation of the Five-sphere Integrated Plan。

2. 协调推进"四个全面"战略布局

> "四个全面"战略布局指中国特色社会主义事业战略布局，包括全面建设社会主义现代化国家、全面深化改革、全面依法治国、全面从严治党。这四项工作是紧密联系在一起的：全面建设社会主义现代化国家是全面建成小康社会，实现第一个百年奋斗目标之后，党的十九届五中全会提出要乘势而上开启全面建设社会主义现代化国家新征程、向第二个百年奋斗目标进军，这标志着我国进入了一个新发展阶段。全面深化改革与全面推进依法治国则如鸟之两翼，车之两轮，共同推动全面建设社会主义现代化国家奋斗目标顺利实现。全面从严治党则是各项工作顺利推进、各项目标顺利实现的根本保证。协调推进全面建设社会主义现代化国家、全面深化改革、全面依法治国、全面从严治党，赋予了中国特色社会主义"四个全面"战略布局新的内涵。

全面建设社会主义现代化国家、全面深化改革、全面依法治国、全面从严治党，共同构成中国特色社会主义事业战略布局的有机整体。"战略布局"中的"战略"一词高度概括了这一术语的属性，可以对应译为 comprehensive strategy，而"四个全面"中四个不同方面的含义则可用 prong 来表达。prong 作为名词有两方面的意思，一个是指"（叉子等的）尖头，尖齿"；另一个指"（同一政策、计划等的）部分，方面"，尤其强调几方面的多元共构、相辅相成。所以"四个全面"战略布局很形象地翻译为 Four-pronged Comprehensive Strategy，可单独作为术语在译文中使用。"协调推进"中的"协调"指的是协调四个不同方面的发展，可以处理为方式状语，译为 in a coordinated manner/way，修饰动词"推进"。该"推进"与"统筹推进'五位一体'总体布局"的"推进"含义类似，可以对应译为 carry out/implement/advance。当"统筹推进'五位一体'总体布局"和"协调推进'四个全面'战略布局"同时出现时，可以合并译为 carry out/implement the Five-sphere Integrated Plan and the Four-pronged Comprehensive Strategy in a coordinated manner/way。

二、关键语句理解与翻译

认真阅读以下句子，学习并领会关于中国特色社会主义事业总体布局和战略布局的具体内容和精神，注意句子翻译的相关策略及其应用。

1. 党的十八大强调，建设中国特色社会主义，总依据是社会主义初级阶段，总布局是五位一体，总任务是实现社会主义现代化和中华民族伟大复兴。

   It was emphasized at the 18th National Congress that the basic foundation for building socialism with Chinese characteristics is that China is in the primary stage of socialism, that its overall plan is to seek economic, political, cultural, social, and ecological progress, and that its main objective is to achieve socialist modernization and rejuvenation of the Chinese nation.

   本句说明了建设中国特色社会主义的具体内容。"某会议强调"是中文的常见表述，英文的通常逻辑是"某人在某次会议上强调"或者"某件事情在某次会议上被强调"。译文可调整原文叙事逻辑，用 it 作形式主语，将真正的主语，即"强调"后面的内容，用主语从句的形式放在后面，译为 It was emphasized at the 18th National Congress that...，这样可以避免头重脚轻。"总布局"和"总任务"都在阐述中心词"建设中国特色社会主义"，译文可用 its 避免同义重复，实现语篇衔接。值得注意的是，胡锦涛在十八大报告中就已经明确提出"全面落实经济建设、政治建设、文化建设、社会建设、生态文明建设五位一体总体布局"。因此，这里的"五位一体"概念，可以采取解释性翻译策略，译出五个方面具体内容，便于读者理解。

2. 强调总布局，是因为中国特色社会主义是全面发展的社会主义。

   We give top priority to overall planning, simply because we must achieve all-round development of socialism with Chinese characteristics.

   本句主语隐含，可添加逻辑主语 we，"是因为……"可以译为原因状语从句。"强调总布局"提前到句首，可以用 simply（used to emphasize what you are saying）放在 because 之前来体现强调。句中"强调"的含义是"突出"，可以用 give top priority to 来体现，此处 priority 意为 the state or fact of being the most important job or aim, compared to other jobs or aims。

3. 党的十八大以来，我们提出要协调推进全面建成小康社会、全面深化改革、全面依法治国、全面从严治党，这"四个全面"是当前党和国家事业发展中必须解决好的主要矛盾。

Since the 18th CPC National Congress in 2012, we have committed ourselves to comprehensive moves to complete a moderately prosperous society in all respects, further reform, advance the rule of law, and strengthen Party discipline. This Four-pronged Strategy tackles the major problems currently affecting the Party and the country.

本句说明了"四个全面"的提出时间、具体内容和重要性质。党的十八大于2012年召开，可以通过添加年份（in 2012）给出时间背景，并用commit oneself to（意为to say that someone will definitely do something or must do something）的现在完成时态来体现"一直致力于做"的含义。"全面建成小康社会"指的是全面小康，覆盖的领域要全面，是五位一体全面进步的小康，可用in all respects表达"全面"之意。"从严治党"指加强党的纪律或加强党的自我管理。"事业发展中"指前文所述内容，此处可以不译。本句中的"矛盾"主要表示党和国家需要解决的主要问题，译文可以用解释性翻译策略。需要注意的是，2021年7月1日习近平在庆祝中国共产党成立100周年大会上宣告，我们在中华大地上全面建成了小康社会。党的十九届五中全会提出"协调推进全面建设社会主义现代化国家、全面深化改革、全面依法治国、全面从严治党的战略布局"，也就是将"四个全面"中第一个方面"全面建成小康社会"发展为"全面建设社会主义现代化国家"，形成了新的"四个全面"的完整表述。

4. 全面建成小康社会，是我们奋斗目标的第一步，也是关键一步。

To complete a moderately prosperous society in all respects is the first step and a key step to achieve our goal.

本句是动宾结构作主语，可以转换为英文不定式结构作主语，"一步"指的是"实现奋斗目标"的一步，译文可以添加achieve。"是……的第一步，也是关键一步"，此处重复"一步"以突出强调，译文也要相应重复step来体现。

第六单元

5. 到2020年稳定实现农村贫困人口不愁吃、不愁穿，义务教育、基本医疗、住房安全有保障，是贫困人口脱贫的基本要求和核心指标，直接关系攻坚战质量。
It is a basic requirement and core indicator in our poverty eradication effort that by 2020 we will succeed in delivering the Two Assurances and Three Guarantees for impoverished rural residents. This is key to the success of the final stage of our fight against poverty.

本句是动宾结构作主语，谓语有两个："是"和"关系"，可以采取组句调序策略，译为两个英文句子：第一句译文可用形式主语 it 突出"基本要求"和"核心指标"，第二句再用 this 体现两句之间的衔接。"农村贫困人口不愁吃、不愁穿，义务教育、基本医疗、住房安全有保障"是"两不愁三保障"的具体内涵。本段选自《着力解决"两不愁三保障"突出问题》一文，因为前一篇文章《全面打好脱贫攻坚战》中对"两不愁三保障"这个表述专门作了注释，英文版也有对应的注释（This refers to assurances of adequate food and clothing, and guarantees of access to compulsory education, basic medical services and safe housing for impoverished rural residents.），本文标题和正文中都使用了简洁的数字化表达译法 Two Assurances and Three Guarantees。"直接关系"意为前者是后者的"关键"。

6. 经过全党全国各族人民持续奋斗，我们实现了第一个百年奋斗目标，在中华大地上全面建成了小康社会，历史性地解决了绝对贫困问题，正在意气风发向着全面建成社会主义现代化强国的第二个百年奋斗目标迈进。
Through the continued efforts of the whole Party and the entire nation, we have realized the first centenary goal of building a moderately prosperous society in all respects. This means that we have brought about a historic resolution to the problem of absolute poverty in China, and we are now marching in confident strides towards the second centenary goal of building China into a great modern socialist country in all respects.

本句是流水长句，主要有两层含义：实现了第一个百年奋斗目标；正向第二个百年奋斗目标迈进。第一层含义中，第一个百年奋斗目标就是全面建成小康社会，而全面建成小康社会的基本标志就是农村贫困人口脱贫，这个隐含的逻辑可以通过在译文中添加 this means 体现出来。"意气风发向着……迈进"形象生动，可以用解释性翻译策略，译为 marching in confident strides towards…。

三、重点段落分析与翻译

1. 基础阅读及试译分析

认真阅读以下材料，全面理解原文内容，深入领会原文思想，熟悉原文语言特色，并进行试译。

> **段落一**　　我们要坚持党的领导、人民当家作主、依法治国有机统一，坚持和完善人民代表大会制度、中国共产党领导的多党合作和政治协商制度、民族区域自治制度、基层群众自治制度，全面推进依法治国，巩固和发展最广泛的爱国统一战线，发展社会主义协商民主，用制度体系保证人民当家作主。
>
> （2018年12月18日，习近平在庆祝改革开放40周年大会上的讲话）

解读分析 ｜ 本段阐释了中国社会主义民主政治的具体内容，含有较多专有名词，要注意译文准确。此外，该段为一个长句，包含较多连动结构，翻译中要考虑汉英句法结构的差异，注意妥善断句和动宾搭配。

> **段落二**　　我国社会主义民主是维护人民根本利益的最广泛、最真实、最管用的民主。发展社会主义民主政治就是要体现人民意志、保障人民权益、激发人民创造活力，用制度体系保证人民当家作主。
>
> （2017年10月18日，习近平在中国共产党第十九次全国代表大会上的报告）

解读分析 ｜ 本段语言表述整体正式，用词精准凝练，逻辑严密。第一句包含三个最高级重复；第二句包含四个动宾连动结构和四次"人民"重复，"就是要"突出体现了发展社会主义民主政治的目的。翻译时要注意动宾搭配和语篇衔接。

2. 参考译文及翻译策略分析

结合原文，对比分析个人译文与参考译文的异同，明确原文理解难点，讨论具体翻译策略的应用。

段落一

原文	译文
❶我们要坚持党的领导、人民当家作主、依法治国有机统一，❷坚持和完善人民代表大会制度、中国共产党领导的多党合作和政治协商制度、民族区域自治制度、基层群众自治制度，❸全面推进依法治国，巩固和发展最广泛的爱国统一战线，发展社会主义协商民主，用制度体系保证人民当家作主。	We must ensure that the Party's leadership, the people's position as masters of the country, and law-based governance form an indivisible whole. We must uphold and improve the system of people's congresses, the system of CPC-led multiparty cooperation and political consultation, the system of regional ethnic autonomy, and the system of grassroots self-governance. We must advance law-based governance, consolidate and develop the broadest possible patriotic united front, develop socialist consultative democracy, and provide institutional guarantees to ensure that the people are the masters of the country.

第一，"人民当家作主""依法治国""人民代表大会制度""中国共产党领导的多党合作和政治协商制度""民族区域自治制度""基层群众自治制度""最广泛的爱国统一战线""社会主义协商民主"都是专有名词，可以用对应性翻译策略分别翻译。

第二，该句阐明了发展社会主义民主政治的具体内容，句子较长，主句是"我们要……"结构，其中包含多个连动句，主要有三层含义。首先是"坚持……的有机统一"，其次是"坚持和完善"，最后是"推进……，巩固和发展……，发展……，保证……"，翻译时要妥善断句，并注意动宾搭配。可以采用组句调序策略，注意句型对应和调整，添加逻辑主语 we，译为三个英文句子，如 We must…。

❶中，"有机"强调"党的领导、人民当家作主、依法治国"三者紧密联系、不可分割，是一个整体。因此可以采取解释性翻译策略，译为 form an indivisible whole。"坚持……有机统一"要注意动宾搭配，可以采用对应性翻译策略，译为 We must ensure that…form an indivisible whole。

❷中出现了并列的四个制度，可以采取对应性翻译策略逐一翻译，整体句式译为 We must uphold and improve the system of…, the system of…, the system of…, and the system of…。

❸是个连动句，包含四个动宾结构："推进依法治国""巩固和发展爱国统一战线""发展社会主义协商民主""保证人民当家作主"，语义明确，翻译时要注意动宾搭配，可以采取对应性翻译策略。此外，"最广泛"可以对应译为 the broadest，如果后面加上 possible 可以表达"在可能的范围内最广泛"的含义。另外"用制度体系保证人民当家作主"的含义是通过机构制度来确保人民当家作主，如人民政协等机构，因此可以采取解释性翻译策略，译为 provide institutional guarantees to ensure…。

段落二

| ❶我国社会主义民主是维护人民根本利益的最广泛、最真实、最管用的民主。❷发展社会主义民主政治就是要体现人民意志、保障人民权益、激发人民创造活力，用制度体系保证人民当家作主。 | China's socialist democracy is the broadest, most genuine, and most effective democracy to safeguard the fundamental interests of the people. The very purpose of developing socialist democracy is to give full expression to the will of the people, protect their rights and interests, spark their creativity, and provide systemic and institutional guarantees to ensure the people's position as masters of the country. |

❶使用排比和反复的修辞，强调中国社会主义民主的性质，三个最高级"最广泛、最真实、最管用"可以采取对应性翻译策略译为 the broadest, most genuine, and most effective，体现原文语义及强调语气。

❷是四个连动结构，"体现""保障""激发"和"保证"四个动词，要注意跟"意志""权益""创造活力"和"人民当家作主"（主谓结构作宾语）四个宾语的搭配。后者可以采取对应性翻译策略分别译为 will of the people、rights and interests、creativity 和 the people's position as masters of the country，对应的动词搭配可以分别用 give full expression to、protect、spark 和 ensure。"用制度体系保证人民当家作主"与段落一最后一句完全一样，但译文略有变化，"制度体系"增加了 systemic 以强调系统性（relating to or affecting the whole of a system）；"保证人民当家作主"没有用从句带出，而是用了不定式带出，译为 (provide systemic and institutional guarantees) to ensure the people's position as masters of the country，实现译文多样化，避免单调重复。

另外，❷中"人民"重复出现了四次，第一次出现时，可以采取对应性翻译策略译为 the people，之后可以通过重复英文人称代词 their 来实现语篇衔接。另外，"发展……就是要……"强调了目的，可以采用对应性翻译策略译为 the very purpose of developing…is to… 结构，突出目的。

3. 补充阅读及翻译分析

根据上述翻译实践及分析程序，讨论以下材料的理解与翻译过程，注意翻译策略的应用。

段落三

❶文化自信是一个国家、一个民族发展中更基本、更深沉、更持久的力量。❷必须坚持马克思主义，牢固树立共产主义远大理想和中国特色社会主义共同理想，培育和践行社会主义核心价值观，不断增强意识形态领域主导权和话语权，❸推动中华优秀传统文化创造性转化、创新性发展，继承革命文化，发展社会主义先进文化，❹不忘本来、吸收外来、面向未来，❺更好构筑中国精神、中国价值、中国力量，为人民提供精神指引。

（2017年10月18日，习近平在中国共产党第十九次全国代表大会上的报告）

Cultural confidence represents a fundamental and profound force that sustains the development of a country and a nation. We must uphold Marxism, firm up and further build the ideal of Communism and a shared ideal of socialism with Chinese characteristics, and nurture and practice the core socialist values, while making continued and greater efforts to maintain the initiative and ensure we have our say in the realm of ideology. We must promote the creative evolution and development of fine traditional Chinese culture, see our revolutionary culture remains alive and strong, and develop an advanced socialist culture. We should cherish our cultural roots, draw on other cultures, and be forward-thinking. We should do more to foster a Chinese spirit, Chinese values, and Chinese strength to provide a source of cultural and moral guidance for our people.

本段提出文化自信的含义、具体要求和目标。❶中，主句是系表结构"文化自信是力量"，把文化自信比喻为力量，是暗喻修辞格，译为 Cultural confidence represents a force…。"一个国家、一个民族发展中更基本、更深沉、更持久的力量"中，是"力量"促进了"发展"，可以采取解释性翻译策略，把"国家和民族发展"名词结构转变成动宾结构，译为 a force that **sustains the development of** a country and a nation。其中，"更基本、更深沉、更持久"是排比结构，可以采取对应性翻译策略，译为 fundamental 和 profound，前者强调"根本"（relating to the most basic and important parts），后者强调"影响深远"（having a strong influence or effect），因为 sustain 已经暗含了"持久"的含义，故"持久"可以不译。

❷—❺是长句，主语省略，包含多个连动句、三个四字格、同词重复等语言现象。首先，该句包含两层逻辑，第一层是思想层面，要"坚持……，树立……，

培育和践行……，增强……"，第二层是文化层面，要"推动……，继承……，发展……，不忘本来、吸收外来、面向未来，构筑……，为人民提供……"。可以通过添加逻辑主语 we，采取组句调序策略，分层级翻译句子。其中第二层中的四字格可以单独成句；"构筑……，为人民提供……"也可单独成句。

具体来看，❷中，"马克思主义""共产主义远大理想""中国特色社会主义共同理想""社会主义核心价值观"语义明确，可以采取对应性翻译策略分别译为 Marxism、the ideal of Communism、a shared ideal of socialism with Chinese characteristics 和 core socialist values。另外还要注意谓语动词的搭配，如 uphold、firm up、further build、nurture and practice 等。"不断增强意识形态领域主导权和话语权"可以处理为并列分句，用 while 连接。"不断增强"的具体含义是"对……作出持续的、更大的努力"，可以采取解释性翻译策略，译为 make continued and greater efforts to。"主导权"不是"主控"的含义，不宜机械对应译为 control power，而是"采取主动"的意思，可以采取解释性翻译策略，译为 maintain the initiative。"话语权"在本段语境中，意指巩固马克思主义在意识形态领域的指导地位，巩固全党全国人民团结奋斗的共同思想基础，可以采取解释性翻译策略，译为 have our say in。

❸是连动结构，其中"推动……创造性转化、创新性发展"中的"转化"不是强调"转变"，不宜译为 transformation，而是强调文化发展，可采取解释性翻译策略译为 evolution。"创造性"和"创新性"是同义重复，可以采取融合性翻译策略，译为 creative。综合来看，❸可译为 promote the creative evolution and development of fine traditional Chinese culture。"继承革命文化"中的"继承"包含"继续和发扬"之意，不宜简单对应为 inherit，可以采取解释性翻译策略，表达"保持革命文化的活力并壮大"之意，如 see our revolutionary culture remains alive and strong。

❹单独成句，强调珍惜本国文化根源、吸收其他文化的优点、着眼未来发展，可以采取解释性翻译策略，译为 cherish our cultural roots, draw on other cultures, and be forward-thinking。

❺中，"中国精神、中国价值、中国力量"三次重复"中国"以示强调，英文中也可以重复出现以传递这种强调，可以采取对应性翻译策略，译为 a Chinese spirit, Chinese values, and Chinese strength。此时要注意谓语组织，考虑同时可以与 spirit、values 和 strength 搭配的动词，如 foster。"为人民提供精神指引"是"构筑……"的目的，可以采取组句调序策略，译为 to... 不定式结构。"中国精神"和"精神指引"中的"精神"含义不同，前者是指人的意识、思维活动和一般心理状态等，可用 spirit 表达，后者强调文化和道德方面，可用 cultural and moral 表达。

"精神"在我国政治语汇中使用频率较高，也是多义词汇，不一定都按字面直译为 spirit，而是要根据语境灵活翻译，尤其要避免使用 spiritual 的译法，因 spiritual 有很强的宗教指向。

段落四

❶建设生态文明是中华民族永续发展的千年大计。❷必须树立和践行绿水青山就是金山银山的理念，坚持节约资源和保护环境的基本国策，像对待生命一样对待生态环境，❸统筹山水林田湖草系统治理，实行最严格的生态环境保护制度，形成绿色发展方式和生活方式，❹坚定走生产发展、生活富裕、生态良好的文明发展道路，❺建设美丽中国，为人民创造良好生产生活环境，为全球生态安全作出贡献。

（2017年10月18日，习近平在中国共产党第十九次全国代表大会上的报告）

Building an eco-civilization is vital to sustaining the Chinese nation's development. We must realize that lucid waters and lush mountains are invaluable assets and act on this understanding, implement our fundamental national policy of conserving resources and protecting the environment, and cherish the environment as we cherish our own lives. We will adopt a holistic approach to conserving our mountains, rivers, forests, farmlands, lakes, and grasslands, implement the strictest possible systems for environmental protection, and develop eco-friendly growth models and ways of life.

We must pursue a model of sustainable development featuring increased production, higher living standards, and healthy ecosystems. We must continue the Beautiful China initiative to create good working and living environments for our people and play our part in ensuring global ecological security.

本段首句说明了建设生态文明的重要性。其中"永续发展"指可持续发展，可考虑解释性翻译策略，译为 sustain the Chinese nation's development。"千年大计"的含义是"非常关键的计划或措施"，说明建设生态文明的重要性，可以采取解释性翻译策略，增加形容词 vital，变成 ...is vital to sustain... 结构。

❷—❺较长，可按照语义切分为多个句子。具体来看：❷是主语省略（隐含）句，可添加逻辑主语 we。"树立和践行……的理念"中的"理念"指的就是"绿水青山就是金山银山"，搭配两个动词，分别是"树立"和"践行"，要注意动宾搭配和语篇衔接，可考虑分别翻译，"树立……理念"可以译为 realize that lucid waters and lush mountains are invaluable assets，而"践行……理念"与前文重复，可考虑用"指示代词＋同义词"实现语篇衔接，译为 act on this understanding。"绿水青山就是金山银山"是一种借代修辞，形象生动。"绿水青山"实际指清澈的水域和

翠绿的山峦，意指良好的自然环境，"金山银山"实际指宝贵的财富，整体强调良好的自然环境就是珍贵的财富，由此凸显新时代生态文明的新理念。因此，译文中"绿水青山"可基本保留原文形象，采用对应性翻译策略，"金山银山"可采用解释性翻译策略，这样译文形神兼备，可以有效传达原文内涵。❸中，"绿色"修饰"发展方式"和"生活方式"，可以对应译为 green development models and ways of life，也可解释翻译为 eco-friendly。

❹❺从语义来看，总结了生态文明建设的努力方向，与前面提及的具体理念、国策、治理、制度、发展方式和生活方式等语义有较大区别，可以考虑单独成段。❹主语隐含，可添加逻辑主语 we。"文明发展道路"中的"文明"属于多义词汇，要考虑特定语境下的具体含义，本句中"文明"的含义不是"具有较高文化的"，而是"（生态）良好、可持续"之意，可解释性翻译为 sustainable；"道路"可对应翻译为 path，或解释翻译为 model。❺中，"建设美丽中国"是具体做法，用动词不定式引导后续目标，其中"作出贡献"可解释性翻译为 play a part in。

四、拓展训练

1 词汇翻译：参考翻译策略建议，翻译以下加粗的词语，注意其在特定语境下的含义。

1. 近年来，**"四好农村路"** 建设取得了实实在在的成效，为农村特别是贫困地区带去了**人气、财气**，也为党在基层凝聚了**民心**。

内容理解与翻译策略建议 ｜ "四好农村路"具体含义是"把农村公路建设好、管理好、养护好和运营好"，可以采取解释性策略，译出"农村公路的建设、管理、养护和运营"的核心含义。"人气、财气"和"民心"也需要明确在此语境中的具体含义，采取解释性策略，译出核心意思。

2. **"快递小哥"** 工作很辛苦，**起早贪黑、风雨无阻**，越是节假日越忙碌，像勤劳的小蜜蜂，是最辛勤的劳动者，为大家生活带来了便利。

内容理解与翻译策略建议 ｜ 首先，本句是流水句，译文可依据具体语义切分为若干短句，各句主语注意保持内在逻辑一致（可用代词实现语篇衔接）。其次，"快递小哥"是泛指所有快递工作人员，"起早贪黑、风雨无阻"是两个四字成语，强调无论何种天气都从早到晚工作，可以采取解释性翻译策略，准确译出核心意思。

> 3. 增进民生福祉是发展的根本目的。必须多**谋**民生之**利**、多**解**民生之**忧**，在发展中**补齐民生短板**、促进社会公平正义，在**幼有所育、学有所教、劳有所得、病有所医、老有所养、住有所居、弱有所扶**上不断取得新进展。

内容理解与翻译策略建议 | "谋民生之利"指的是提高人民生活水平，"解民生之忧"指的是关注人民担忧的问题，"补……短板"指的是通过发展来增强最弱部分从而实现整体能力提高，都可以采取解释性翻译策略。"幼有所育、学有所教、劳有所得、病有所医、老有所养、住有所居、弱有所扶"属于用典，出自《礼记》，化用了孔子"老有所终，壮有所用，幼有所长"。可以采取解释性翻译策略译出语境核心意思，即人民享有托育、教育、就业、医疗、养老、住房、社会救助等福祉。

2 句子翻译：参考翻译策略建议，翻译以下句子，注意句子的语义内涵及句法特点。

> 1. 要系统梳理传统文化资源，让收藏在禁宫里的文物、陈列在广阔大地上的遗产、书写在古籍里的文字都活起来。

内容理解与翻译策略建议 | 本句提出了展示中华文化独特魅力的具体方法，主语省略（隐含），可以调整为英文被动句，突出原文核心语义内涵。主要内容包含"梳理"和"让……活起来"两种做法，可以采取对应性翻译策略，分别译为两个动词结构。其中"活起来"的主体是"文物、遗产和文字"，可以采取解释性翻译策略分别译为三个并列名词短语。

> 2. 确保药品安全是各级党委和政府义不容辞之责，要始终把人民群众的身体健康放在首位，以猛药去疴、刮骨疗毒的决心，完善我国疫苗管理体制，坚决守住安全底线，全力保障群众切身利益和社会安全稳定大局。

内容理解与翻译策略建议 | 本句说明了确保药品安全的重要性和具体措施。本句较长，翻译时可以采取组句调序的策略，添加逻辑主语 we，译为三个英文句子，各包含若干定语从句、分句等，并注意动词选择和动宾搭配。"义不容辞"是四字成语，突出强调各级党委和政府必须要担负的责任，可以考虑采用视角转化策略，正话反说，如用 no…may neglect 的否定结构来突出强调之意。"猛药去疴、刮骨疗毒"既是用典，又是

同义重复，可以采取解释性和融合性翻译策略，译出"用大剂量药物治疗严重疾病"之意。"安全底线"中，"底线"是"最低要求"，即"不能踩的红线"，可以采取解释性翻译策略。注意这里的"底线"不能按照字面翻译为 bottom line，后者基本意思是"账本底线（盈亏线），引申为交易底线"和"最重要或最关键的因素"。"切身利益"指的是与自身最相关的利益，可以采取解释性翻译策略。

3 **语篇翻译：参考翻译策略建议，翻译以下段落，注意语篇的内容及组织特点。**

1. ❶棚户区改造事关千千万万群众安居乐业。❷我们的城市不能一边是高楼大厦，一边是脏乱差的棚户区。❸目前全国棚户区改造任务还很艰巨。❹只要是有利于老百姓的事，我们就要努力去办，而且要千方百计办好。

内容理解与翻译策略建议 | 本段说明棚户区改造的重要性、艰巨性和要办好的决心。"棚户区"可以采取对应性或替代性翻译策略。"安居乐业"是四字成语，在本语境中泛指百姓工作和生活情况，可以采取解释性翻译策略。❸和❹隐含转折的逻辑关系，翻译时可以采取逻辑显化策略。

2. ❶文化是一个国家、一个民族的灵魂。❷文化兴国运兴，文化强民族强。❸没有高度的文化自信，没有文化的繁荣兴盛，就没有中华民族伟大复兴。❹要坚持中国特色社会主义文化发展道路，激发全民族文化创新创造活力，建设社会主义文化强国。

内容理解与翻译策略建议 | 本句说明了文化的重要性。❷中，"文化兴"与"国运兴"，"文化强"与"民族强"是对偶结构，两分句间蕴含的是隐性条件关系，可以采用逻辑显化的策略。中文多采用"前因后果"的表述逻辑，英文则通常把最重要的信息放在最前面，后面补充条件，翻译时可以采取句型调整的策略。❹是主语省略句，包含三个连动结构，翻译时可以考虑组句调序，增加逻辑主语 we，以有效传达原文信息。"社会主义文化强国"中的"强国"不宜简单对应译为 power，因为 power 容易让人联想到霸权主义和强权政治，可以根据语境考虑采取解释性翻译策略。

3. 人民健康是民族昌盛和国家富强的重要标志。要完善国民健康政策，为人民群众提供全方位全周期健康服务。深化医药卫生体制改革，全面建立中国特色基本医疗卫生制度、医疗保障制度和优质高效的医疗卫生服务体系，健全现代医院管理制度。

第六单元

内容理解与翻译策略建议 | 本句说明了健康中国战略的具体内容，包含了主语隐含句，可以增添逻辑主语 we，并注意动宾搭配。"人民健康"在这里不是指"人民的健康"（people's health），而是指"健康的人民"，即 a healthy population。"提供"的语境含义是强调人人都能获得，可以采取语境化策略。"全方位全周期健康服务"指的是健康服务的广度和长度，即内容全面、涵盖人的生命周期，可以采取解释性策略。"医疗卫生服务体系"是一个体系（system），包含医疗基础设施建设、服务提供以及医保覆盖等。

五、思考题

1. 语境，尤其是上下文语境，决定了词的具体含义。对比以下原文及译文，综合比较和分析"精准"在不同语境中的翻译。

    原文　脱贫攻坚，精准是要义。必须坚持精准扶贫、精准脱贫，坚持扶持对象精准、项目安排精准、资金使用精准、措施到户精准、因村派人（第一书记）精准、脱贫成效精准等"六个精准"。

    译文　Targeted efforts are essential to the fight against poverty. We must take targeted measures to reduce and eradicate poverty, including:
    - identify the poor accurately,
    - arrange targeted programs,
    - utilize capital efficiently,
    - take household-based measures,
    - dispatch first Party secretaries based on village conditions, and
    - achieve the set goals.

2. 针对本单元主题，小组讨论，选定最有困难的翻译材料，确定解决方案，并形成小型研究报告。

第七单元

全面深化改革总目标

全面深化改革总目标是完善和发展中国特色社会主义制度、推进国家治理体系和治理能力现代化。本单元将结合全面深化改革的思想内容，系统介绍对相关理念与表述的理解与翻译策略。

第七单元

一、核心概念解读

1. 全面深化改革

全面深化改革的总目标是完善和发展中国特色社会主义制度，推进国家治理体系和治理能力现代化。必须更加注重改革的系统性、整体性、协同性，加快发展社会主义市场经济、民主政治、先进文化、和谐社会、生态文明，让一切劳动、知识、技术、管理、资本的活力竞相迸发，让一切创造社会财富的源泉充分涌流，让发展成果更多更公平惠及全体人民。

基于对"全面深化改革"基本内容和内涵的理解，可知"全面深化改革"的"全面"体现在改革覆盖我国经济、政治、文化、社会、生态等诸多领域，具有系统性、整体性和协同性特点，将这一核心概念译入英文时需要体现出"全面"的含义，即各领域各方面的机制体制改革，可表述为 deepen reform in all areas，也可根据语境需要译为 in-depth reform in every field。

2. 实现社会公平正义

党的十八大明确提出，公平正义是中国特色社会主义的内在要求；要在全体人民共同奋斗、经济社会发展的基础上，加紧建设对保障社会公平正义具有重大作用的制度，逐步建立以权利公平、机会公平、规则公平为主要内容的社会公平保障体系，努力营造公平的社会环境，保证人民平等参与、平等发展权利。十九大报告指出，人民在民主、法治、公平、正义、安全、环境等方面的要求日益增长。

全面深化改革必须以促进社会公平正义、增进人民福祉为出发点和落脚点。这是坚持我们党全心全意为人民服务根本宗旨的必然要求。全面深化改革必须着眼创造更加公平正义的社会环境，不断克服各种有违公平正义的现象，使改革发展成果更多更公平惠及全体人民。

根据对"实现社会公平正义"主要内容的理解，可知这一概念中的"公平"一词主要强调权利公平、机会公平、规则公平。英文中与"公平"一词相对应的单词主要有 equality 和 fairness，前者更多偏向于指个体在客观特征上的均等性和同质性，如个人的家庭条件、工作待遇等相同，而后者则强调社会对待个体时公平公正，基于公平的规则为个体提供平等的机会和权利。由此，"实现社会公平正义"这一概念中的"公平"一词在语义上更贴近英文中的 fairness 一词。综上，该概念可译为 realize social fairness and justice。

3. 促进社会和谐稳定

> 必须以保障和改善民生为重点加强社会建设，尽力而为、量力而行，一件事情接着一件事情办，一年接着一年干，在幼有所育、学有所教、劳有所得、病有所医、老有所养、住有所居、弱有所扶上持续用力，加强和创新社会治理，使人民获得感、幸福感、安全感更加充实、更有保障、更可持续。

"促进社会和谐稳定"是全面深化改革的关键目标之一。该概念语义明确，各组成部分在英文中均有相对固定的对应译法，可分别对应后整体译为 promote social harmony and stability。

4. 完善和发展中国特色社会主义制度

> 中国特色社会主义制度和国家治理体系是以马克思主义为指导、植根中国大地、具有深厚中华文化根基、深得人民拥护的制度和治理体系，是具有强大生命力和巨大优越性的制度和治理体系，是能够持续推动拥有近十四亿人口大国进步和发展、确保拥有五千多年文明史的中华民族实现"两个一百年"奋斗目标进而实现伟大复兴的制度和治理体系。坚持和完善中国特色社会主义制度、推进国家治理体系和治理能力现代化的总体目标是，到我们党成立一百年时，在各方面制度更加成熟更加定型上取得明显成效；到二〇三五年，各方面制度更加完善，基本实现国家治理体系和治理能力现代化；到新中国成立一百年时，全面实现国家治理体系和治理能力现代化，使中国特色社会主义制度更加巩固、优越性充分展现。

"完善和发展中国特色社会主义制度"这一核心概念中，"社会主义制度"一般译为 the system of socialism，而"中国特色"在原概念中作为前置形容词修饰"社会主义制度"，第一次出现时一般完整译出，即 the system of socialism with Chinese characteristics。原概念中"完善"和"发展"是两个并列的动词，可采用对应性翻译策略，分别译为 improve 和 develop。综上，该概念可整体译为 improve and develop the system of socialism with Chinese characteristics。

5. 推进国家治理体系和治理能力现代化

> "国家治理体系和治理能力现代化"是全面深化改革的总目标之一。国家治理体系就是在党领导下管理国家的制度体系，包括经济、政治、文化、社会、生态文明和党的建设等各领域体制机制、法律法规安排，是一整套紧密相连、相互协调的国家制度。国家治理能力就是运用国家制度管理社会各方面事务的能力，包括改革发展稳定、内政外交国防、治党治国治军等各个方面。

理解"推进国家治理体系和治理能力现代化"，首先需要明确这里的"国家"指的就是中国，因此这句话意思就是推进中国的治理体系和治理能力的现代化。其次，"治理体系"和"治理能力"两个概念中都含有"治理"一词，在英文表述中可仅出现一次，以求简洁，从而将"国家治理体系和治理能力"作为名词性短语整体译为 China's system and capacity for governance。最后，本概念包含"推进 + 抽象名词"这一结构，在翻译此类结构时，考虑到"推进"一词往往不具备实际含义，而其后的抽象名词往往蕴含实际含义，并且可以转换为动词，因此可省略"推进"，直接把"现代化"作为动词，理解为"使中国的国家治理体系和治理能力实现现代化"，用英文中 modernize 这一及物动词对应，置于整个关键术语之首，形成动宾结构，从而让译文更为简洁。综上所述，"推进国家治理体系和治理能力现代化"可整体译为 modernize China's system and capacity for governance。

二、关键语句理解与翻译

认真阅读以下句子，学习并领会关于全面深化改革总目标的具体内容和精神，注意句子翻译的相关策略及其应用。

1. 中国改革经过 30 多年，已进入深水区，可以说，容易的、皆大欢喜的改革已经完成了，好吃的肉都吃掉了，剩下的都是难啃的硬骨头。
Having been pushed ahead for more than 30 years, China's reform has entered uncharted waters. It can be said that the easy part of the job has been done to the satisfaction of all. What is left are tough bones that are hard to chew.

  本句体现了习近平的群众语言风格。其中，"深水区"是指改革进入风险很大的关键时期，不宜按照字面意思直译为 deep water zone，因为 deep water 在英文中一般指进退两难的困境。与"深水区"的含义一致的，英文中有 uncharted waters，指"未经探测的区域"，暗含"风险莫测"之意。本句后半句采用了譬喻的修辞手法，话语生动形象。由于在该句中"容易的、皆大欢喜的改革"和"好吃的肉"分别作为本体和喻体同时出现，译文可考虑采用融合的翻译策略，整合两处语义相近的表达；采用对应翻译策略将"难啃的硬骨头"译为 tough bones that are hard to chew，再现原文的形象特色。

2. 我们全面深化改革，是要使中国特色社会主义制度更好；我们说坚定制度自信，不是要固步自封，而是要不断革除体制机制弊端，让我们的制度成熟而持久。
Continuing our reform to a deeper level involves improving our socialist system with Chinese characteristics. When we say boosting our confidence in the system, we do not mean to be complacent. Instead, we should continue to eradicate drawbacks in the system, and make it more mature and more enduring.

  本句对全面深化改革和坚定制度自信进行了阐释，强调了二者的内在目标和要求。本句较长，译文可考虑对原句进行断句拆分，从而让句子更为简洁。原句中成语"固步自封"表示骄傲自满，不愿开拓进取，可译为英文中 complacent 一词。此外，原句"不是要……而是要……"这一结构可以酌情进行拆分，断句后在句间添加逻辑副词 instead，外显句子间的逻辑关系，实现译文的句间衔接。

3. ❶改革是循序渐进的工作，❷既要敢于突破，又要一步一个脚印、稳扎稳打向前走，确保实现改革的目标任务。
Reform is a gradual process. We should make bold breakthroughs while advancing step by step, so as to ensure the realization of the reform goals.

　　本句强调了改革工作循序渐进的特点，既需要敢于突破，又需要稳扎稳打。❶是对于改革特征的概述，❷是对改革者提出的要求，因此，可以将原句拆分为两句翻译：❶译为独立的陈述句；❷通过主语判断，添加 we。此外，原句"一步一个脚印"与"稳扎稳打"在语义上高度重合，可考虑采用融合性翻译策略，从而使译文更为简洁。最后，增补表示目的的连接词语或短语（如 so as to），显化原文的逻辑关系。

4. 各级主要负责同志要自觉从全局高度谋划推进改革，做到实事求是、求真务实、善始善终、善作善成，把准方向、敢于担当、亲力亲为、抓实工作。
Officials at all levels should plan and promote reform consciously from an overall perspective, seek truth from facts, be pragmatic, make sure that we start well and end well, and work wholeheartedly to produce the best possible results. They should also keep to the right direction, be ready to take on responsibilities, be personally involved, and focus on implementation.

　　本句使用了汉语时政文献中常见的四字格表达，多个四字格形式上并列，语义上层层推进。翻译时可考虑主要采用解释性翻译策略，将每个四字格的含义用英文表达出来。比如，原句的"善作善成"意为"全心投入工作以取得最佳成果"，可译为 work wholeheartedly to produce the best possible results；又如，"抓实工作"意为"聚焦于工作的落实和执行"，可译为 focus on implementation。同时，考虑到原句较长，可将八个四字格平分为两部分翻译，将前四个四字格放在第一句译出，另起一句翻译剩余的四个四字格。

5. 要在坚持全国一盘棋的前提下，确定好改革重点、路径、次序、方法，创造性落实好中央精神，使改革更加精准地对接发展所需、基层所盼、民心所向。
While bearing in mind the general situation in the country, we need to determine the priorities, paths, order, and methods of reform, and creatively implement guidelines of the central leadership, so that reform will more precisely meet development needs, grassroots wishes, and popular aspirations.

本句属于主语省略（隐含）句，通过主语判断，可考虑添加 we 作为译文主语。同时，本句内在逻辑关系可在译文中进行显化，可将"要在……的前提下"处理为连词 while 引导的现在分词短语作状语，将"确定好……，创造性落实好……"处理为译文句子的谓语成分，再将"使……"处理为 so that 引导的目的状语，增强译文的语义连贯。

> 6. ❶改革越到深处，越要担当作为、蹄疾步稳、奋勇前进，❷不能有任何停一停、歇一歇的懈怠。
> The deeper the reform, the more resolute we should be in shouldering responsibilities, taking actions, making rapid and steady progress, and forging ahead with courage. We must never pause or slacken our efforts.

本句从肯定与否定两个角度阐述了改革到深处时的要求，因此在翻译时可以拆分成两个句子：❶是汉语中的固定句式"越……越……"，❷则以否定词"不能"引导。❶中"越……越……"的句式，在英文中也存在对应的结构，即"the+ 形容词 1 比较级，the+ 形容词 2 比较级"。在本句中，可将"改革越到深处"中的"深处"一词作为形容词 1 比较级，即 deeper，而"越要……"可理解为决心的程度，可译为 more resolute。"担当作为、蹄疾步稳、奋勇前进"三个并列式四字格，均可采用解释性翻译策略，译为动名词短语置于 resolute 之后。"担当"可理解为承担起责任，即 shouldering responsibilities，"作为"可理解为付诸行动，即 taking actions。"蹄疾步稳"可理解为"取得快速稳定的进步"，表述为 making rapid and steady progress。"奋勇前进"可对应翻译为 forging ahead with courage。❷的语言风格鲜明，其中"停一停、歇一歇"具有口头语表达特征，翻译时需要考虑如何把原文内涵表达出来，如"停一停"可译为 pause，"歇一歇"和"懈怠"合译为 slacken our efforts。

三、重点段落分析与翻译

1. 基础阅读及试译分析

认真阅读以下材料，全面理解原文内容，深入领会原文思想，熟悉原文语言特色，并进行试译。

段落一　　这次深化党和国家机构改革，立足实现"两个一百年"奋斗目标，着眼统筹推进"五位一体"总体布局和协调推进"四个全面"战略布局，作出具有前瞻性、战略性的制度安排，力争把党和国家机构设置和职能配置基本框架建立起来，努力实现党和国家机构职能优化协同高效。优化就是要科学合理、权责一致，协同就是要有统有分、有主有次，高效就是要履职到位、流程通畅。

（2018年2月28日，习近平在中共十九届三中全会第二次全体会议上的讲话）

解读分析 | 本段表述正式，词汇高度凝练，包含若干关键概念，需要确保术语翻译准确。同时，本段中出现了汉语时政文献中常见的四字格，而且存在多个四字格并列的情况，需要在翻译中灵活处理。此外，本段句式较为复杂，出现了汉语时政文献中常见的主语省略（隐含）句，句子内部各成分之间的逻辑关系并不明显，英译时需要明确主语并显化逻辑。

段落二　　推进国家治理体系和治理能力现代化，就是要适应时代变化，既改革不适应实践发展要求的体制机制、法律法规，又不断构建新的体制机制、法律法规，使各方面制度更加科学、更加完善，实现党、国家、社会各项事务治理制度化、规范化、程序化。要更加注重治理能力建设，增强按制度办事、依法办事意识，善于运用制度和法律治理国家，把各方面制度优势转化为管理国家的效能，提高党科学执政、民主执政、依法执政水平。

（2013年11月12日，习近平在中共十八届三中全会第二次全体会议上的讲话）

解读分析 | 本段语言表达正式，并列的抽象名词较多，句子很长，句式结构复杂，且均为主语省略（隐含）句。在翻译实践中，需要根据汉英两种语言的差异，综合采用多种

翻译策略，忠实于原文思想内涵的同时，确保译文的规范性和可读性。

2. 参考译文及翻译策略分析

结合原文，对比分析个人译文与参考译文的异同，明确原文理解难点，讨论具体翻译策略的应用。

> **段落一**
>
> ❶这次深化党和国家机构改革，❷立足实现"两个一百年"奋斗目标，❸着眼统筹推进"五位一体"总体布局和协调推进"四个全面"战略布局，❹作出具有前瞻性、战略性的制度安排，❺力争把党和国家机构设置和职能配置基本框架建立起来，❻努力实现党和国家机构职能优化协同高效。❼优化就是要科学合理、权责一致，❽协同就是要有统有分、有主有次，❾高效就是要履职到位、流程通畅。
>
> Looking to realize the Two Centenary Goals and implementing both the Five-sphere Integrated Plan and the Four-pronged Comprehensive Strategy in a coordinated way, we have defined farsighted institutional strategies in this round of further reform of Party and state institutions, with the goal of establishing the basic framework of the setup and functions of Party and state institutions and achieving optimization, coordination and efficiency. Optimization means that the setup and functions must be well-conceived and rational, and power must be matched with responsibilities. Coordination means the need to balance central leadership and the delegation of power, and the need to address priority areas. Efficiency means good performance and smooth procedures.

本段包含两个句子，其中第一句较长，主要阐述深化党和国家机构改革的目标和要求。第二句则承接第一句内容，对第一句末尾提出的"优化协同高效"展开进一步阐释说明。

翻译❶—❻时，可首先确定主谓关系，再配置其他信息。可考虑添加 we 作为❹"作出……"的主语，采用词性转换策略将"战略性的"译为名词 strategies，译为 we have defined farsighted institutional strategies。❶在译文中可处理为介词短语作状语 in this round of further reform of Party and state institutions。❷可以作为目的状语，由分词短语 looking to 引导，置于句首。❺❻可处理为介词结构（with the goal of）引导的两个并列目的状语，置于句尾；其中第二个并列成分中的"党和国家机构职能"在第一个并列成分中已经出现，可省略。

❼❽❾包含三个结构并列的短句，都含有两个连续并列的四字格。四字格在汉语

时政文献中出现频率较高，其语义高度凝练，译成英语时常用解释性翻译策略；如原文表义直接，也可根据具体语境采用对应性翻译策略。❼中"科学合理"的隐含主语指上文提到的"党和国家机构职能"，可考虑重复使用 setup and functions，其中"科学"在原文中的含义是"经过了周密的规划"，可译为 well-conceived；"权责一致"表示权力与责任相互匹配，可解释性译为 power must be matched with responsibilities。❽中"有统有分"指平衡中央统一领导和权力下放，可相应解释翻译，而"有主有次"强调应明确重点领域，可采用融合性翻译策略处理为 address priority areas。❾中"履职到位"意为良好的职责履行，"流程通畅"强调各环节运转流畅，可采用对应性翻译策略分别译为 good performance 和 smooth procedures。

段落二

❶推进国家治理体系和治理能力现代化，就是要适应时代变化，既改革不适应实践发展要求的体制机制、法律法规，又不断构建新的体制机制、法律法规，使各方面制度更加科学、更加完善，实现党、国家、社会各项事务治理制度化、规范化、程序化。❷要更加注重治理能力建设，增强按制度办事、依法办事意识，善于运用制度和法律治理国家，把各方面制度优势转化为管理国家的效能，提高党科学执政、民主执政、依法执政水平。

To modernize our national governance system and capacity we should adapt properly to the changing times, and reform outdated systems, mechanisms, laws and regulations, while building new ones to make our institutions in all respects more appropriate and complete and the governance of Party, state and social affairs more institutionalized, standardized and procedure-based. We should pay more attention to building our governance capacity, enhancing our awareness of the need to act in accordance with institutions and the law, and our skills in running the country with institutions and the law, transforming our institutional advantages into greater governance effectiveness, and enhancing the Party's capacity to govern in an effective and democratic way, and in accordance with the law.

本段共包含两句话，❶主要阐述推进国家治理体系和治理能力现代化的总体要求，❷则顺承❶，进一步对推进国家治理体系和治理能力现代化提出更为具体的要求。英文译文也可分为两句。

❶中，"推进国家治理体系和治理能力现代化"是一个话题而非真正的主语，英译时可处理为句子的目的状语，以不定式形式置于句首，表述为 to modernize our national governance system and capacity，该表述若作为独立的关键术语提出，可将"国家"明确为中国，在具体语境中，也可用物主代词 our 代指。接下来的几个

谓语，包括"适应""改革""构建""使"，都可添加共同主语 we。"改革不适应实践发展要求的体制机制、法律法规"中的"不适应实践发展要求的"可采用解释性翻译策略，理解为"不合时宜的，过时的"，处理为 outdated。其后，"又不断构建新的体制机制、法律法规"中"体制机制、法律法规"前文已经出现，可采用代词照应方法（ones，注意复数，与前文语法关系一致），实现语篇衔接。"使各方面制度更加科学……制度化、规范化、程序化"包括两个分句，可考虑用"make + 名词 + 形容词"结构统一翻译原文的"使"和"实现"，同时注意"科学"的解释性翻译，而"制度化、规范化、程序化"等抽象名词可转换为相应过去分词形式 institutionalized、standardized 和 procedure-based。

❷承接上一句，可继续添加 we 作主语，并以 pay attention to 为谓语，其后"注重""增强""提高"引导的连动句可转换为动名词，其中"善于运用制度和法律治理国家"可转换为名词短语，"善于"解释为具体行为的策略或技巧（skill），从而作为前文"增强"一词的直接宾语，构成动宾结构。最后，"提高党科学执政、民主执政、依法执政水平"可解释为"以科学、民主、依法"的方式提高执政能力，"水平"相应解释为"能力"，这里的"科学"可解释为"有效的，合理的"。

3. 补充阅读及翻译分析

根据上述翻译实践及分析程序，讨论以下材料的理解与翻译过程，注意翻译策略的应用。

段落三

❶我们要拿出抓铁有痕、踏石留印的韧劲，以钉钉子精神抓好落实，确保各项重大改革举措落到实处。❷我们既要敢为天下先、敢闯敢试，又要积极稳妥、蹄疾步稳，❸把改革发展稳定统一起来，坚持方向不变、道路不偏、力度不减，❹推动新时代改革开放走得更稳、走得更远。

（2018年12月18日，习近平在庆祝改革开放40周年大会上的讲话）

In the spirit of "leaving a mark in the iron tools we clutch and footprints in the stones we tread", we should resolve problems with force and tenacity as a hammer drives a nail, and ensure that all major reform measures are implemented to the letter. We should have the courage to break new ground and try out new experiments, and at the same time, make active yet prudent efforts to advance reform swiftly and steadily. In so doing, we will strike a balance between promoting reform, pursuing development, and maintaining stability. We must advance reform and opening up in the right direction, on the right course, and with consistent force, so as to steadily promote reform and opening up in the new era.

本段包含两句话：❶主要强调改革的落实，对改革的实施提出了宏观原则和指导意见；❷—❹承接❶，对改革的落实以及协调改革与发展提出了更为具体的要求。译入英文时，❶较短，可译为一个英文句子，❷—❹较长，可考虑切分为多句。其中❷语义相对较为宏观抽象，❸❹则提出了更为具体的要求。

❶中"抓铁有痕、踏石留印"和"钉钉子精神"，可考虑对应翻译，再现原文形象及内涵。"落到实处"指措施执行严格彻底，可考虑替代性翻译策略，将原文词汇语义替换为译入语既有词汇，用英文词组 to the letter 表达原文语义。

❷中，"敢为天下先"可采用解释性翻译策略，译为 break new ground，而"敢闯敢试"强调敢于进行新的试验和探索，可融合表述为 try out new experiments。❸与上句关联，可考虑语篇衔接（如 in so doing），表示基本目的。"方向不变、道路不偏、力度不减"是三个并列的四字格，均为否定形式，译文可考虑调整叙事视角，以肯定形式传达原文语义，分别表述为 in the right direction、on the right course、with consistent force，加强语气效果。❹表达要求与目标，译文可以由 so as to 引导，表示最终目标，"走得更稳、走得更远"解释为"稳步推进"（steadily promote）。

段落四

❶要科学统筹各项改革任务，协调抓好党的十八届三中、四中全会改革举措，在法治下推进改革、在改革中完善法治，❷突出重点，对准焦距，找准穴位，击中要害，推出一批能叫得响、立得住、群众认可的硬招实招，❸处理好改革"最先一公里"和"最后一公里"的关系，突破"中梗阻"，防止不作为，把改革方案的含金量充分展示出来，让人民群众有更多获得感。

（2015 年 2 月 27 日，习近平在中央全面深化改革领导小组第十次会议上的讲话要点）

We should coordinate all reform tasks, implement the reform measures approved at the third and fourth plenary sessions of the 18th CPC Central Committee, promote reform under the rule of law, and improve the rule of law in the process of reform. We should identify the key targets and hit them, and adopt a series of sound, practical and effective measures that can withstand the test and are accepted by the people. We must handle well the relationship between "the first kilometer" and "the last kilometer" [the initiation and the implementation] of reform, eliminate obstacles in between, prevent nonfeasance, and publicize the highlights of reform plans so as to give the people a stronger sense of gain.

本段只有一个长句，为防止译文过于冗长，缺乏可读性，翻译时可以根据语义进行切分。❶是在宏观层面上提出的要求，强调领会落实相关重要会议的精神和指示，点明了大背景和大方向；❷承接前文宏观精神指示，聚焦于怎样抓好会议改革举措，提出了进一步的具体要求；❸则更为具体，指出了改革中的一些突出问题和顽疾。本句的信息流动从宏观到中观再到微观，层层递进，翻译时可以按照上述三个部分译成三句。

❶属于汉语时政文献中常见的主语省略（隐含）句，翻译时可考虑添加 we，补全译文句子主语。同时，该部分存在若干谓语动词，包括"统筹""协调""推进""完善"，可在译文中将其作为并列动词，分别译出。此外，"党的十八届三中、四中全会"属于专有名词，其译法固定，应表述为 the third and fourth plenary sessions of the 18th CPC Central Committee。

❷前半部分包含了四个并列的四字格，其中"突出重点，对准焦距，找准穴位"语义相近，可采用融合性翻译策略，将其融合解释为"锁定关键目标"，英译为 identify the key targets。在此基础上，"击中要害"则可理解为"达成目标"，并可通过使用代词 them 使译文更简洁，同时还可增强句内信息的前后呼应和衔接。后半部分对于"招"这一名词的修饰成分包括"叫得响""立得住""群众认可""硬"和"实"，语言风格较为生动。由于汉英两种语言的结构差异，汉语的前置修饰成分译成英语时往往需要酌情考虑，灵活配置于英语被修饰成分前后。在本部分，由于"叫得响""硬""实"均可在英文中找到对应的形容词，可考虑作为前置修饰词，整体译为 sound, practical and effective，而"立得住"和"群众认可"不宜作为前置形容词，可考虑使用定语从句处理为后置修饰成分，通过解释性翻译策略分别理解为"能经得起考验"和"能被群众接受"，从而表述为 that can withstand the test and are accepted by the people。

❸风格鲜明，其中"最先一公里""最后一公里""中梗阻""含金量"等运用了譬喻的修辞手法，表达生动贴切。英译时，为再现原文譬喻所使用的意象，可先使用对应性翻译策略，将"最先一公里"和"最后一公里"分别译为 the first kilometer、the last kilometer，同时通过文内解释的方式阐明其含义，将"最先一公里"解释为改革的启动（the initiation），将"最后一公里"解释为改革的落实（the implementation）。"中梗阻"由于难以在英文中找到对应的、便于译入语读者理解的表达，可采用解释性翻译策略，理解为"过程中的阻碍"，表述为 obstacles in between。"含金量"则可考虑采用解释性翻译策略，理解为"亮点"，译为 highlights。

四、拓展训练

1 词汇翻译：参考翻译策略建议，翻译以下加粗的词语，注意其在特定语境下的含义。

> 1. 全面深化改革是立足国家整体利益、根本利益、长远利益进行部署的，要注意避免**合意则取**、**不合意则舍**的倾向，破除妨碍改革发展的那些思维定势。

内容理解与翻译策略建议 | 本句中"合意则取、不合意则舍"作为名词"倾向"的前置修饰词，在英文中难以找到与其直接对应的表达。可考虑采用解释性翻译策略，用英文传达出"根据个人喜好选择改革领域"这一含义。此外，被修饰词"倾向"属于范畴词，可根据语境酌情选择省略不译。

> 2. 要把"三严三实"要求贯穿改革全过程，引导广大党员、干部特别是领导干部大力弘扬实事求是、求真务实精神，理解改革要实，谋划改革要实，落实改革也要实，既当改革的**促进派**，又当改革的**实干家**。

内容理解与翻译策略建议 | 本句中，翻译"促进派"和"实干家"两个名词时，可考虑转换思路，采用解释性翻译策略，通过词性转换，将名词转换为动词，将"改革的促进派"解释为"要推动改革"，将"改革的实干家"解释为"要采取改革行动"，从而将原文含义表达出来。

2 句子翻译：参考翻译策略建议，翻译以下句子，注意句子的语义内涵及句法特点。

> 1. ❶继续推进改革，❷要把更多精力聚焦到重点难点问题上来，集中力量打攻坚战，激发制度活力，激活基层经验，激励干部作为，❸扎扎实实把全面深化改革推向深入。

内容理解与翻译策略建议 | 本句阐述了继续推进改革的具体举措。本句较长，在翻译之前应分析句子结构和句子内部不同成分之间的关系，进而确定译文总体框架。考虑到本句缺少显性主语，可先确定主语，添加逻辑主语 we。在此基础上，进行主谓定位，将❷中的动词（短语）作为译文的谓语部分。其中，"把更多精力聚焦到"和"集中力量打"这两个表述意义相近，可采用融合性翻译策略合译；"激活基层经验"意思是"充分利用在基层积累的经验"，可采用解释性翻译策略处理。❶可处理为不定式引导的

目的状语，置于译文的句首。❸可处理为现在分词短语，置于译文句尾。

2. 改革进行到今天，❶抓改革、抓落实的有利条件越来越多，❷改革的思想基础、实践基础、制度基础、民心基础更加坚实，❸要投入更多精力、下更大气力抓落实，加强领导，科学统筹，狠抓落实，把改革重点放到解决实际问题上来。

内容理解与翻译策略建议 | 本句强调改革应更为注重实效，狠抓落实。❶采取客体视角，以"有利条件"为主语展开叙述，翻译时可以考虑通过主客体视角转换的方式，以主体视角呈现。❷中四个四字格并列，可以考虑采用对应性翻译策略，以"形容词 + 名词"的结构表述其中的前三个短语，而"民心基础"则可采用解释性翻译策略，表述为"具备民意支持"。

3 语篇翻译：参考翻译策略建议，翻译以下段落，注意语篇的内容及组织特点。

1. ❶当前，我国改革发展形势正处于深刻变化之中，❷外部不确定不稳定因素增多，改革发展面临许多新情况新问题。❸我们要保持战略定力，坚持问题导向，因势利导、统筹谋划、精准施策，在防范化解重大矛盾和突出问题上出实招硬招，推动改革更好服务经济社会发展大局。

内容理解与翻译策略建议 | 本段强调，随着我国改革发展不断深入推进，需要因势利导、统筹谋划、精准施策。❶❷可以考虑采用切分策略，将长句切分为两个短句，同时可以通过添加逻辑连接词的方法，体现出"外部不确定不稳定因素增多"和"改革发展面临许多新情况新问题"之间的因果关系，显化译文逻辑。❶❷和❸之间也存在较为清晰的逻辑关系，即❶❷为❸作了背景铺垫，也可认为前因后果，因此在翻译❸时，可考虑添加必要的连接手段，显化与前面句子之间的逻辑关联。

2. ❶"行之力则知愈进，知之深则行愈达。"❷改革开放 40 年积累的宝贵经验是党和人民弥足珍贵的精神财富，❸对新时代坚持和发展中国特色社会主义有着极为重要的指导意义，❹必须倍加珍惜、长期坚持，在实践中不断丰富和发展。

内容理解与翻译策略建议 | 本段强调，改革开放 40 年积累的宝贵经验必须倍加珍惜、长期坚持，在实践中不断丰富和发展。首先，❶为用典，翻译时可提供必要背景，便于译入语读者理解。其次，❷—❹句较长，翻译时可考虑采用切分策略，拆分为三个分句。其中，"宝贵经验"是❷❸的共同主语，翻译时需要注意主语的一致性，同时可考虑

代词照应方式（如 it），避免机械重复，实现译文语篇衔接。最后，❹和❷❸之间存在着"果"与"因"的逻辑关联，可考虑通过添加逻辑连接词显化逻辑关系。

五、思考题

❶ 在汉英时政文献翻译中，汉语中表示强化程度的形容词和副词，可酌情在英文译文中省略或转化为更为简洁的表达。对比以下原文及译文，综合分析这一翻译技巧的应用。

原文　在坚持党的领导这个决定党和国家前途命运的重大原则问题上，全党全国必须保持高度的思想自觉、政治自觉、行动自觉，丝毫不能动摇。

译文　Upholding Party leadership is an essential principle that defines the future of the Party and the Chinese nation, and all Party members and the Chinese people must keep alignment with the Central Committee in their way of thinking, in political principles, and in actions without wavering.

❷ 汉英翻译中，汉语多次出现同一名词概念时，英文可以使用代词或概括性上义词来代指，从而避免重复和冗余，实现语篇衔接和简明表达。对比以下原文及译文，综合分析译文对于"党"这一名词概念的处理，客观评价其翻译效果。

原文　我们党要总揽全局、协调各方，坚持科学执政、民主执政、依法执政，完善党的领导方式和执政方式，提高党的执政能力和领导水平，不断提高党把方向、谋大局、定政策、促改革的能力和定力，确保改革开放这艘航船沿着正确航向破浪前行。

译文　Our Party must exercise overall leadership and coordinate work in all areas. Its governance must be scientific, democratic and law-based. We must improve the way the Party exercises leadership and governance, improve the Party's ability to lead and govern, and strengthen the Party's ability and resolve to chart our course, craft overall plans, design policy and promote reform. All these efforts must be directed to ensuring that reform and opening up is on the right course.

❸ 针对本单元主题，小组讨论，选定最有困难的翻译材料，确定解决方案，并形成小型研究报告。

第八单元

全面推进依法治国总目标

全面推进依法治国总目标是建设中国特色社会主义法治体系、建设社会主义法治国家。本单元将结合建设社会主义法治国家的思想内容，系统介绍对相关理念与表述的理解与翻译策略。

第八单元

一、核心概念解读

1. 习近平法治思想

2020年11月中央全面依法治国工作会议召开。习近平在会上强调的"十一个坚持"，构成了习近平法治思想的主要内涵：坚持党对全面依法治国的领导；坚持以人民为中心；坚持中国特色社会主义法治道路；坚持依宪治国、依宪执政；坚持在法治轨道上推进国家治理体系和治理能力现代化；坚持建设中国特色社会主义法治体系；坚持依法治国、依法执政、依法行政共同推进，法治国家、法治政府、法治社会一体建设；坚持全面推进科学立法、严格执法、公正司法、全民守法；坚持统筹推进国内法治和涉外法治；坚持建设德才兼备的高素质法治工作队伍；坚持抓住领导干部这个"关键少数"。

首先，"习近平法治思想"这一核心概念在表述形式上与"习近平新时代中国特色社会主义思想"(Xi Jinping Thought on Socialism with Chinese Characteristics for a New Era) 基本相同，都采用"思想的主要创立者（Xi Jinping）+ 思想（Thought）+ 表达具体思想内容的补语"的结构。因此，可先将核心概念中的"习近平思想"这一部分整体译为 Xi Jinping Thought。其次，核心概念中"法治"一词在英文中有固定的对应译法，即 the rule of law。另外，在英语中抽象名词后往往可以使用介词短语等补语"补足"其意思，此处即可将介词短语 on the rule of law 置于 Xi Jinping Thought 之后，将思想内容补充完整。综上，可将"习近平法治思想"译为 Xi Jinping Thought on the Rule of Law。

2. 全面依法治国

全面推进依法治国，总目标是建设中国特色社会主义法治体系，建设社会主义法治国家。这就是，在中国共产党领导下，坚持中国特色社会主义制度，贯彻中国特色社会主义法治理论，形成完备的法律规范体系、高效的法治实施体系、严密的法治监督体系、有力的法治保障体系，形成完善的党内法规体系，坚持依法治国、依法执政、依法行政共同推进，坚持法治国家、法治政府、法治社会一体建设，实现科学立法、严格执法、公正司法、全民守法，促进国家治理体系和治理能力现代化。

首先，原概念"全面依法治国"的落脚点"治国"可译为 governance。英文中 governance 一词含有对国家、社会展开治理之意，与"治国"的含义高度对应。其次，"依法"即依照宪法和法律，在英文中表述为 law-based 这一复合形容词，修饰 governance。最后，"全面"一词强调依法治国包括法治国家、法治政府、法治社会一体建设，也包括立法、执法、司法和守法的不同维度，可以采用对应性翻译策略译为形容词 comprehensive。综上，"全面依法治国"可整体译为 comprehensive law-based governance。

3. 中国特色社会主义法治道路

中国特色社会主义法治道路，就是在中国共产党领导下，紧紧围绕坚持和完善中国特色社会主义制度，深入贯彻中国特色社会主义法治理论，建设中国特色社会主义法治体系，坚持人民主体地位，坚持法律面前人人平等，坚持依法治国和以德治国相结合，坚持从中国实际出发，建设科学立法、严格执法、公正司法、全民守法的社会主义法治国家。中国特色社会主义法治道路是最适合中国国情的法治道路。坚持走中国特色社会主义法治道路，是中国的社会主义制度所决定的，是中国共产党深刻总结社会主义法治建设正反两方面经验得出的根本结论。中国特色社会主义法治道路，从根本上保证了中国社会主义法治建设的正确方向。

首先，"法治道路"中的"道路"一词属于范畴类虚义名词，在英文中可不译，直接用 rule of law 来对应"法治"一词。其次，原概念中"社会主义"作为形容词修饰"法治道路"，因此可直接将其译为形容词 socialist，置于 rule of law 之前。最后，"中国特色"可通过介词短语译出，表述为 with Chinese characteristics，置于 rule of law 之后。综上，可将"中国特色社会主义法治道路"整体译为 socialist rule of law with Chinese characteristics。

4. 平安中国

落实总体国家安全观，坚持共建共治共享方向，聚焦影响国家安全、社会安定、人民安宁的突出问题，深入推进市域社会治理现代化，深化平安创建活动，加强基层组织、基础工作、基本能力建设，全面提升平安中国建设科学化、社会化、法治化、智能化水平，不断增强人民群众获得感、幸福感、安全感。

从"平安中国"的解读可知,"平安中国"是一个专有名词,其内容囊括了国家、社会、人民等各维度,是一个系统性工程。在"平安中国"中,"平安"包括国家安全、社会安定、人民安宁等内涵。英文中,safe 侧重个体层面的生命安全,无法充分体现"平安"一词的全貌;peaceful 一词的语义范围更广,既包括个体层面的生命安全,也囊括了社会和国家层面的和谐与安宁。在此基础上,可考虑添加 initiative 一词体现出"平安中国"作为一项工程的属性,将其语义明晰化。同时,考虑到"平安中国"是专有名词,需要将其核心词的首字母大写。综上所述,可将该概念整体译为 Peaceful China Initiative。

5. 司法为民

我们提出要努力让人民群众在每一个司法案件中都感受到公平正义,所有司法机关都要紧紧围绕这个目标来改进工作,重点解决影响司法公正和制约司法能力的深层次问题。要坚持司法为民,改进司法工作作风,通过热情服务,切实解决好老百姓打官司难问题,特别是要加大对困难群众维护合法权益的法律援助。司法工作者要密切联系群众,规范司法行为,加大司法公开力度,回应人民群众对司法公正公开的关注和期待。要确保审判机关、检察机关依法独立公正行使审判权、检察权。

根据"司法为民"这一核心概念的解读,可知"司法为民"强调司法执行的公平和正义,应切实为人民提供服务,解决人民群众困难问题,落脚点放在了"为民"上,需要体现出"司法"的目标,因此,"司法为民"整体可译为 justice for the people。

6. 依法治国和以德治国相结合

法律是准绳,任何时候都必须遵循;道德是基石,任何时候都不可忽视。在新的历史条件下,我们要把依法治国基本方略、依法执政基本方式落实好,把法治中国建设好,必须坚持依法治国和以德治国相结合,使法治和德治在国家治理中相互补充、相互促进、相得益彰,推进国家治理体系和治理能力现代化。

"依法治国"和"以德治国"这两个概念在语言结构和形式上相近,对应的英译文也可在形式结构上保持一致。因此,可分别译为 the rule of law 和 the rule of virtue;在此基础上,用 integrate A with B 这一动词短语将两者结合,即 integrate the rule of law with the rule of virtue。同时,根据这一概念所处的语境,可选择将其作为整体术语译为名词短语，即 the integration of the rule of law with the rule of virtue。

二、关键语句理解与翻译

认真阅读以下句子，学习并领会关于全面推进依法治国总目标的具体内容和精神，注意句子翻译的相关策略及其应用。

1. 只要我们切实尊重和有效实施宪法，人民当家作主就有保证，党和国家事业就能顺利发展。
   As long as we respect and implement the Constitution the people will be able to be masters of the country, and the cause of the Party and the state will be able to progress smoothly.

首先，本句采用了汉语中常见的条件句式"只要……就……"，可用引导条件状语从句的连词 as long as 来翻译。其中，前半句条件句可采用一般现在时，后半句主句可采用一般将来时。其次，原句的"切实"和"有效"是汉语时政文献中常见的程度副词，用以加强语气，英译时在确保语义完整的前提下，可考虑省略不译，使译文更简洁。再次，原句"人民当家作主就有保证"这一部分中，可将"有保证"理解为"人民就能够当家作主"的意思，在译文中用"人民"一词作主语，从而在英文中表述为 the people will be able to be masters of the country。

2. ❶宪法是国家的根本法，是治国安邦的总章程，❷具有最高的法律地位、法律权威、法律效力，具有根本性、全局性、稳定性、长期性。
   The Constitution is the fundamental law of the state and the general program for managing state affairs; enjoying supreme legal status, legal authority and legal validity, it is fundamental and consistent, and is of overall and long-term importance.

本句概括了宪法的属性，强调了宪法对于治国安邦的重要地位。❶中两个分句均为系表结构，❷中两个分句则都以"具有"一词引导动宾结构，可在译文中将原句拆分为两句处理，分别翻译原句中的系表结构和动宾结构。其中，❶中"治国安邦"一词可采用解释性翻译策略，理解为"管理国家事务"，译为 managing state affairs。

❷的主语与第一句一致，仍然是"宪法"，可使用代词 it，加强句内衔接。在处理❷中两个"具有"动宾结构时，可将前一个处理为现在分词短语，后一个处理为句子的主干部分，从而加强句子的逻辑层次。其中，"根本性、全局性、稳定性、长期性"四个词缀化抽象名词连续使用，翻译时可通过词性转换等手段灵活处理，并列词语的内部顺序也可根据具体情况在译文中进行调整。

3. ❶要加强宪法和法律实施，维护社会主义法制的统一、尊严、权威，❷形成人们不愿违法、不能违法、不敢违法的法治环境，❸做到有法必依、执法必严、违法必究。
We should strengthen the enforcement of the Constitution and the law, and uphold the unity, dignity and authority of the socialist legal system, so that people neither want, nor are able, nor dare to break the law. We will make sure that laws are abided by and strictly enforced, and lawbreakers are prosecuted.

首先，本句属于主语省略（隐含）句，需在译文中进行主语判断，可考虑添加主语 we。其次，❶和❷之间存在隐含的因果逻辑关联，可在译文中通过添加必要的逻辑连接词，显化这一逻辑，增强句内衔接和连贯。再次，❷译成英文时可考虑聚焦于其中表达核心含义的"人们不愿违法、不能违法、不敢违法"，而"环境"在这里属范畴类虚义名词，可考虑省略，使译文更为简洁。最后，❸中存在三个四字格并列的情况，可在译文中单独作为一句处理，也需要考虑添加主语，并且可以通过转换语态（主动转被动）的方法调整译文叙事视角，凸显原文语义重点。

4. 要坚持依法治国和以德治国相结合，把法治建设和道德建设紧密结合起来，把他律和自律紧密结合起来，做到法治和德治相辅相成、相互促进。
We should integrate the rule of law with the rule of virtue and legal enforcement with ethical progress, encourage both regulation by laws and by self-discipline, and ensure that the rule of law and rule of virtue complement and reinforce each other.

本句强调将依法治国和以德治国相结合的重要性。在本句中，"结合"一词共出现了三次，前两次可灵活运用 integrate A with B 这一结构整合翻译，第三次则可考虑用 encourage both A and B，从而实现表达的丰富多样化。其中，"把他律和自律紧密结合起来"的"他律"可理解为"用法律来约束"，译为 regulation by laws。此外，本句"法治建设和道德建设"中的"建设"可结合语境分析，其中"法治建设"强调通过严格执法、公正司法等手段增强法律的约束力,"道德建设"强调提高人民思想觉悟、道德水准、文明素养,提高全社会文明程度。

5. 政法战线要肩扛公正天平、手持正义之剑,以实际行动维护社会公平正义,让人民群众切实感受到公平正义就在身边。
Judicial, procuratorial and public security officers should use the scales of fairness and the sword of justice to guarantee a fair and just society with concrete actions, and ensure access to fairness and justice for every individual.

　　本句强调了政法战线维护社会公平正义的重要职责。英译时,首先需要对主语"政法战线"进行充分理解,将"政法战线"所包含的各类职业,如司法、检察、公安等人员,都在译文中体现出来,使其语义明晰化、具象化。其次,"公正天平""正义之剑"都使用了譬喻的修辞手法,生动形象,可考虑在译文中保留原句的喻体,将"公正天平"对应译为 scales of fairness,将"正义之剑"对应译为 sword of justice。最后,原句"让人民群众切实感受到公平正义就在身边"可理解为"确保每一位个体都有获得公平正义的渠道",并采用解释性翻译策略。

6. 要从中国国情和实际出发,走适合自己的法治道路,决不能照搬别国模式和做法,决不能走西方"宪政"、"三权鼎立"、"司法独立"的路子。
We need to bear in mind our own national context and realities and take a path of rule of law best suited to our own specific conditions. Under no circumstance should we imitate the models and practices of other countries or adopt the Western models of "constitutionalism", "separation of powers", and "judicial independence".

　　本句强调应走符合中国国情和实际的法治道路,不能照搬别国模式和做法。首先,本句"从……出发"这一表达可理解为"牢记……",可选择英文中 bear in mind 这一动词短语来对应。其次,"走……道路"在英文中有直接对应的表达,可译为 take a path of…;"适合自己的"可进一步明确其语义,将其解释为"适合本国具体条件"这一含义。再次,本句"决不能……"以否定词开头,语气强烈,可选择英文中对应的 under no circumstance 对应翻译。最后,"宪政""三权鼎立""司法独立"是西方司法制度中的三个专有名词,可直接采用对应性翻译策略分别处理为 constitutionalism、separation of powers 和 judicial independence,同时加上双引号,体现说话者对其所持的否定态度。

第八单元

三、重点段落分析与翻译

1. 基础阅读及试译分析

认真阅读以下材料，全面理解原文内容，深入领会原文思想，熟悉原文语言特色，并进行试译。

段落一 全面依法治国是一个系统工程，必须统筹兼顾、把握重点、整体谋划，更加注重系统性、整体性、协同性。依法治国、依法执政、依法行政是一个有机整体，关键在于党要坚持依法执政、各级政府要坚持依法行政。法治国家、法治政府、法治社会三者各有侧重、相辅相成，法治国家是法治建设的目标，法治政府是建设法治国家的主体，法治社会是构筑法治国家的基础。

（2018年8月24日，习近平在中央全面依法治国委员会第一次会议上的讲话）

解读分析 ｜ 本段包含长句、四字格并列以及词缀化抽象名词并列等语言现象，翻译时需要合理切分长句，确定主谓成分。根据四字格和词缀化抽象名词的语义和语法属性，在充分理解原文的基础上采用合适的翻译策略处理。原文中长句内部不同成分之间存在隐性逻辑关系，英译时，可考虑通过添加逻辑关联词、使用代词回指、灵活运用从句或分词短语等方式，显化逻辑，实现语篇衔接。

段落二 党的领导是中国特色社会主义最本质的特征，是社会主义法治最根本的保证。坚持中国特色社会主义法治道路，最根本的是坚持中国共产党的领导。依法治国是我们党提出来的，把依法治国上升为党领导人民治理国家的基本方略也是我们党提出来的，而且党一直带领人民在实践中推进依法治国。全面推进依法治国，要有利于加强和改善党的领导，有利于巩固党的执政地位、完成党的执政使命，决不是要削弱党的领导。

（2014年10月23日，习近平在中共十八届四中全会第二次全体会议上的讲话）

解读分析 ｜ 本段句子较长，句型较为复杂，且多次出现汉语时政文献中典型的反复修辞手法，多次使用同一概念、同一表述、同一句型，以强化语气。在英译时，考虑采用融合性翻译策略，将原文中重复表达的成分合并翻译，使译文简洁明晰。此外，本段长句内部各成分间的隐含逻辑关系，可在英译时通过逻辑连接词、从句、代词等予以合理显化，实现语篇衔接。

2. 参考译文及翻译策略分析

结合原文，对比分析个人译文与参考译文的异同，明确原文理解难点，讨论具体翻译策略的应用。

段落一

❶全面依法治国是一个系统工程，❷必须统筹兼顾、把握重点、整体谋划，❸更加注重系统性、整体性、协同性。❹依法治国、依法执政、依法行政是一个有机整体，关键在于党要坚持依法执政、各级政府要坚持依法行政。❺法治国家、法治政府、法治社会三者各有侧重、相辅相成。❻法治国家是法治建设的目标，法治政府是建设法治国家的主体，法治社会是构筑法治国家的基础。

Comprehensive law-based governance is a great systematic endeavor. Therefore, we must take many factors into consideration, identify priorities, and formulate integrated plans. We must pursue it in a more systematic, holistic and coordinated way. Law-based governance, exercise of state power and government administration form an indivisible whole, the key to which is that the CPC must keep its commitment to law-based governance and that governments at all levels must administer in accordance with the law. A law-based country, government, and society each have their own areas of focus, allowing them to exert a mutually reinforcing effect on one another. A law-based country is the goal of developing the rule of law; a law-based government is the main force in building a law-based country; a law-based society is the foundation for building a law-based country.

本段第一句较长，为使译文简洁，可考虑将长句拆分为三个独立句子，并添加主语 we。首先，❶和其后成分之间存在隐性的因果关系，可考虑❷之前添加逻辑关联词 therefore，从而显化原文内在的逻辑关系，实现语义连贯。其次，❷包含了三个并列的四字格，其语义较为明确，可以采用对应性翻译策略，将其译为三个并列的动宾短语。最后，❸出现三个并列的词缀化抽象名词，以"性"作为词尾，将形容词转换为抽象名词，但英文倾向于具象化表达，缺少与其完全对应的等值概念，不宜译为对应的名词。可以将❸理解为"我们要以更加系统、整体、协同的方式来推动全面依法治国"，从而在选定主语 we 的基础上将谓语和宾语组织为 pursue it,

其中 it 代指前文已经出现的"全面依法治国",可实现语篇衔接。在此基础上通过词性转换,将三个并列的抽象名词表述为形容词,译为 in a more systematic, holistic and coordinated way,表达原文行为方式的语义内涵。

❹中,首先,前半句存在三个并列的四字格,均含有"依法"这一概念,英译时可以考虑采用融合性翻译策略,将"依法"理解为"基于法律的",并将其作为前置定语修饰"治国""执政"和"行政",从而可译为 law-based governance, exercise of state power and government administration。其次,后半句"关键在于"可以看出与前半句的隐含逻辑关系,即后者是前者的关键。根据这一理解,可采用非限定性定语从句翻译后半句,表述为 the key to which is …,从而显化这层逻辑关系,增强前后半句的衔接。最后,"党要坚持依法执政、各级政府要坚持依法行政"中,"依法执政"和"依法行政"这两个表述的翻译是难点。虽然两个概念中都含有"依法"一词,但若无特殊意图,英文较少使用重复,英译时可采取不同的表达,分别译为 law-based 和 in accordance with the law,提高译文表达的多样性。

❺中,首先,"法治国家""法治政府""法治社会"均含有"法治"一词,可采用融合性翻译策略,译为 law-based,统一修饰"国家""政府"和"社会"。其次,"各有侧重、相辅相成"虽然在形式上并列,但在语义上存在逻辑关联,可理解为"各有侧重"为"相辅相成"创造了条件。根据这一理解,可将本句的主语和谓语分别确定为"法治国家、法治政府、法治社会"和"各有侧重",而"相辅相成"则配置为非谓语成分,以现在分词短语译出,同时利用英文中 allow sb. to do sth. 这一动词短语,表示"由于某一条件的存在,允许某事成为可能",用于此句的翻译,即可显化"各有侧重"和"相辅相成"之间的条件逻辑关系,即前者是后者的条件。

❻阐明了"法治国家""法治政府""法治社会"三者的关系。三个分句语义相对独立,为并列关系,均是主系表结构的判断性陈述句,可采用对应性翻译策略,译为三个主系表结构的陈述句并以分号连接,力求译文清晰简洁。

全面推进依法治国总目标

段落二

❶党的领导是中国特色社会主义最本质的特征，是社会主义法治最根本的保证。❷坚持中国特色社会主义法治道路，最根本的是坚持中国共产党的领导。❸依法治国是我们党提出来的，把依法治国上升为党领导人民治理国家的基本方略也是我们党提出来的，❹而且党一直带领人民在实践中推进依法治国。❺全面推进依法治国，要有利于加强和改善党的领导，有利于巩固党的执政地位、完成党的执政使命，❻决不是要削弱党的领导。

Upholding the Party's leadership is the essential feature of China's socialism and a fundamental guarantee for socialist rule of law in the country. In keeping to the path of socialist rule of law, the most important thing is that we uphold the leadership of the Party. It was the Party that proposed the rule of law in China and then made it a fundamental principle by which the Party leads the people in governing the country. In addition, the Party leads the people in advancing the rule of law in practice. Therefore, our comprehensive efforts to advance the rule of law must be conducive to strengthening and improving the Party's leadership, bolstering its position as the governing party, and accomplishing its mission in governing the country. In absolutely no way does this amount to weakening the leadership of the CPC.

❶包含两个并列判断句，主语均为"党的领导"，系词均为"是"。英译时，可采用融合性翻译策略，统一表述为一个主系表结构，使译文简洁。此外，该句"社会主义法治"指的是"中国的社会主义法治"，在译文中，可将这一语义明晰化，考虑到前半句已经出现"中国"一词，此处可以使用其上义词，表述为 socialist rule of law in the country，从而实现语篇衔接。

❷前后两个分句之间的逻辑关系可以理解为"在坚持中国特色社会主义法治道路的进程中，最根本的是坚持中国共产党的领导"。根据这一理解，译文可以把"坚持中国特色社会主义法治道路"这一部分处理为"在坚持中国特色社会主义法治道路的进程中"，从而表述为 in keeping to the path of socialist rule of law。

❸中，两个分句都强调"是党提出"这一信息，运用了中文的强调句型，英译时，可采用对应性翻译策略，也处理为英文的强调句型，传达原文语义和语气效果。这两个分句的结构类似，采用汉语时政文献中反复的修辞手法以增强语气。考虑到英语注重简洁，含义相同或近似的表述可酌情整合，可采用融合性翻译策略，使用英文的强调句型合译为一句。第二个分句中"基本方略"一词的前置修饰定语为"党领导人民治理国家的"，修饰成分和被修饰成分之间的逻辑关系是隐性的。可将修饰成分和被修饰成分之间的逻辑关系理解为，"这一基本方略是党领导人民治理国家的依据"，或"党根据这一基本方略来领导人民治理国家"，进而可考虑采用

135

定语从句，表述为 a fundamental principle by which the Party leads the people in governing the country，不仅显化了逻辑关系，也实现了语篇衔接。

❹可以在句前添加逻辑关联表达 in addition，显化与前文的逻辑关系，实现语篇衔接。

❺❻与❸❹之间存在着隐性的因果关系，前为因，后为果，可在英文译文中予以显化，在句首添加逻辑连接副词 therefore，实现语义连贯。其次，❺以"全面推进依法治国"这个动宾结构为主题，后接相关说明，突出具体目标。译文可将"全面推进依法治国"调整为名词结构（"为依法治国而进行的努力"）作主语，再以"有利于"转化为系表结构（be conducive），添加 to 引导后续内容，形成单一的句子结构，符合英语的句子组织规范。再次，❺重复出现了两个"有利于"，使用了反复的修辞手法，起到强调作用。英译时可采用融合性翻译策略，在确定"全面推进依法治国"为主语的基础上，统一使用 be conducive to 这一谓语结构，进而把"加强和改善……""巩固……""完成……"处理为三个并列的动名词短语。

❻通过使用否定句式，进一步强调本段主题。为了凸显强调语气，英译时可独立成句，并采用对应性翻译策略，用否定词前置的倒装句型。此外，❻的隐含主语是"全面推进依法治国"，完整句为"全面推进依法治国决不是要削弱党的领导"，考虑到前文已经译出主语，此处可用代词 this 回指，实现语篇衔接，提升译文简洁性。

3. 补充阅读及翻译分析

根据上述翻译实践及分析程序，讨论以下材料的理解与翻译过程，注意翻译策略的应用。

段落三

❶现在，一些党员、干部仍然存在人治思想和长官意识，❷认为依法办事条条框框多、束缚手脚，❸凡事都要自己说了算，根本不知道有法律存在，大搞以言代法、以权压法。❹这种现象不改变，依法治国就难以真正落实。 （2014年10月23日，习近平在中共十八届四中全会第二次全体会议上的讲话）	Some Party members and officials still think that the country is under rule by man. They consider that they are the ones in charge, and believe that conducting affairs in accordance with the law is overly complicated and unnecessarily restricting. Convinced that they should have the final say in everything, they are totally oblivious to the existence of the law, and are bent on overriding it with their authority at every turn. Not until this practice ends will we stand a chance of genuinely realizing the rule of law.

本段首句是流水句式，语义连贯，英译时可根据原文语义切分为多个句子，并且展开主谓定位和谓语组织，合理配置非谓语成分。

　　❶中，开头"现在"一词虽然是时间状语，但并不指具体的时间，英译时可以充分利用英语的时态，通过现在时态来表达，不用对应译为 now。"存在人治思想"，可采用解释性翻译策略，将其理解为"认为国家是由人来统治的"，从而表述为 think that the country is under rule by man。

　　翻译"长官意识"，可另起一句，采用解释性翻译策略，理解为"他们认为自己是长官"这一含义，从而以句译词，表述为 They consider that they are the ones in charge。❷可处理为与"长官意识"并列的句子，用 and 连接，其中"条条框框多、束缚手脚"体现了群众语言风格，可以采用解释性翻译策略，将"条条框框"解释为"过于烦琐"（overly complicated），将"束缚手脚"解释为"没有必要的限制"（unnecessarily restricting）。

　　❸中，需要合理配置句内不同成分信息，先进行主谓定位和主语判断，在此基础上组织谓语，并将其余成分处理为非谓语结构。主语可定为"一些党员、干部"，并使用其代词形式 they，谓语则定为"不知道"，通过英文中 be oblivious to 这一表达对应翻译，从而将句子的主干部分译为 they are totally oblivious to the existence of the law。"凡事都要自己说了算"可作为非谓语结构，处理为过去分词短语作状语，置于句首。"大搞以言代法、以权压法"包含两个并列的四字格，意思相近，可采用融合性翻译策略，译为 be bent on overriding it with their authority at every turn，其中 be bent on 在此强调一意孤行；另外，由于前文已经翻译了"法律"一词，此处可用代词 it 回指，实现语篇衔接。

　　❹使用了否定形式的条件句式，其中前半句为省略形式的条件状语从句，其完整形式应为"如果这种现象不改变"，英译时可采用 not until 引导的特定句型与之对应。

段落四

❶如果在抓法治建设上喊口号、练虚功、摆花架，只是叶公好龙，并不真抓实干，短时间内可能看不出什么大的危害。❷一旦问题到了积重难返的地步，后果就是灾难性的。❸对各级领导干部，不管什么人，不管涉及谁，只要违反法律就要依法追究责任，❹绝不允许出现执法和司法的"空挡"。

（2014年10月23日，习近平在中共十八届四中全会第二次全体会议上的讲话）

In a short term, it may not appear harmful to simply shout out slogans, put on appearances, and feign support instead of taking real action. But the moment problems grow beyond our ability to resolve, the consequences of our inaction will be catastrophic. Therefore, no matter who they are or who is involved, officials who break the law must be held legally accountable for their actions. Under no circumstances can we tolerate the existence of a "neutral gear" in our law enforcement and judicial practice.

❶可灵活运用英文中的形式主语句型，先翻译"短时间内可能看不出什么大的危害"，随后以不定式引导真正主语内容。其中，"喊口号""练虚功""摆花架"是三个并列的三字格，生动形象，体现了鲜明的群众语言风格。"喊口号"可采用对应性翻译策略译为 shout out slogans，而"练虚功"和"摆花架"在意思上比较相近，可采用融合性翻译策略统一译为 put on appearances。其后，"叶公好龙"是成语典故，意思是"只是口头或者表面爱好某件事物，并非真心"，可采用解释性翻译策略，理解为"假装支持"（feign support）。

❷中，"积重难返"一词，可采用解释性翻译策略，理解为"问题的积累超过了解决能力"（problems grow beyond our ability to resolve）。此外，❷与❶存在转折关系，可在❷之前添加逻辑关联词 but，显化逻辑关系，实现语义连贯。

❸与前文存在着隐性的因果关系，前为因，后为果，可在句首添加逻辑关联词 therefore，以显化这层逻辑关系，实现语义连贯。其次，"不管……只要……就……"这一句型，在英文中存在与之对应的特定句型，即 no matter 引导的让步状语从句，译文可以处理为让步状语从句和主句。

❹通过否定形式，加强语气，可以对应使用英文中否定词前置且主谓倒装的句式。其中，考虑到谓语动词"允许"的主语应为"我们"，可添加主语 we。

四、拓展训练

1 词汇翻译：参考翻译策略建议，翻译以下加粗的词语，注意其在特定语境下的含义。

> 1. 要按照**政治过硬**、**业务过硬**、**责任过硬**、**纪律过硬**、**作风过硬**的要求，教育和引导立法、执法、司法工作者牢固树立社会主义法治理念，恪守职业道德，做到忠于党、忠于国家、忠于人民、忠于法律。

内容理解与翻译策略建议 | 本句从政治、业务、责任、纪律、作风几个方面对我国法律工作者提出了要求，强调应对他们进行教育和引导。其中，"政治过硬""业务过硬""责任过硬""纪律过硬""作风过硬"这五个四字格构成了词汇层面的排比，均包含"过硬"一词。英译时，考虑到"过硬"在英文中难以找到与之直接对应的单词，可采用解释性翻译策略，依据每个四字格的内涵，对其语义作出进一步明晰化的阐释。

> 2. **以德修身**、**以德立威**、**以德服众**，是干部成长成才的重要因素。

内容理解与翻译策略建议 | 本句存在"以德修身""以德立威"和"以德服众"三个并列的四字格，其中"以德修身"强调个人层面加强道德修养，"以德立威"强调树立个人威信和声誉，而"以德服众"可解释为赢得群众信任。三个层面由内而外，层层递进，可将"以德修身"视为"立威"和"服众"的基础，在译文中显化这一逻辑关系。同时，考虑到三个四字格中均包含"以德"一词，可在"以德修身"中只译一次（moral cultivation），"立威"和"服众"则可分别对应译为 building a good reputation 和 winning the public's trust。

2 句子翻译：参考翻译策略建议，翻译以下句子，注意句子的语义内涵及句法特点。

> 1. 为国也，观俗立法则治，察国事本则宜。不观时俗，不察国本，则其法立而民乱，事剧而功寡。

内容理解与翻译策略建议 | 《在党的十八届四中全会第二次全体会议上的讲话》中，习近平引用了战国商鞅及其后学《商君书·算地》中的这句话，旨在强调走什么样的法治道路、建设什么样的法治体系，是由一个国家的基本国情决定的。在翻译古代经典原句

的时候，首先需要充分透彻地理解句子的含义及其与所在语境的内在关联。本句意思是：治理国家，通过考察社情民风来立法，就能把国家治理好；体察国情切合实际，就能制定出适合的国策。如果不考察社情民风，不考虑具体国情，那么法令确立了，民众反而无所适从，政务会事倍功半。英译前，先将文言文转化为白话文，再根据汉语时政文献外译常用策略对典故进行处理。首先，可考虑把原句较为抽象的含义具象化，添加人称主语，提供具体情景，从而使译文语义更为明晰。此外，在处理此类典故原句时，可在正文中添加出处，也可以用注释的方式给出来源，以便译入语读者理解和查询。

2. ❶法治是人类文明的重要成果之一，❷法治的精髓和要旨对于各国国家治理和社会治理具有普遍意义，❸我们要学习借鉴世界上优秀的法治文明成果。

内容理解与翻译策略建议 | 本句强调在法治建设过程中应学习借鉴世界各国优秀的法治文明成果。英译时，需要注意原句内部不同成分之间内在的逻辑关系，并在译文中予以必要的逻辑显化，从而加强语篇的整体衔接。本句中，❶和❷分别明确"法治"的性质和功能，可考虑将"法治"确定为主语。同时，在❶中将"法治"译为对应的英文表述后，❷中可考虑使用代词形式，在保持主语不变的情况下，实现语篇衔接。❸与❶❷之间存在隐性的因果关联，前为因，后为果，因此英译时，可在句首添加表示因果的逻辑关联词，从而显化逻辑，加强语义连贯。

3 语篇翻译：参考翻译策略建议，翻译以下段落，注意语篇的内容及组织特点。

1. ❶法律是成文的道德，道德是内心的法律，❷法律和道德都具有规范社会行为、维护社会秩序的作用。❸治理国家、治理社会必须一手抓法治、一手抓德治，既重视发挥法律的规范作用，又重视发挥道德的教化作用，实现法律和道德相辅相成、法治和德治相得益彰。

内容理解与翻译策略建议 | 本段强调在治理国家和社会的过程中，应重视法律和道德的作用，既要抓法治，也要抓德治，使二者相辅相成、相得益彰。❶对法律和道德进行了描述，且凸显了两者之间的区别和联系，翻译时可考虑在两个分句之间添加表示对比意义的连词，强化语篇衔接。❷对❶进行了整合，强调了两者共同的作用，英译时可考虑在句子的主语位置上采用复数代词表述二者，增强本句和前文之间的衔接。❸对国家和社会治理提出要求，在逻辑上与前文存在隐性的因果关系，前为因，后为果，英译时可在本句

句首添加逻辑关联词，显化逻辑关系。同时，❸属于主语省略（隐含）句，可添加主语，把"一手抓法治、一手抓德治"确定为谓语成分，再以非谓语结构妥善配置句子其他成分。

> 2. 党的十八大以来，❶中国特色社会主义法治体系不断健全，❷法治中国建设迈出坚实步伐，❸法治固根本、稳预期、利长远的保障作用进一步发挥，❹党运用法治方式领导和治理国家的能力显著增强。

内容理解与翻译策略建议 ｜ 本段包含一个长句，长句内部包含四个主谓短句。❷中，"法治中国建设"可解释为"在中国推进法治"，而"迈出坚实步伐"可理解为"取得坚实进展"，进而通过视角转换，采用被动语态处理。❸中，"作用进一步发挥"可解释为"起到了更大的作用"，同时可将"固根本、稳预期、利长远"对应译为三个并列的动宾短语。

五、思考题

1 在汉语时政文献的段落篇章中，句与句之间往往存在隐性的逻辑关联，英译时可酌予以必要的逻辑显化，使译文更符合译入语的行文方式。对比以下原文及译文，综合分析原文的第一句和第二句之间存在怎样的逻辑关联；原文第二句中的"尊法""学法""守法""用法"之间存在怎样的逻辑关联。在此基础上，对译文的翻译策略和翻译效果进行分析和评价。

原文 各级领导干部的信念、决心、行动，对全面推进依法治国具有十分重要的意义。领导干部要做尊法的模范，带头尊崇法治、敬畏法律；做学法的模范，带头了解法律、掌握法律；做守法的模范，带头遵纪守法、捍卫法治；做用法的模范，带头厉行法治、依法办事。

译文 The beliefs, determination and actions of officials have a great significance in advancing the law-based governance of China. They should set a good example in upholding the law and holding the law with reverence; set a good example in studying, understanding and having a good mastery of the law; set a good example in observing the law and defending the rule of law; and set a good example in applying the law and working in accordance with the law.

第八单元

2 汉语时政文献中经常使用结构相同的词汇或短语，组成并列或排比句式，此类表达往往可以起到增强语气、突出强调的作用。若此类词汇或短语中包含相同字词，则相同字词可能在原文中多次反复出现。翻译此类重复字词，既要完整、忠实地传达原文信息内涵，又要注重译文的简洁，因此可考虑合理使用代词或其他表述方式。综合分析下列译例中"尊法、信法、守法、用法、护法"这一表述中"法"字的重复现象，分析译文针对这种现象采取的翻译策略，同时评价翻译效果。

原文　要充分调动人民群众投身依法治国实践的积极性和主动性，使全体人民都成为社会主义法治的忠实崇尚者、自觉遵守者、坚定捍卫者，使尊法、信法、守法、用法、护法成为全体人民的共同追求。

译文　We need to motivate the public to actively involve themselves in the practice of the rule of law; enable the people as a whole to become devoted advocates, conscientious observers, and resolute defenders of socialist rule of law; and ensure that all share a common aspiration to respect the law, trust the law, observe the law, apply the law, and defend the law.

3 针对本单元主题，小组讨论，选定最有困难的翻译材料，确定解决方案，并形成小型研究报告。

第九单元

必须坚持和完善社会主义基本经济制度

必须坚持和完善社会主义基本经济制度，使市场在资源配置中起决定性作用，更好发挥政府作用，把握新发展阶段，贯彻创新、协调、绿色、开放、共享的新发展理念，加快构建以国内大循环为主体、国内国际双循环相互促进的新发展格局，推动高质量发展，统筹发展和安全。本单元将结合坚持和完善社会主义基本经济制度的思想内容，系统介绍对相关理念与表述的理解与翻译策略。

第九单元

一、核心概念解读

1. 习近平经济思想

2017年12月召开的中央经济工作会议,首次总结并阐述了习近平新时代中国特色社会主义经济思想。党的十九届六中全会《中共中央关于党的百年奋斗重大成就和历史经验的决议》在十九大报告基础上,用"十个明确"对习近平新时代中国特色社会主义思想的核心内容作了新的概括,新增第七条"明确必须坚持和完善社会主义基本经济制度,使市场在资源配置中起决定性作用,更好发挥政府作用,把握新发展阶段,贯彻创新、协调、绿色、开放、共享的新发展理念,加快构建以国内大循环为主体、国内国际双循环相互促进的新发展格局,推动高质量发展,统筹发展和安全",就是对习近平经济思想的高度概括。

习近平经济思想有着丰富的内涵:第一,坚持党对经济工作的全面领导;第二,坚持以人民为中心的发展思想;第三,坚持把握好我国新发展阶段的特征;第四,坚持完整准确全面贯彻新发展理念;第五,坚持加快构建新发展格局;第六,坚持推动高质量发展,深化供给侧结构性改革;第七,坚持深化改革开放;第八,坚持国家重大发展战略;第九,坚持统筹好发展和安全两件大事;第十,坚持正确策略和方法。

习近平经济思想是习近平新时代中国特色社会主义思想的重要组成部分,是运用马克思主义基本原理指导我国经济发展实践形成的重大理论成果,在继承创新中开辟了马克思主义政治经济学的新境界,必须长期坚持、全面贯彻。

类似于"习近平法治思想"(Xi Jinping Thought on the Rule of Law),"习近平经济思想"可以译为 Xi Jinping Thought on the Economy。此处"经济"(economy)指国家经济体制。

2. 社会主义基本经济制度

公有制为主体、多种所有制经济共同发展,按劳分配为主体、多种分配方式并存,社会主义市场经济体制等社会主义基本经济制度,既体现了社会主义制度优越性,又同我国社会主义初级阶段社会生产力发展水平相适应,是党和人民的伟大创造。

首先，"社会主义基本经济制度"是一个体系，包含所有制、分配模式和社会主义市场经济三个部分，每个部分都是一个要素（element），共同构成一个体系（system）。

其次，"社会主义""基本"和"经济"是三个形容词作前置定语，修饰"制度"。修饰同一个名词的多个形容词英译时，要注意排列顺序，并不一定与中文顺序完全一致，而是要符合译入语规范。通常核心形容词最靠近中心词，"经济"是核心形容词；"社会主义"属于种类，次之；"基本"表示基础性质，可放在最外围，综合可以译为 the basic socialist economic system。

3. 新发展阶段

> 全面建成小康社会、实现第一个百年奋斗目标之后，我们要乘势而上开启全面建设社会主义现代化国家新征程、向第二个百年奋斗目标进军，这标志着我国进入了一个新发展阶段。新发展阶段是社会主义初级阶段中的一个阶段，同时是其中经过几十年积累、站到了新的起点上的一个阶段。新发展阶段是我们党带领人民迎来从站起来、富起来到强起来历史性跨越的新阶段。

"新发展阶段"语义明确。根据党的十九届五中全会精神，2021年起我国进入新发展阶段。这是在全面建成小康社会、实现第一个百年奋斗目标之后，全面建设社会主义现代化国家、向第二个百年奋斗目标进军的发展阶段，从时间上看具体指的就是未来30年左右。可以对应译为 the new stage of development，"新"是相对于以前历史发展阶段而言。

4. 新发展理念

> 坚定不移贯彻创新、协调、绿色、开放、共享的新发展理念。把新发展理念贯穿发展全过程和各领域，构建新发展格局，切实转变发展方式，推动质量变革、效率变革、动力变革，实现更高质量、更有效率、更加公平、更可持续、更为安全的发展。

首先，"新发展理念"是一个系统的理论体系，包含五个方面"创新、协调、绿色、开放、共享"，通过"贯穿发展全过程和各领域"，以"构建新发展格局，切实转变发展方式，推动质量变革、效率变革、动力变革"，实现"更高质量、更有效率、更加公平、更可持续、更为安全的发展"，可见"新发展理念"中的"理念"

是一种对经济发展的态度、观点和思路的集合，一种洞察力，比 concept、idea、thinking 的含义都要深要广，可以用 philosophy（the attitude or set of ideas that guides the behavior of a person or organization）或 vision（the knowledge and imagination that are needed in planning for the future with a clear purpose）来表达原义，整体可以译为 a new development philosophy 或 a new vision of development。

5. 新发展格局

> 加快构建以国内大循环为主体、国内国际双循环相互促进的新发展格局。

构建新发展格局，实行高水平对外开放，必须具备强大的国内经济循环体系和稳固的基本盘，并以此形成对全球要素资源的强大吸引力、在激烈的国际竞争中的强大竞争力、在全球资源配置中的强大推动力。根据对"新发展格局"的理解，"格局"指的就是一种特定的经济发展方式，可以用 pattern of development 来表达，其中 pattern 的含义是 the regular way in which something happens, develops, or is done。整个概念可以译为 a new pattern of development。

6. 高质量发展

> 我国经济已由高速增长阶段转向高质量发展阶段。高质量发展，就是能够很好满足人民日益增长的美好生活需要的发展，是体现新发展理念的发展，是创新成为第一动力、协调成为内生特点、绿色成为普遍形态、开放成为必由之路、共享成为根本目的的发展。

根据对"高质量发展"的理解，我国经济已由高速增长阶段转向高质量发展，即更注重发展质量，语义明确，可以对应译为 high-quality development。

7. 统筹发展和安全

> 坚持总体国家安全观，把发展和安全统一起来，实施国家安全战略，维护和塑造国家安全，统筹传统安全和非传统安全，把安全发展贯穿国家发展各领域和全过程，防范和化解影响我国现代化进程的各种风险，筑牢国家安全屏障。

首先,"统筹"在本语境中指的是"统一全面地筹划",统筹的内容是发展和安全两者之间的关系,强调"更为安全的发展",可以采取解释性翻译策略,译为 balance,表达"平衡发展和安全两者之间的关系"之意。此外,"统筹"在具体语境下实际所指和内涵各有不同,如"统筹兼顾""统筹协调"等,分别强调整体规划或计划以及协调等含义,可以分别译为 make holistic and well-informed plans 或 adopt a holistic approach 以及 coordinate 或 prepare coordinated plans 或 in a coordinated way 等。

其次,"安全"指的是国家安全,用 security,体现为个人或组织防范外部风险可能导致的破坏,如信息安全(information security)等,而不是 safety,后者偏重个人感受、远离致害因素,如用在"食品安全"(food safety)中,表达食品对健康的影响之意。

最后,"安全"的重要性不言而喻。进入新时代,尽管政治安全、军事安全、国土安全依然是国家安全的重中之重,我们任何时候都要紧抓不放,在中国快速发展的进程中,我们面临的文化安全、科技安全、网络安全、生物安全等非传统安全威胁也越来越多,理应统筹兼顾、综合施策、系统治理。可以添加 imperatives(something that must be done urgently)来表达非常紧迫且重要的含义,综合可以译为 balance development and security (imperatives)。

8. 供给侧结构性改革

供给侧结构性改革是一个系统的理论创新,是马克思主义中国化、中国特色社会主义政治经济学的重大创新和发展,是习近平经济思想的一个重要内涵。首先,这个理论丰富了供给和需求的科学内涵,既不离开需求谈供给,也不离开供给谈需求,强调只有将供给和需求联系起来考虑,才能作出有意义的判断。同时,明确区分有效供给和无效供给,提出供给侧结构性改革要减少无效供给,扩大有效供给,提高供给结构对需求结构的适应性。其次,这个理论创造性地提出并构建了用以指导改革发展实践的理论体系,既分析了供给侧结构性改革要回答的"为何改、改什么、怎么改"等重大改革问题,又在体系中贯穿了改革要遵循的理论逻辑和主线。在分析解决当前和今后一段时期供需失衡矛盾时,既强调供给侧结构性矛盾是主要矛盾,又强调供给要以满足人民日益增长的美好生活需要为目的和归宿。最后,政策主张强调以供给侧管理为主,推动供给与需求良性循环,注重总量性宏观政策与产业政策、微观政策、改革政策和社会政策协调配套。

根据对"供给侧结构性改革"的理解，英译时要确保其作为关键概念术语的独立性和完整性，可考虑采用对应性翻译策略，将"供给侧"译为 supply-side，将"结构性改革"译为 structural reform，即该术语整体译为 supply-side structural reform。

二、关键语句理解与翻译

认真阅读以下句子，学习并领会关于必须坚持和完善社会主义基本经济制度的具体内容和精神，注意句子翻译的相关策略及其应用。

1. 坚持和完善公有制为主体、多种所有制经济共同发展的基本经济制度，关系巩固和发展中国特色社会主义制度的重要支柱。
   The basic economic system with public ownership playing a leading role and all forms of ownership growing side by side is an important pillar of the socialist system with Chinese characteristics.

本句主题是"基本经济制度"，有两个限定：以公有制为主体、多种所有制经济共同发展，英译时可以处理为 with 连接两个名词"公有制"和"多种所有制"，后面分别跟现在分词结构（"为主体""共同发展"）作后置定语。"关系巩固和发展……的重要支柱"可以处理为系表结构"是……的重要支柱"。"支柱"是暗喻，反映了基本经济制度与中国特色社会主义制度的关系。因"坚持和完善"的含义在原文中本句的前一句"第二，关于坚持和完善基本经济制度。"（Second, adhering to and improving the basic economic system.）中已经译出，此处可承上省略。

2. 使市场在资源配置中起决定性作用、更好发挥政府作用，既是一个重大理论命题，又是一个重大实践命题。
   We should let the market play the decisive role in allocating resources, while allowing the government to better perform its functions. This is a theoretical and practical issue of great importance.

本句是系表结构，动宾结构"使……"作主语，英译时可添加逻辑主语 we。"市场起决定性作用"是核心，"发挥政府作用"作为参照，前者为主，后者为辅，前后可以用 while 连接，显化同时发生、并列的逻辑关系。系表结构可以另起一句，句首使用代词 this，实现语篇衔接。"重大……命题"重复出现，可以采用融合性翻译策略。

3. ❶坚持创新发展、协调发展、绿色发展、开放发展、共享发展，是关系我国发展全局的一场深刻变革。❷这五大发展理念相互贯通、相互促进，是具有内在联系的集合体，要统一贯彻，不能顾此失彼，也不能相互替代。
To pursue innovative, coordinated, green, open and inclusive development is a profound reform bearing on the overall development of our country. Each of these five concepts is essential on an individual level. Together they are interconnected, forming one integrated whole that must be implemented in unison and with equal attention.

本句说明了经济发展的五大理念，每个"理念"都可以理解为一个概念，可以译为 concept（an idea of how something is, or how something should be done）；且都是四字格，"发展"重复出现，既突出强调，也朗朗上口，为符合译入语规范，可以不用重复"发展"五次，能体现出五种发展即可。❶中五个动宾结构作主语，译文可以用不定式作主语，谓语是"是一场深刻变革"；"关系我国发展全局"中，"关系"的含义是"直接影响（发展）"，整个短语可以译为后置分词短语，修饰"变革"。❷说明五大理念之间的关系和特点，其中"相互贯通、相互促进"既说明各因素相互独立，又强调彼此关联，而且包括若干短句，译文可考虑切分处理。首先，可单独一句说明前文所述五个发展理念各自的独立意义，再另起一句强调五个因素相互联系（注意使用代词指代相关因素，实现语篇衔接），并用分词突出整体性（即原文的"集合体"），即 forming one integrated whole；"不能顾此失彼，也不能相互替代"语义重复，可用肯定形式表达统一与同等地位这一含义，并用定语从句后置修饰"集合体"（whole）。

4. 供给侧结构性改革，重点是❶解放和发展社会生产力，❷用改革的办法推进结构调整，❸减少无效和低端供给，❹扩大有效和中高端供给，❺增强供给结构对需求变化的适应性和灵活性，❻提高全要素生产率。
The key to our supply-side structural reform is to release and develop productive forces, to adjust structures through reform, to reduce ineffective and lower-end supply while increasing effective and medium- and high-end supply, to make supply structure more adaptive and flexible to changes in demand, and to increase total factor productivity.

本句为连动句，为说明供给侧结构性改革的重点，用多个动宾结构体现，语义明确，可以处理为多个英文不定式结构。其中，❷指的是通过改革推进结构调整；❸和❹语义相对，可以用 while 连接，将隐含的并列逻辑关系显化；❺和❻是供给侧改革的目的，可分别由动词不定式 to 表达。❺指的是使供给结构更适应需求的变化、更灵活，"适应性"和"灵活性"以汉语抽象名词结尾，翻译时不宜简单对应为其相应的英语抽象名词，而可结合词语具体意义转换为形容词，如前者可用 adaptive 突出适应性，后者可用 flexible 表达灵活性；❻中"全要素生产率"指生产过程中技术、组织、生成等各环节的效率，可对应译为 total factor productivity。

5. 更明确地说，高质量发展，就是从"有没有"转向"好不好"。
To be very specific, high-quality development means a change from seeking growth to seeking better growth.

本句所在段详细描述了"高质量发展"的含义和特点，本句用更直白的语言"有没有"和"好不好"对其实质加以总结。"有没有"指的是有关最基本需求的问题，"好不好"指的是更高层次的生活品质问题。

6. ❶国家强，经济体系必须强。❷只有形成现代化经济体系，才能更好顺应现代化发展潮流和赢得国际竞争主动，也才能为其他领域现代化提供有力支撑。
A strong country must have a strong economy. Only with a modernized economy can China better adapt to current international trends, seize the initiative in international competition, and provide support for modernization in other fields.

本句说明了建设现代化经济体系的重要性。❶是主从复句，而且隐含了条件逻辑关系，可以对应翻译，并作相应解释（If a country tries to remain strong, its economy has to be strong as a precondition）。当然，译文也可将原文两个短句分别处理为相应名词（"国家强"成为"强的国家"，"经济体系必须强"成为"强的经济体系"），再配合相应动词，将原文主从复句调整为简单句。❷中"只有……才能……"强调条件，可以译为英文 only with...can... 结构体现原义。"经济体系"中的"体系"属于范畴类虚义名词，可以不必译出。"赢得竞争主动"的含义是在竞争中赢得主动地位，形成有利局面，使事情按照自己的意图进行，"主动"可以用 initiative（the ability to make decisions and take action without waiting for someone to tell you what to do）来体现其含义。

三、重点段落分析与翻译

1. 基础阅读及试译分析

认真阅读以下材料，全面理解原文内容，深入领会原文思想，熟悉原文语言特色，并进行试译。

段落一　党中央提出，我国经济发展进入新常态，已由高速增长阶段转向高质量发展阶段，面临增长速度换挡期、结构调整阵痛期、前期刺激政策消化期"三期叠加"的复杂局面，传统发展模式难以为继。党中央强调，贯彻新发展理念是关系我国发展全局的一场深刻变革，不能简单以生产总值增长率论英雄，必须实现创新成为第一动力、协调成为内生特点、绿色成为普遍形态、开放成为必由之路、共享成为根本目的的高质量发展，推动经济发展质量变革、效率变革、动力变革。

（2021年11月11日，《中共中央关于党的百年奋斗重大成就和历史经验的决议》）

解读分析 | 本段语言表述严谨正式，逻辑严密，使用了时政文献中常见的排比和譬喻修辞手法。"三期叠加""论英雄"等表达形象生动，高质量发展的五个特点（"……成为……"）是排比句，条理分明，"变革"重复三次，翻译中要注意体现原文的文体特点。该段句子较长，语义逐渐深化，英译时要考虑汉英句法体系的差异，可以组句调序，根据原句内部的逻辑关联，合理选择主谓，妥善配置其他句子成分，显化逻辑。

段落二　只有自信的国家和民族，才能在通往未来的道路上行稳致远。树高叶茂，系于根深。自力更生是中华民族自立于世界民族之林的奋斗基点，自主创新是我们攀登世界科技高峰的必由之路。"吾心信其可行，则移山填海之难，终有成功之日；吾心信其不可行，则反掌折枝之易，亦无收效之期也。"创新从来都是九死一生，但我们必须有"亦余心之所善兮，虽九死其犹未悔"的豪情。我国广大科技工作者要有强烈的创新信心和决心，既不妄自菲薄，也不妄自尊大，勇于攻坚克难、追求卓越、赢得胜利，积极抢占科技竞争和未来发展制高点。

（2018年5月28日，习近平在中国科学院第十九次院士大会、中国工程院第十四次院士大会上的讲话）

解读分析 | 本段阐述了自主创新在科技强国中的重要性，语言表述整体正式，优美生动，包含四字格以及典故、重复、拟人、譬喻等修辞手法，富有文采和感染力，"只有……才能……"和排比句等也体现了突出强调之意。英译时要注意体现上述特点，组句调序灵活处理句子成分，结合原文思想内涵采取恰当的翻译策略。

2. 参考译文及翻译策略分析

结合原文，对比分析个人译文与参考译文的异同，明确原文理解难点，讨论具体翻译策略的应用。

段落一

❶党中央提出，我国经济发展进入新常态，已由高速增长阶段转向高质量发展阶段，❷面临增长速度换挡期、结构调整阵痛期、前期刺激政策消化期"三期叠加"的复杂局面，传统发展模式难以为继。❸党中央强调，贯彻新发展理念是关系我国发展全局的一场深刻变革，❹不能简单以生产总值增长率论英雄，❺必须实现创新成为第一动力、协调成为内生特点、绿色成为普遍形态、开放成为必由之路、共享成为根本目的的高质量发展，❻推动经济发展质量变革、效率变革、动力变革。

The Central Committee determined that China's economy had reached a new normal of development and was transitioning from a stage of high-speed growth to a stage of high-quality development. Our traditional growth model could no longer be sustained in the face of this complex situation in which we had to deal with a slowdown in economic growth, make painful structural adjustments, and absorb the effects of previous economic stimulus policies all at once.

The Central Committee has stressed that applying a new development philosophy represents a profound shift affecting China's overall development. The GDP growth rate cannot serve as the sole yardstick of success for development. Rather, it is imperative to achieve high-quality development in which innovation is the primary driver, coordination is an inherent property, eco-friendly growth prevails, openness to the world is the only path, and shared growth is the ultimate goal. This will lead to transformative changes in the quality, efficiency, and impetus of economic development.

本段包含两层含义，第一层是"党中央提出"，指出经济发展的阶段和问题，第二层是"党中央强调"，强调经济发展要贯彻新发展理念，实现高质量发展。这两层含义可以分为两段英文来表达。具体来说，❶❷是一个长句，表达经济发展三个特点:"经济发展进入新常态""已由高速增长阶段转向高质量发展阶段"和"传统发展模式难以为继"。"难以为继"的原因是"面临'三期叠加'的复杂局面"。根据逻辑,可以将前两个特点❶译为一句,后一个特点及其原因单独译为一句。

❷中,"传统模式难以为继"的原因是由于"面临复杂局面",可以采取解释性翻译策略,译为 our traditional growth model could no longer be sustained in the face of this complex situation,该"复杂局面"的具体内容,即"换挡期、阵痛期、消化期",可以处理为后置定语从句修饰 this complex situation。"增长速度换挡期"指的是经济增长速度放缓;"结构调整阵痛期"指的是进行经济结构艰难的调整;"前期刺激政策消化期"指的是承担(改革开放早期)刺激性经济政策带来的影响,可以采取解释性翻译策略,译出核心意思,并添加 we had to 来表达必须面对这三种情况的含义,如 in which we had to deal with…, make…, and absorb…。在对"换挡期、阵痛期、消化期"的具体内涵进行解释性翻译之后,原文总结性的"三期叠加"这一表述则可不必在译文中再次解释,从而使译文更简洁。

❸—❻是长句,主要有三层意思:第一层,贯彻新发展理念是深刻变革;第二层,不能以生产总值增长率论英雄;第三层,必须实现高质量发展以实现三个变革。因此,可以根据逻辑含义进行句型调整和拆分。另外,第二和第三层含义是"不是……"和"而是……"的关系,译文中可以用 rather 衔接,将隐含的逻辑关系显化。

❹是科学全面客观公正评价干部的前提和标准,是对过去"唯国内生产总值论"的批判和扭转,防止把发展简单化为增加生产总值,一味以生产总值排名比高低、论英雄,而要强调以提高经济增长质量和效益为立足点,把民生改善、社会进步、生态效益等指标和实绩作为重要考核内容。"论英雄"的表达语言生动形象,唤起联想,体现了习近平群众语言风格,可以采取解释性翻译策略,译出"不能简单将生产总值增长率作为衡量经济发展成功与否的唯一标准"的核心意思。其中"标准"的含义是"衡量和比较的基准",可以用 yardstick 来表达,意为 something that you compare another thing with, in order to judge how good or successful it is。❺为排比句,条理分明指出了高质量发展的五个特点,可以采取句型调整策略,将每个特点译为一个后置定语从句,修饰"高质量发展"。每个特点的具体含义可以采取解释性策略译出核心意思,如"创新成为第一动力"指的是创新成为经济发展的最重要的推动力;"协调成为内生特点"指的是协调发展成为经济发展内生的特点;"绿色成为普遍形态"指的是绿色发展非常普遍;"开放成为必由之路"指的是向世界开放是发展的必由之路;"共享成为根本目的"指的是共享发展是最终目的。其中,"内生"的含义是"内部的、自生的,不是外在的、外源性的",可以用 inherent(existing in someone or something as a permanent and inseparable element, quality, or attribute)

来表达。

❻是实现高质量发展的目的，隐含的目的逻辑关系可以用 this will lead to 来显化，以 this 指代上一句的内容，实现语篇衔接。"变革"重复三次，可以采取语义融合性翻译策略，译出"在质量、效率和动力三方面的变革"的含义即可。其中，"动力"指的是推动经济发展的原因，可以用 impetus（an influence that makes something happen or makes it happen more quickly）来表达。

段落二

❶只有自信的国家和民族，才能在通往未来的道路上行稳致远。❷树高叶茂，系于根深。❸自力更生是中华民族自立于世界民族之林的奋斗基点，自主创新是我们攀登世界科技高峰的必由之路。❹"吾心信其可行，则移山填海之难，终有成功之日；吾心信其不可行，则反掌折枝之易，亦无收效之期也。"❺创新从来都是九死一生，但我们必须有"亦余心之所善兮，虽九死其犹未悔"的豪情。❻我国广大科技工作者要有强烈的创新信心和决心，既不妄自菲薄，也不妄自尊大，❼勇于攻坚克难、追求卓越、赢得胜利，积极抢占科技竞争和未来发展制高点。

Only with self-confidence can a nation move forward steadily on the road to the future. A high and exuberant tree grows from deep roots. It is self-reliance that has enabled China to stand firmly among nations of the world, and innovation is the only path to reach new heights in science and technology. Dr. Sun Yat-sen said, "If I believe I can do it, then I am able to complete any difficult task – even moving a mountain or filling up a sea; if I don't think I can do it, then I may not succeed in even the easiest tasks like flipping over my hands or breaking off a twig." In innovation the odds of failure are much higher than those of success, but we should have the determination shown by patriotic poet Qu Yuan, "For the ideal that I hold dear to my heart, I will not regret a thousand deaths to die." Our scientists and engineers should have great confidence and resolve in innovating, being neither self-abased nor conceited. They must strive to surmount all difficulties on the way to triumph, and gain an edge in scientific and technological competition and future development.

❶中使用了"只有……才能……"结构，体现自信的重要作用，可以用"only+强调成分"置于句首的英文结构来体现原文内涵。其中，"国家"和"民族"属于同义重复，指的都是"国家"；"通往未来"和"行稳致远"，可以融合译为 move forward steadily on the road to the future。❷出自汉代刘安《屏风赋》"根深叶茂"，指的是根扎得深，叶子就茂盛，比喻基础牢固，就会兴旺发展。❷与❸结合，将"自力更生"和"自主创新"比喻为"根"，将"中华民族自立于世界民族之林"和

"攀登世界科技高峰"比喻为"树和叶",强调有了前两个"根",才有后两个"树高叶茂"。可以将"树高叶茂,系于根深"对应翻译,再现原文语言特色及语义内涵,再用 It is...that... 的强调句型来突出"自力更生"和"自主创新"的重要性。"自立于世界民族之林"和"攀登世界科技高峰"都是比喻修辞格,前者指的是稳稳地位列于世界各国,后者指的是达到科技新高之意,可以采取解释性策略,译出核心意思。

❹引自孙中山的《建国方略》,讲述了信念的重要性:如果人的内心相信事情可以成功,则移山填海的难事也能做成;相反,如果内心不相信其可行,那么即使是翻转手掌、折断树枝那样容易的事也会很难做成。"移山"来自《列子·汤问》,讲述的是"愚公移山"的故事;"填海"来自《山海经·北山经》,讲的是精卫填海的传说;"折枝"出自《孟子·梁惠王上》,原文是"为长者折枝",说的是孟子认为君主推行仁政要做力所能及的小事。对这些引用,可以采取解释性翻译策略,译出核心意思。

❺中使用了"九死一生"和"亦余心之所善兮,虽九死其犹未悔"的典故,两者都出自战国时期屈原的长篇抒情诗《离骚》,前者形容经历很大危险而幸存,表达创新的艰难;后者表明只要是心中向往的理想,即使历经艰险也决不后悔,表达了中国坚持走科技自主创新之路的信念。可以采取解释性翻译策略,译出核心意思:创新失败几率远高于成功,但我们仍决心如屈原明志,坚持创新。在 2010 年两会期间的新闻发布会上,温家宝引用了《离骚》中的"亦余心之所善兮,虽九死其犹未悔"来表达自己处理政府工作中出现的问题的决心,外交部翻译张璐将此句译为 For the ideal that I hold dear to my heart, I'd not regret a thousand times to die,有效传达了原文语义内涵。其中, a thousand times to die 也可替换为 to die a thousand deaths,形成头韵。

❻中,"科技工作者"指的是现代社会中,从事系统性科学和技术知识的产生、发展、传播和应用活动的人员,主要包括科学家和工程师。"妄自菲薄"和"妄自尊大"是四字成语,用来告诫科技工作者,可以处理为"being+ 形容词"的现在分词结构,以否定形式修饰主语"广大科技工作者"。

❼中,"攻坚克难、追求卓越、赢得胜利"是四字格,其中"追求卓越"的含义与"赢得胜利"相近,可以不译。"积极抢占制高点"指获得优势地位,可以用 gain an edge in...(edge 意为 something that gives you an advantage over others)来体现原义。还可以采取句型调整策略,并灵活处理句子成分,如将"赢得胜利"理解为"攻坚克难"的目标,译为 on the way to triumph。

3. 补充阅读及翻译分析

根据上述翻译实践及分析程序，讨论以下材料的理解与翻译过程，注意翻译策略的应用。

段落三

❶实施乡村振兴战略是一项长期而艰巨的任务，❷要遵循乡村建设规律，着眼长远谋定而后动，❸坚持科学规划、注重质量、从容建设，❹聚焦阶段任务，找准突破口，排出优先序，❺一件事情接着一件事情办，一年接着一年干，久久为功，积小胜为大成。❻要有足够的历史耐心，把可能出现的各种问题想在前面，❼切忌贪大求快、刮风搞运动，防止走弯路、翻烧饼。

（2018年9月21日，习近平在主持中共十九届中央政治局第八次集体学习时的讲话）

Rural revitalization is a long-term and arduous task. We must adopt a long-term perspective, and plan thoughtfully before taking action. We need to make rational plans, emphasize quality, and take our time to ensure efficacy. We need to focus on the tasks at hand, look for areas for breakthroughs, and set priorities. We will work away issue by issue, year in and year out, accumulating small successes and moving towards great achievements. We should have sufficient patience, and think ahead about problems that could emerge. We must avoid seeking instant success, and refrain from reckless decision-making and impulsive campaigns that would mislead us or make us do the same thing again and again.

❶中的"乡村振兴战略"是专有名词，可以对应译为 Strategy for Rural Revitalization。❶是动宾结构作主语，英译时既可以用英文不定式结构作主语，选择相应的动词搭配，译为 To carry out the Strategy for Rural Revitalization is a long-term and arduous task，也可以直接用 rural revitalization 作主语，译为 Rural revitalization is a long-term and arduous task。

❷中，"谋定而后动"带有文言色彩，意为在采取行动前要先作出细致的规划安排，可相应译为 plan thoughtfully before taking action。

❸中，"科学规划"一词中的"科学"属于多义词汇，在本句中意为"合理的"，因而可解释性翻译为 rational。

❺中，"一件事情接着一件事情办，一年接着一年干"通俗易懂，体现了习近平群众语言风格。通过重复"一件事情"和"一年"形成反复结构，形象生动地表达了深刻的含义，可以考虑语义替代和融合策略，译为 work away/tackle issue by issue, year in and year out，其中 work away 意为 labor continuously with zealousness or diligence。issue by issue 和 year in and year out 这两个英文短语充分体现出事情连绵

不断和时间持续多年的含义，较好地传达了原义。"久久为功，积小胜为大成"包含成语和用典，可先进行主谓定位，添加主语 we，确定谓语动词"办"和"干"，考虑到"办"和"干"意思相同，可采取融合性翻译策略，合译为 work。"久久为功"这一四字格的含义是要持之以恒，锲而不舍，直到最后成功；"积小胜为大成"意为从小事做起，积累小的胜利，实现大的成就。前者意思已经包含在后者里，故可考虑省略不译，提升译文简洁性；后者可处理为现在分词短语置于句尾，采取解释性翻译策略，译出核心意思，可表述为 accumulating small successes and moving towards great achievements。

❼语言特征鲜明，尤其是在用词上体现了习近平的群众语言风格，此类话语具有明显的中国文化色彩，在英文中往往缺少直接对应的表达，可考虑采用解释性或替代性翻译策略处理。本语境中，"贪大求快"指的是追求短期效应，可以采取解释性翻译策略，译为 seek instant success。同样的，"刮风搞运动"指的是决策反复、开展政治运动，可采取解释性翻译策略译出核心意思，理解为"任意地、任性的"，从而将"刮风搞运动"分别译为 reckless decision-making 和 impulsive campaigns。再分别选择搭配的动词，可将"切忌"译为 avoid 或 refrain from。另外，"切忌……"与"防止……"隐含有前者可能导致后者的逻辑关系，可以采用逻辑显化策略，如译为 ...that would... 衔接前后内容，显化原文内部的逻辑关系。"走弯路"和"翻烧饼"这两个表达均使用了譬喻修辞手法，可考虑采用解释性翻译策略，将二者分别译为 mislead sb. 和 make sb. do the same thing again and again，利于读者理解。

段落四

❶在整个发展过程中，我们都要坚持节约优先、保护优先、自然恢复为主的方针，❷不能只讲索取不讲投入，不能只讲发展不讲保护，不能只讲利用不讲修复，❸要像保护眼睛一样保护生态环境，像对待生命一样对待生态环境，❹多谋打基础、利长远的善事，多干保护自然、修复生态的实事，多做治山理水、显山露水的好事，❺让群众望得见山、看得见水、记得住乡愁，让自然生态美景永驻人间，还自然以宁静、和谐、美丽。

（2018年5月18日，习近平在全国生态环境保护大会上的讲话）

In the whole process of economic development, we must adhere to the principle of giving priority to conservation, protection, and the restoration of nature. We should not think about taking from nature without giving back, developing without protecting, and consuming without restoring. We should protect the eco-environment as we protect our eyes, and cherish it as we cherish our own lives. We should lay the groundwork for long-term benefits, take concrete steps to protect nature, restore the ecosystems, and create a beautiful environment. We should make it possible for people to enjoy the natural landscape and retain their love of nature, while returning serenity, harmony and beauty back to nature.

❶是强调原则，❷说明禁止行为，❸形象说明保护生态环境的必要性和重要性，❹说明具体工作，❺显示目标。

❶中，"优先"重复出现，且与"为主"语义相近，因此可考虑融合性翻译为give priority to。❷中，三个分句是排比结构，语义清楚，可考虑对应翻译。❸比喻形象，语义明确，可考虑对应翻译，体现原文形象化表达。❹中，"打基础"是为了"利长远"，翻译中可以考虑显化逻辑关系；"善事""实事""好事"在句中各指前面的具体内容，不必重复译出。

❺中"让群众……，让自然……"分为"群众"和"自然"两个方面。"望得见山、看得见水、记得住乡愁"是一个整体，由山水景色关联到思乡情怀。"望得见山、看得见水"可对应翻译为people will be able to see lush mountains and lucid waters，或者用解释性翻译策略处理为make it possible for people to enjoy the natural landscape；"记得住乡愁"可解读为"对自然之爱"（retain their love of nature）。"让自然生态美景永驻人间"的含义就是"还自然以宁静、和谐、美丽"，可以不用重复翻译。

四、拓展训练

1 词汇翻译：参考翻译策略建议，翻译以下加粗的词语，注意其在特定语境下的含义。

> 1. **人心**是最大的**政治**。我们要积极回应人民群众**所想**、**所盼**、**所急**，大力推进生态文明建设，提供更多优质生态产品，不断满足人民日益增长的优美生态环境需要。

内容理解与翻译策略建议 | 本段内容讲述的是生态文明建设如何满足人民的需求。注意"人心是最大的政治"中"人心"与"政治"的具体内涵，可考虑使用解释性翻译策略加以说明。"所想、所盼、所急"三个"所"字结构的语义清楚，可考虑译为名词短语。

> 2. 全面实施供给侧结构性改革，推进**去产能**、**去库存**、**去杠杆**、**降成本**、**补短板**，落实**巩固**、**增强**、**提升**、**畅通**要求，推进**制造强国**建设，加快发展现代产业体系，壮大实体经济，发展数字经济。

内容理解与翻译策略建议 | 本句说明了全面实施供给侧结构性改革的具体内容，"去产能、去库存、去杠杆、降成本、补短板"，"巩固、增强、提升、畅通"和"制造强国"在本语境中都有明确而具体的语义内涵，可考虑对应性翻译策略和解释性翻译策略。

2 句子翻译：参考翻译策略建议，翻译以下句子，注意句子的语义内涵及句法特点。

> 1. ❶我在党的十九大报告中对乡村振兴战略进行了概括，提出要坚持农业农村优先发展，按照产业兴旺、生态宜居、乡风文明、治理有效、生活富裕的总要求，❷建立健全城乡融合发展体制机制和政策体系，加快推进农业农村现代化。

内容理解与翻译策略建议 | 本句通过四字格的并列，高度概括了乡村振兴战略的总要求，提纲挈领，言简意赅。❶中，可以"我"作为主语，以"概括"和"提出"作为谓语动词，而考虑到"按照产业兴旺、生态宜居、乡风文明、治理有效、生活富裕的总要求"这一部分是高度凝练的政策性表达，具有较强的术语独立性，建议采用对应性翻译策略，在译文中也表述为对应的术语，处理为并列的名词短语。❷可独立成句，添加主语后，确定谓语动词为"建立健全"和"加快推进"。

第九单元

> 2. 要坚持生态惠民、生态利民、生态为民，重点解决损害群众健康的突出环境问题，加快改善生态环境质量，提供更多优质生态产品，努力实现社会公平正义，不断满足人民日益增长的优美生态环境需要。

内容理解与翻译策略建议 | 此句为主语省略（隐含）句，可考虑补主语。另外，该句较长，可根据语义切分为若干短句。"生态惠民、生态利民、生态为民"并列结构可考虑使用融合性翻译策略，突出原文核心信息。

3 **语篇翻译：参考翻译策略建议，翻译以下段落，注意语篇的内容及组织特点。**

> 1. ❶在现代化进程中，如何处理好工农关系、城乡关系，在一定程度上决定着现代化的成败。❷从世界各国现代化历史看，有的国家没有处理好工农关系、城乡关系，农业发展跟不上，农村发展跟不上，农产品供应不足，不能有效吸纳农村劳动力，❸大量失业农民涌向城市贫民窟，乡村和乡村经济走向凋敝，工业化和城镇化走入困境，甚至造成社会动荡，最终陷入"中等收入陷阱"。

内容理解与翻译策略建议 | 本段回顾了历史上各国现代化进程中出现的问题，强调应正确处理工农关系和城乡关系。本段包含两个句子，第二句是对第一句的展开，而且句子较长，结构较复杂，其中又包括了若干主谓短句和流水句，在翻译中需要注意做好语篇衔接，合理切分长句，定位主谓，尤其需要对原句内部的不同成分之间的逻辑关系予以正确判断和必要的显化。具体而言，❷可将"历史"一词作为主语，从而把原句的主体视角（"从……看"）转换成客体视角。在此基础上，可用宾语从句翻译后续信息，把"有的国家"处理为介词短语作地点状语，把"没有处理好工农关系、城乡关系"处理为名词短语，作为宾语从句的主语，从而从原句的主体视角（"有的国家"）转入译文的客体视角。同时可不再重复第一句中已经提及的"工农关系、城乡关系"，而使用代词回指，实现语篇衔接。将"……跟不上，……跟不上，……不足，不能……"这几个主谓短句处理为"没有处理好工农关系、城乡关系"的结果。❸中，可将"大量失业农民涌向城市贫民窟"处理为原因状语从句，将其后直至整段末尾的信息处理为主句，理解为"大量失业农民涌向城市贫民窟"所导致的后果，再次显化原文逻辑关系。

2. ❶打好脱贫攻坚战是实施乡村振兴战略的优先任务。❷贫困村和所在县乡当前的工作重点就是脱贫攻坚，目标不变、靶心不散、频道不换。❸2020年全面建成小康社会之后，我们将消除绝对贫困，但相对贫困仍将长期存在。❹到那时，现在针对绝对贫困的脱贫攻坚举措要逐步调整为针对相对贫困的日常性帮扶措施，并纳入乡村振兴战略架构下统筹安排。❺这个问题要及早谋划、早作打算。

内容理解与翻译策略建议 | 本段强调脱贫攻坚对于乡村振兴的重要性，并且提出在全面建成小康社会之后，需要针对相对贫困实施日常性帮扶措施，纳入乡村振兴战略架构。❷前半句包含了❶已经提及的"脱贫攻坚"，因此可使用代词照应，实现语篇衔接。❹开头"到那时"在原句中作时间状语，是重要的句间衔接手段，在译文中可进一步将其含义明晰化，在译文中表述为"在2020年之后"。对于本段❷❺出现的四字格的排比或并列，可重点关注其内涵意义；若不同四字格内涵有所重叠，可考虑采取融合性翻译策略，力求译文简洁达意。

五、思考题

❶ 中国时政文献中常有贴近群众话语的生动表达，不仅接地气，也往往形象贴切，直指问题关键。此类表达有时以排比结构或对仗结构出现，口语色彩较强，具有朗朗上口、易于传播的特点。在翻译此类表达时，忠实于原文含义的同时，也要考虑译文的简洁性和可读性，可对原文重叠信息进行必要的整合。综合分析下列译例中"说起来重要、干起来次要、忙起来不要"这一表述的译文采取了何种翻译策略，并全面评价使用该策略的合理性以及译文的整体效果。

原文　我们一直强调，对"三农"要多予少取放活，但实际工作中"三农"工作"说起来重要、干起来次要、忙起来不要"的问题还比较突出。

译文　We have always emphasized that we should invest more in agriculture and rural areas, take less from farmers and reduce restrictions. But in reality, these commitments have not always been matched with action.

2 根据时政文献翻译的一般原则，译文"首先要忠实传达原文的政治信息，包括讲话人的意图、态度、立场等，其次语言表达要晓畅自然，在此基础上要追求生动形象，与原文保持风格一致。唯有如此，译文才可能取得良好的外宣效果。"（陈明明语）对比以下原文及译文，综合分析译文是否能够体现这一标准。

原文　要从系统工程和全局角度寻求新的治理之道，不能再是头痛医头、脚痛医脚，各管一摊、相互掣肘，而必须统筹兼顾、整体施策、多措并举，全方位、全地域、全过程开展生态文明建设。

译文　In order to seek a new way of governance from a systematic and broader perspective, we must no longer take a fragmented and palliative approach that only treats the symptoms, nor can we care for our own business and hold others back. Instead we must make an overall plan that takes all relevant factors into consideration, and adopt multiple measures simultaneously to advance eco-environmental progress in all respects.

3 中国源远流长的灿烂文化孕育了许多经典，这些经典在外译的过程中也产生了众多经典译文。请收集"亦余心之所善兮，虽九死其犹未悔"的不同译法，小组讨论各译文的翻译策略和效果，并形成小型研究报告。

第十单元

党在新时代的强军目标

党在新时代的强军目标是建设一支听党指挥、能打胜仗、作风优良的人民军队,把人民军队建设成为世界一流军队。本单元将结合党在新时代军队建设的思想内容,系统介绍对相关理念与表述的理解与翻译策略。

一、核心概念解读

1. 习近平强军思想

习近平强军思想的主体内容是"十个明确"：明确强国必须强军，巩固国防和强大人民军队是新时代坚持和发展中国特色社会主义、实现中华民族伟大复兴的战略支撑；明确党在新时代的强军目标是建设一支听党指挥、能打胜仗、作风优良的人民军队，必须同国家现代化进程相一致，力争到2035年基本实现国防和军队现代化，到本世纪中叶把人民军队全面建成世界一流军队；明确党对军队绝对领导是人民军队建军之本、强军之魂，必须全面贯彻党领导军队的一系列根本原则和制度，确保部队绝对忠诚、绝对纯洁、绝对可靠；明确军队是要准备打仗的，必须聚焦能打仗、打胜仗，创新发展军事战略指导，构建中国特色现代作战体系，全面提高新时代备战打仗能力，有效塑造态势、管控危机、遏制战争、打赢战争；明确作风优良是我军鲜明特色和政治优势，必须加强作风建设、纪律建设，坚定不移正风肃纪、反腐惩恶，大力弘扬我党我军光荣传统和优良作风，永葆人民军队性质、宗旨、本色；明确推进强军事业必须坚持政治建军、改革强军、科技兴军、依法治军，更加注重聚焦实战、更加注重创新驱动、更加注重体系建设、更加注重集约高效、更加注重军民融合，全面提高革命化现代化正规化水平；明确改革是强军的必由之路，必须推进军队组织形态现代化，构建中国特色现代军事力量体系，完善中国特色社会主义军事制度；明确创新是引领发展的第一动力，必须坚持向科技创新要战斗力，统筹推进军事理论、技术、组织、管理、文化等各方面创新，建设创新型人民军队；明确现代化军队必须构建中国特色军事法治体系，推动治军方式根本性转变，提高国防和军队建设法治化水平；明确军民融合发展是兴国之举、强军之策，必须坚持发展和安全兼顾、富国和强军统一，形成全要素、多领域、高效益军民融合深度发展格局，构建一体化的国家战略体系和能力。

强军兴军是习近平强军思想贯通的理论主题，求是求实是习近平强军思想蕴含的理论精髓，共同构成了一个逻辑严密、意蕴深远的科学军事理论体系，实现了马克思主义军事理论中国化时代化的新飞跃。

类似于"习近平法治思想"（Xi Jinping Thought on the Rule of Law）、"习近平经济思想"（Xi Jinping Thought on the Economy），"习近平强军思想"可译为Xi Jinping Thought on the Military。习近平强军思想强调的是加强党对军队的绝对

领导，突出政治建军、改革强军、科技强军、人才强军、依法治军，说明是对整个军队体系（military）的全面管理。

2. 党在新时代的强军目标

> 党在新时代的强军目标是建设一支听党指挥、能打胜仗、作风优良的人民军队，把人民军队建设成为世界一流军队。听党指挥是灵魂，决定军队建设的政治方向；能打胜仗是核心，反映军队的根本职能和军队建设的根本指向；作风优良是保证，关系军队的性质、宗旨、本色。

根据对新时代的强军目标的理解，强军目标是我们党对百年奋斗在军事上成功经验的深刻总结，是我们党基于国际国内两个大局形势研判作出的必然选择，是我们党对国防和军队面临突出矛盾和问题的准确把握。"新时代的强军目标"的翻译要注意以下因素：首先，"强军"指全面加强军队建设和发展，而"强"的含义已体现在具体语境中，翻译时不必机械对应；其次，"新时代"指新的时代或环境，译文可译为 the new era。整体可译为：

- our Party's goal of building strong armed forces in the new era
- the Party's goal of building a strong military in the new era
- the Party's goal for military development in the new era

3. 新时代人民军队使命任务

> 进入新时代，中国军队依据国家安全和发展战略要求，坚决履行党和人民赋予的使命任务，为巩固中国共产党领导和社会主义制度提供战略支撑，为捍卫国家主权、统一、领土完整提供战略支撑，为维护国家海外利益提供战略支撑，为促进世界和平与发展提供战略支撑。

根据以上理解，"新时代人民军队使命任务"语义明确，可基本对应翻译，"人民军队"可对应为 the people's armed forces 或 the people's military。另外，"人民"可根据具体语境省略不译。整体可译为 the missions and tasks for the armed forces in the new era。

4. 党对人民军队的绝对领导

> 坚持党对人民军队的绝对领导，就是全军对党要绝对忠诚，军队必须完全地、无条件地置于中国共产党的领导之下。坚持党对人民军队的绝对领导是中国特色社会主义的本质特征，是党和国家的重要政治优势，是人民军队的建军之本、强军之魂。

根据以上理解，"党对人民军队的绝对领导"的翻译要注意以下因素：首先"绝对""领导"意义明确，译文可对应翻译并适当组合；其次，"对……的领导"表示领导的领域和对象，译文可考虑与"领导"搭配的介词（over）；最后，"人民军队"可根据具体语境对应翻译"人民"和"军队"，其中"人民"可根据具体语境省略不译。因此，整体可译为：

- the Party's absolute leadership over the people's armed forces
- absolute Party leadership over the military
- the Party's absolute leadership over the military

5. 政治建军、改革强军、科技强军、人才强军、依法治军

> 政治建军主要是发挥政治工作生命线作用，确保党对人民军队的绝对领导，永葆人民军队性质、宗旨、本色。改革强军主要是解决制约国防和军队建设的体制性障碍、结构性矛盾、政策性问题，推进军队组织形态现代化，构建中国特色现代军事力量体系，完善和发展中国特色社会主义军事制度。科技强军主要是树立科技是核心战斗力的思想，坚持自主创新的战略基点，提高科技创新对人民军队建设和战斗力发展的贡献率。人才强军主要是把培养干部、培养人才摆在更加突出的位置，着力锻造忠诚干净担当的高素质干部队伍，着力集聚矢志强军打赢的各方面优秀人才。依法治军主要是构建完善中国特色军事法治体系，推动治军方式根本性转变，提高国防和军队建设法治化水平。

根据以上理解，"政治建军、改革强军、科技强军、人才强军、依法治军"的翻译要注意以下因素：首先，"改革""科技""人才""依法"语义明确，可基本对应翻译，"改革""科技""人才"是"强军"方式，译文可通过介词（through）引导，成为后置修饰成分，而"政治建军"强调军队的忠诚，译文要相应解释；其次，"建军""强军""治军"强调不同重点，译文注意对应为不同动词；最后，"政治建军、改革强军、科技强军、人才强军、依法治军"是个整体概念，突出强调

政治上"建军",以改革、科技和人才方法"强军",以法治理念"治军",译文可相应整合,同时注意语篇衔接手段(如代词)及并列关系的表达。整体可译为 enhance the political loyalty of the armed forces, strengthen them through reform, science and technology, and training of competent personnel, and run them in accordance with the law。

6. 中国特色强军之路

> 中国特色强军之路,本质特征是坚持中国共产党对人民军队的绝对领导,坚持人民军队的性质、宗旨、本色。基本要求是深入贯彻习近平强军思想,坚持政治建军、改革强军、科技强军、人才强军、依法治军,聚焦能打仗、打胜仗,推动机械化信息化融合发展,加快军事智能化发展,构建中国特色现代军事力量体系,完善和发展中国特色社会主义军事制度,不断提高履行新时代使命任务能力。战略目标是把人民军队全面建成世界一流军队。

根据以上理解,"中国特色强军之路"的翻译要注意以下因素:"中国特色"指中国自己的方式或路径,可根据具体语境对应或解释;"强军"指建设或强化军队,译文可对应表达。整体可译为:

- the path of building a powerful military with Chinese characteristics
- the Chinese path of building strong armed forces
- China's own path in building a strong military
- a Chinese path to military development

第十单元

二、关键语句理解与翻译

认真阅读以下句子，学习并领会关于党在新时代的强军目标的具体内容和精神，注意句子翻译的相关策略及其应用。

1. ❶必须毫不动摇坚持党对军队的绝对领导。❷保证党对军队的绝对领导，关系我军性质和宗旨、关系社会主义前途命运、关系党和国家长治久安，❸是我军的立军之本和建军之魂。
   We must uphold the Party's leadership of the armed forces. This is central to the nature and mission of the armed forces, the future of socialism, the enduring stability of the Party, and the lasting peace of our country. It is fundamental to the existence and development of the armed forces.

❶属主语省略（隐含）句，译文可根据语境信息增补主语 we；"坚持"可对应翻译为 uphold，体现了坚定不移的含义，因此表示强调的"毫不动摇""绝对"可考虑省略不译。❷中，"保证党对军队的绝对领导"承接上一句，是下一句主语，译文可考虑代词替代实现语篇衔接，避免机械重复，而后续三个"关系"突出"党对军队的绝对领导"的关键或核心作用，英文可对应翻译。❸可单独成句，其省略的主语依然是"党对军队的绝对领导"，译文可用代词实现语篇衔接，而"本""魂"均指根本与重要，译文可融合对应。

2. 建设一支听党指挥、能打胜仗、作风优良的人民军队，是党在新形势下的强军目标。
   Building such forces is the Party's goal for developing the military under the new circumstances.

本句明确了党在新形势下的强军目标，"听党指挥"强调服从党的领导，"能打胜仗"说明敢于战斗并取得胜利，可在译文中对应表达，而"作风优良"说明军队的行为规范，译文可相应解释。

需要说明的是，"建设一支听党指挥、能打胜仗、作风优良的人民军队"在本例句的上一段语境中已出现，具体如下：

牢牢把握党在新形势下的强军目标，全面加强军队革命化现代化正规化建设，为建设一支听党指挥、能打胜仗、作风优良的人民军队而奋斗。（We must firmly follow the Party's goal of military development under the new circumstances and, build revolutionary, modernized and standardized people's armed forces that faithfully follow the Party's commands, are able to win battles and have fine conduct.）

因此，本例句中"建设一支听党指挥、能打胜仗、作风优良的人民军队"的译文可考虑用限定词 such 回指"听党指挥、能打胜仗、作风优良"，实现语篇衔接。

此外，在具体语境下"听党指挥、能打胜仗、作风优良"在译文中可考虑其他调整，具体如下：

- to follow the command of the Party, are able to win battles and have fine conduct
- to obey the Party's command, can fight and win, and maintain excellent conduct

3. 坚持党指挥枪、建设自己的人民军队，是党在血与火的斗争中得出的颠扑不破的真理。
At the point that it was engaged in violent struggle, the Party came to recognize the irrefutable truth that it must command the gun and build a people's military of its own.

本句译文整体可考虑调整原文语序，先强调"真理"，再说明其具体内容，即"坚持党指挥枪、建设自己的人民军队"。其次，"血与火的斗争"说明斗争的残酷，译文可作相应解释，不宜机械对应，"颠扑不破"指原则或思想无法辩驳，译文可对应说明。最后，"党指挥枪"形象展示了党对军队的领导，强调了党在缔造军队、建设军队、领导军队中的绝对领导地位，是中国军队发展的特色，更是中国军事话语的突出代表，译文可客观再现这一形象化表述，传达原文语义要旨。

4. ❶人民军队为党和人民建立了不朽功勋，❷是保卫红色江山、维护民族尊严的坚强柱石，也是维护地区和世界和平的强大力量。
The people's military has made indelible achievements on behalf of the Party and the people. It is a strong pillar for safeguarding our socialist country and preserving national dignity, and it is a powerful force for protecting peace in our region and beyond.

本句连续使用两个"是"字结构，充分肯定了人民军队的重要贡献。首先，译文整体可根据具体语义分为❶❷两部分。其次，"为党和人民"指代表党和人民的利益，译文可对应说明。另外，两个"是"字结构省略的主语都是"人民军队"，译文可用代词替代。同时，"红色江山"指中国共产党领导人民建设的社会主义新中国，译文可相应解释；"柱石"可对应翻译，形象再现原文语言特色及语义内涵；

第十单元

"地区与世界"指中国所在地区及世界其他地域,译文可具体说明。

> 5. 要统筹经济建设和国防建设,努力实现富国和强军的统一。
> We should coordinate the development of our economy and defense capabilities, and combine efforts to make the country prosperous and the military strong.

　　本句说明了经济与国防建设协调统一的军队建设思想。首先,本句属主语省略(隐含)句,译文可根据具体语境增补主语 we;其次,"统筹"指协调安排,译文可对应处理为 coordinate,"经济建设"指经济发展,"国防建设"指国防能力或实力的发展,二者可以融合翻译;最后,"实现富国和强军的统一"指国家繁荣与军队发展同时实现。

三、重点段落分析与翻译

1. 基础阅读及试译分析

　　认真阅读以下材料,全面理解原文内容,深入领会原文思想,熟悉原文语言特色,并进行试译。

> **段落一**　　听党指挥是灵魂,决定军队建设的政治方向;能打胜仗是核心,反映军队的根本职能和军队建设的根本指向;作风优良是保证,关系军队的性质、宗旨、本色。全军要准确把握这一强军目标,用以统领军队建设、改革和军事斗争准备,努力把国防和军队建设提高到一个新水平。
>
> 　　　　　　　　(2013年3月11日,习近平在第十二届全国人民代表大会第一次会议解放军代表团全体会议上的讲话)

解读分析 | 该段语言规范,明确了"听党指挥、能打胜仗、作风优良"的强军目标,译文要注意关键词语的准确解读,同时注意句子内部组织及语篇衔接等现象,并使用不同的翻译策略。

> **段落二**　推进强军事业，必须坚持政治建军、改革强军、科技兴军、依法治军，全面提高国防和军队现代化水平。要深入贯彻古田全军政治工作会议精神，发挥政治工作生命线作用，培养有灵魂、有本事、有血性、有品德的新一代革命军人，锻造铁一般信仰、铁一般信念、铁一般纪律、铁一般担当的过硬部队，永葆人民军队性质、宗旨、本色。
>
> （2017年8月1日，习近平在庆祝中国人民解放军建军90周年大会上的讲话）

解读分析 | 该段突出推进强军事业的基本方法，同时使用譬喻、排比等修辞方法，译文要结合原文语义进行对应或解释。

2. 参考译文及翻译策略分析

结合原文，对比分析个人译文与参考译文的异同，明确原文理解难点，讨论具体翻译策略的应用。

> **段落一**
>
> | ❶听党指挥是灵魂，决定军队建设的政治方向；❷能打胜仗是核心，反映军队的根本职能和军队建设的根本指向；❸作风优良是保证，关系军队的性质、宗旨、本色。❹全军要准确把握这一强军目标，用以统领军队建设、改革和军事斗争准备，努力把国防和军队建设提高到一个新水平。 | It is essential for the military to follow the Party's commands, which determines the political orientation of military development. It is vital for the military to be capable of fighting to win, which is the basic function of the military as well as the fundamental objective of its development. To have fine conduct ensures that the military demonstrates its nature, aspiration and character. Our armed forces must understand this goal, bear it in mind in their efforts to promote military development, reform and preparedness, and bring national defense and military development to a new level. |

本段第一句话较长，译文可依据语义切分为相应短句。❶英译时可用定语从句连接前后两部分，"灵魂"意指关键作用，译文可相应解释。❷英译时也可用定语从句连接前后两部分，全句语义明确，译文可整体对应处理。❸中，注意"作风"指军队行为规范，译文可相应解释，"本色"突出主要特点，译文可相应解释。

❹中，"用以"省略了"强军目标"，译文可使用代词替代实现语篇衔接，

"努力……"可与"统领……"并列（以 and 连接），也可解释为总结或目标，用分词（bringing）或表示目的的词组（so as to）表达。

本段中，"建设"多次出现，具体指（军队）发展，译文可相应解释，"军队"也反复使用，译文注意使用代词替代或同义词实现语篇衔接。

段落二

❶推进强军事业，必须坚持政治建军、改革强军、科技兴军、依法治军，全面提高国防和军队现代化水平。❷要深入贯彻古田全军政治工作会议精神，❸发挥政治工作生命线作用，培养有灵魂、有本事、有血性、有品德的新一代革命军人，锻造铁一般信仰、铁一般信念、铁一般纪律、铁一般担当的过硬部队，永葆人民军队性质、宗旨、本色。

To strengthen our military, we must count on political work, reform, science and technology, and the rule of law to upgrade our national defense and modernize our military in all respects. We must put into practice the guiding principles adopted at the New Gutian Meeting. Political work is the lifeline of the military, which will play an essential role in fostering a new generation of revolutionary forces dedicated to the Party's ideals and leadership, capable of winning wars, fearless, and equipped with moral integrity, with men and women as strong as iron in their belief, faith, discipline and sense of responsibility, so that the nature, purpose and character of the military will remain unchanged.

❶中，"事业"属范畴类虚义名词，译文可省略不译，而"建军""强军""兴军""治军"基本意义都体现在"推进强军事业"中，译文可不必机械对应，对应处理"政治""改革""科技""依法"等方法即可。"全面"要注意多样化译文形式。

❷❸较长，可依据原文语义切分为短句。其中，❷语义明确，可单独成句，后续"精神"内容再单独说明。"精神"指会议形成的基本指导原则，译文可相应解释。1929 年 12 月 28 日至 29 日，中国工农红军第四军第九次党的代表大会在福建省上杭县古田村召开，史称"古田会议"。2014 年 10 月 30 日全军政治工作会议在福建省上杭县古田镇召开，习近平出席会议并发表重要讲话，强调发挥政治工作对强军兴军的生命线作用，为实现党在新形势下的强军目标而奋斗。因此，译文可增补解释（new），以区别两次古田会议。

❸语义完整，首先，针对"发挥政治工作生命线作用"，原文动宾结构可调整为译文主谓结构，突出"政治工作"的语义中心（political work is...），再用关系代词引导后续语句（根据语义增补谓语 play an essential role）。"有灵魂"指忠于党、

听党指挥，"有本事"指能打胜仗，"有血性"指无所畏惧，而"有品德"指军纪严明（尤指道德素养），译文可相应解释。上述修辞词语在译文中可依据具体语义，以过去分词、形容词短语等形式置于核心词"新一代革命军人"之后。"铁一般"连续出现，比喻与排比复合应用，语气鲜明，译文可对应翻译"铁一般"，直观再现原文语义色彩，而"铁一般……过硬部队"指前文"新一代革命军人"，为避免重复，译文可相应解释（men and women），指所有官兵。最后，再以连接词组（so that）引导状语从句，表示实现"永葆人民军队性质、宗旨、本色"的目标。

3. 补充阅读及翻译分析

根据上述翻译实践及分析程序，讨论以下材料的理解与翻译过程，注意翻译策略的应用。

段落三

❶深化国防和军队改革是实现中国梦、强军梦的时代要求，是强军兴军的必由之路，也是决定军队未来的关键一招。❷要深入贯彻党在新形势下的强军目标，动员全军和各方面力量，坚定信心、凝聚意志，统一思想、统一行动，全面实施改革强军战略，坚定不移走中国特色强军之路。

（2015年11月24日，习近平在中央军委改革工作会议上的讲话要点）

Driving deeper reform in national defense and the military is a call of the times to realize the Chinese Dream, as well as a strong military dream, a sure path to a strong military, and a crucial step for the future of our armed forces. We need to carry out the Party's goal of building a strong military under the prevailing conditions, call on the armed forces and related sectors to carry out the strategy of strengthening the armed forces through reform with full confidence, united in will, thought, and action, and keep resolutely to the path of strengthening the armed forces with Chinese features.

❶中，"深化国防和军队改革"是核心信息，译文可对应为动宾结构（strengthen/deepen reform in...），也可将动宾结构"深化改革"转换为名词结构（deeper reform），再以虚义动词（carry out、make、implement、drive等）引导，丰富表达形式。"时代要求""必由之路""关键一招"形成排比句式，译文可对应翻译，再现原文语气色彩。

❷较长，但可考虑增补主语（we），再辅以其他方法，使译文成为一句。首先，确定"贯彻""动员""走"为关键动词，形成三个短句，各句内再协调安排。其次，"要深入贯彻党在新形势下的强军目标"中的"新形势"强调当前主要

形势，译文可对应处理（under the prevailing conditions）。另外，"坚定信心""凝聚意志""统一思想""统一行动"连续使用，明确"全面实施改革强军战略"的原则和方法，译文可相应解释具体语义，并以介词、分词结构充当状语（with full confidence, united in will, thought, and action）。最后，"坚定不移走（中国特色强军之路）"可用 stick to、follow、keep to、uphold、adhere to 等动词（词组）表示相关语义。

段落四

❶党的十八大以来，在党的坚强领导下，人民军队实现整体性革命性重塑、重整行装再出发，❷国防实力和经济实力同步提升，❸一体化国家战略体系和能力加快构建，建立健全退役军人管理保障体制，国防动员更加高效，军政军民团结更加巩固。❹人民军队坚决履行新时代使命任务，以顽强斗争精神和实际行动捍卫了国家主权、安全、发展利益。

（2021年11月11日，《中共中央关于党的百年奋斗重大成就和历史经验的决议》）

Since the Party's 18th National Congress, under the firm leadership of the Party, the people's military has gone through an all-around revolutionary restructuring and embarked on a new journey. China's defense capabilities have grown in step with its economic strength. Integration of national strategic systems and capabilities has accelerated, sound administrative and support systems for ex-service members have been established, defense mobilization has become more efficient, and unity between the military and the government and between the military and civilians has been further enhanced. With an indomitable fighting spirit, the people's military has taken concrete actions to safeguard China's sovereignty, security, and development interests, thereby firmly carrying out its missions in the new era.

❶以"人民军队"为主语，"整体性""革命性"语义明确，译文可对应表达（all-around、revolutionary）。❷中，译文可将"国防实力"作为主语，"与……同步"可以对应翻译为 in step with。

❸包括三个主谓短句，英译时有的可对应原句结构（如"一体化国家战略体系和能力加快构建""国防动员更加高效"），有的可考虑调整叙事视角，如转换为被动语态（如"军政军民团结更加巩固"），丰富句法类型。此外，"军政"指军队和政府，"军民"指军队体系和非军队体系（civilians），译文可对应处理。

❹中，前后两部分主语一致，为避免机械重复，译文可考虑调整语序，将句子主干处理为 the people's militay has taken concrete actions，强调人民军队坚决捍卫国家主权、安全和发展利益；同时，"顽强斗争精神"以介词结构（with+ 名词）呈现，

成为状语，最后以分词形式明确"履行新时代使命任务"，并注意显化与主句的逻辑关系（thereby）。

四、拓展训练

1 词汇翻译：参考翻译策略建议，翻译以下加粗的词语，注意其在特定语境下的含义。

1. 牢固树立**战斗力**这个唯一的根本的标准，按照打仗的要求搞建设、抓准备，确保部队召之即来、来之能战、战之必胜。

内容理解与翻译策略建议｜ "战斗力"是新时代军队建设的一个关键概念和核心目标，因为"我军根本职能是打仗，战斗力标准是军队建设唯一的根本的标准"。"战斗力"的翻译要注意"力"的语义内容，译文可根据具体语境确定对应或解释策略。

2. 把**军民融合发展**上升为国家战略，是我们党长期探索经济建设和国防建设协调发展规律的重大成果，是从国家发展和安全全局出发作出的重大决策，是应对复杂安全威胁、赢得国家战略优势的重大举措。

内容理解与翻译策略建议｜ "军民融合发展"是党在新时代军队建设中的一个核心战略。译文中"军"与"民"可对应翻译，而且要考虑前后位置关系；同时这里"发展"属范畴类虚义名词，注意其具体语义及翻译策略。

2 句子翻译：参考翻译策略建议，翻译以下句子，注意句子的语义内涵及句法特点。

1. ❶各有关方面一定要抓住机遇，开拓思路，❷在"统"字上下功夫，在"融"字上做文章，在"新"字上求突破，在"深"字上见实效，❸把军民融合搞得更好一些、更快一些。

内容理解与翻译策略建议｜ 本句说明了军民融合发展的基本思路和方法。❶中，"抓住机遇""开拓思路"可对应翻译。❷可单独一句，解释为具体措施，其中"统"指统一领导，"融"指深入融合，"新"指创新思想，"深"指深度合作，译文可相应解释。

❸可解释为加快高质量融合发展。根据语义关系，翻译时可以调换顺序，❶和❸合并成一个句子。

> 2. 要全面实施科技兴军战略，坚持自主创新的战略基点，瞄准世界军事科技前沿，加强前瞻谋划设计，加快战略性、前沿性、颠覆性技术发展，不断提高科技创新对人民军队建设和战斗力发展的贡献率。

内容理解与翻译策略建议 ｜ 本句强调了科技兴军战略的原则和重点。首先，本句较长，译文可根据具体语义切分为若干短句。其次，本句各部分主语省略（隐含），译文注意根据语义增补主语。另外，原文中"战略性""前沿性""颠覆性"三个词缀化抽象名词作为修饰成分连续使用，译文不宜机械对应，可考虑调整"加快战略性、前沿性、颠覆性技术发展"叙事视角，用相应形容词表达三个抽象名词的具体语义内容。最后，"不断提高科技创新对人民军队建设和战斗力发展的贡献率"说明具体目标，译文可考虑与前述内容形成逻辑衔接（如定语从句）。

3 　**语篇翻译**：参考翻译策略建议，翻译以下段落，注意语篇的内容及组织特点。

> 1. ❶当今世界正面临百年未有之大变局，❷我国发展仍处于重要战略机遇期，同时各种可以预料和难以预料的风险挑战增多。❸全军要正确认识和把握我国安全和发展大势，强化忧患意识、危机意识、打仗意识，扎扎实实做好军事斗争准备各项工作，坚决完成党和人民赋予的使命任务。

内容理解与翻译策略建议 ｜ ❶中，译文可调整原文叙事视角，以"百年未有之大变局"为主语，突出核心信息。❷中，"同时"表示对比或转折，译文可相应处理。❸说明该战略机遇期下我国军队建设的目标和政策，译文可考虑增补因果关系，显化原文隐含的逻辑关系；另外，"忧患意识、危机意识、打仗意识"中，三个"意识"连续出现，可采用融合性翻译策略。

> 2. ❶要把新时代军事战略思想立起来，把新时代军事战略方针立起来，把备战打仗指挥棒立起来，把抓备战打仗的责任担当立起来。❷要强化战斗队思想，坚持战斗力这个唯一的根本的标准，❸各项工作和建设、各方面力量和资源都要聚焦军事斗争准备、服务军事斗争准备，推动军事斗争准备工作有一个很大加强。

内容理解与翻译策略建议 | ❶可分为前后两部分，前两个分句强调军事战略，后两个分句强调备战打仗，两部分译文都可融合翻译。❸中"军事斗争"反复出现，译文可考虑代词替代，实现语义连贯。

五、思考题

1 中国时政文献常见词汇重复，形成并列或排比句式，以强调具体信息或突出特定内涵。同时，具体词语的意义要结合特定语境具体分析，不宜机械对应翻译。结合以下例证，讨论译文对词汇重复现象使用的翻译策略及其效果。

原文　要引导官兵强化忧患意识、危机意识、使命意识，做到信念不动摇、思想不松懈、斗志不衰退、作风不涣散，始终保持坚定的革命意志和旺盛的战斗精神。

译文　We will educate our officers and soldiers to intensify their ability to respond to adversity and crisis, so that their commitment will remain firm, their work determined, their morale high and their discipline unwavering. Our officers and soldiers will maintain an indomitable revolutionary spirit and be dauntless in combat.

2 针对本单元主题，小组讨论，选定最有困难的翻译材料，确定解决方案，并形成小型研究报告。

第十一单元

中国特色大国外交

中国特色大国外交要服务民族复兴、促进人类进步，推动建设新型国际关系，推动构建人类命运共同体。本单元将结合中国特色大国外交的思想内容，系统介绍对相关理念与表述的理解与翻译策略。

第十一单元

一、核心概念解读

1. 习近平外交思想

2018年6月，中央外事工作会议召开，确立了习近平外交思想的指导地位。习近平外交思想可以概括为以下10个方面：坚持以维护党中央权威为统领加强党对对外工作的集中统一领导，坚持以实现中华民族伟大复兴为使命推进中国特色大国外交，坚持以维护世界和平、促进共同发展为宗旨推动构建人类命运共同体，坚持以中国特色社会主义为根本增强战略自信，坚持以共商共建共享为原则推动"一带一路"建设，坚持以相互尊重、合作共赢为基础走和平发展道路，坚持以深化外交布局为依托打造全球伙伴关系，坚持以公平正义为理念引领全球治理体系改革，坚持以国家核心利益为底线维护国家主权、安全、发展利益，坚持以对外工作优良传统和时代特征相结合为方向塑造中国外交独特风范。

习近平外交思想是习近平新时代中国特色社会主义思想的重要组成部分，是以习近平同志为核心的党中央治国理政思想在外交领域的重大理论成果，是新时代我国对外工作的根本遵循和行动指南。

"外交"通常可表述为 foreign affairs 或 diplomacy，前者更侧重于整体的外交关系、外交政策等，后者更加侧重于具体的外交实践与活动等，此处可使用 foreign affairs。类似于"习近平法治思想"（Xi Jinping Thought on the Rule of Law）、"习近平经济思想"（Xi Jinping Thought on the Economy）、"习近平强军思想"（Xi Jinping Thought on the Military），"习近平外交思想"可译为 Xi Jinping Thought on Foreign Affairs。

2. 独立自主的和平外交政策

坚定不移走和平发展道路，坚持在和平共处五项原则基础上全面发展同各国的友好合作，坚持国家不分大小、强弱、贫富一律平等，推动建设相互尊重、公平正义、合作共赢的新型国际关系，积极发展全球伙伴关系，维护全球战略稳定，反对一切形式的霸权主义和强权政治。

"独立自主的和平外交政策"译为 an independent foreign policy of peace。"外交政策"为固定词组，译为 foreign policy。"独立自主""和平"为"外交政策"

的修饰词，为避免译文头重脚轻，可分别置于 foreign policy 的前后。其中"独立自主"可对应翻译为形容词 independent，作前置定语。"和平"可译为名词补语 of peace。

3. 和平发展道路

和平发展道路归结起来就是：既通过维护世界和平发展自己，又通过自身发展维护世界和平；在强调依靠自身力量和改革创新实现发展的同时，坚持对外开放，学习借鉴别国长处；顺应经济全球化发展潮流，寻求与各国互利共赢和共同发展；同国际社会一道努力，推动建设持久和平、共同繁荣的和谐世界。中国将坚定不移地走和平发展道路，同时也将推动各国共同坚持和平发展。中国将积极承担更多国际责任，同世界各国一道维护人类良知和国际公理，在世界和地区事务中主持公道、伸张正义。中国主张以和平方式解决国际争端，反对各种形式的霸权主义和强权政治，永远不称霸，永远不搞扩张。中国主张坚持共赢精神，在追求本国利益的同时兼顾别国利益，做到惠本国、利天下，推动走出一条合作共赢、良性互动的路子。

中国改革开放 40 年的历史已经证明，和平发展是中国基于自身国情、社会制度、文化传统作出的战略抉择，顺应时代潮流，符合中国根本利益，符合周边国家利益，符合世界各国利益。

"和平发展道路"译为 the path of peaceful development。根据语境中搭配，"坚持和平发展道路"可译为 follow a path of peaceful development、stay on the path of peaceful development、stick to the path of peaceful development，也可采用解释性翻译方法译为 pursue peaceful development。

4. "一带一路"建设

2013 年秋天，习近平在哈萨克斯坦和印度尼西亚提出共建丝绸之路经济带（Silk Road Economic Belt）和 21 世纪海上丝绸之路（21st Century Maritime Silk Road），即"一带一路"倡议。

古代丝绸之路是一条贸易之路，更是一条友谊之路。在中华民族同其他民族的友好交往中，逐步形成了以和平合作、开放包容、互学互鉴、互利共赢为特征的丝绸之路精神。在新的历史条件下，我们提出"一带一路"倡议，就是要继承和发扬丝绸之路精神，把我国发展同沿线国家发展结合起来，把中国梦同沿线各国人民的梦想结合起来，赋予古代丝绸之路以全新的时代内涵。

第十一单元

> "一带一路"的内容为"五通",即政策沟通(policy coordination)、设施联通(connectivity of infrastructure and facilities)、贸易畅通(unimpeded trade)、资金融通(financial integration)、民心相通(closer people-to-people ties)。

"'一带一路'建设"有时与"'一带一路'倡议"的意思相同,都可以翻译为 Belt and Road Initiative。"'一带一路'建设"有时也可以指更加具体的建设内容。如果指的是落实、执行"一带一路"倡议,可以翻译为 pursue the Belt and Road Initiative。如果指在某些领域的具体合作,可以根据上下文增添具体的合作领域或者项目。最早提出时,中文是"'一带一路'战略",但因为汉语中"战略"一词与英文中 strategy 一词不尽相同,为避免歧义,现在官方文件不再使用"'一带一路'战略"的提法,而是用"'一带一路'建设"或"'一带一路'倡议"这两种表述。

5. 新型国际关系

> 新型国际关系是与强调"冷战思维、零和博弈"的旧的国际关系相对而言的。这个概念的形成经历了一个过程。党的十八大报告提出,"建立更加平等均衡的新型全球发展伙伴关系",这里已经有了"新型"这个词语。2013 年 3 月,习近平在莫斯科国际关系学院发表演讲,首次提出"以合作共赢为核心的新型国际关系"的概念。在 2014 年 11 月举行的中央外事工作会议上,习近平指出:"我们要坚持合作共赢,推动建立以合作共赢为核心的新型国际关系,坚持互利共赢的开放战略,把合作共赢理念体现到政治、经济、安全、文化等对外合作的方方面面。"这是在国家最高层级的外事工作会议上明确提出的概念,并且强调"合作共赢理念"。2017 年 10 月,党的十九大报告进一步提出,推动建设相互尊重、公平正义、合作共赢的新型国际关系。其中,合作共赢是新型国际关系最核心的理念,同时也是相互尊重与公平正义的基础。新型国际关系是习近平提出的重大理念之一,成为习近平外交思想的重要组成部分。

"新型国际关系"可以译为 a new approach to international relations 或 a new model/type of international relations。international relations 的常见定义是 a branch of political science concerned with relations between nations and primarily with foreign policies,是指国际关系学,因此前面不宜直接加 new。这里所说的"新型国际关系"实际上指的是新型国际关系模式,因此需要加上 approach、model 或 type。

6. 全球治理体系改革和建设

> 高举构建人类命运共同体旗帜，秉持共商共建共享的全球治理观，倡导多边主义和国际关系民主化，推动全球经济治理机制变革。推动在共同但有区别的责任、公平、各自能力等原则基础上开展应对气候变化的国际合作。维护联合国在全球治理中的核心地位，支持上海合作组织、金砖国家、二十国集团等平台机制化建设，推动构建更加公正合理的国际治理体系。

根据具体语境，"全球治理体系改革和建设"可以译为 the reform and development of the global governance system。这里的"建设"不是指从无到有的搭建（building），而是指在现有基础上不断发展完善，所以可考虑译为 development。

7. 人类命运共同体

> 2013年3月23日，习近平在莫斯科国际关系学院演讲时，面向世界首次提出"命运共同体"理念。此后，他在不同场合对构建人类命运共同体进行了重要阐述，形成了科学完整、内涵丰富、意义深远的思想体系。党的十八大以来，习近平站在人类历史发展进程的高度，以大国领袖的责任担当高瞻远瞩，在国际国内重要场合先后100多次提及人类命运共同体。
>
> 党的十九大报告提出："各国人民同心协力，构建人类命运共同体，建设持久和平、普遍安全、共同繁荣、开放包容、清洁美丽的世界。要相互尊重、平等协商，坚决摒弃冷战思维和强权政治，走对话而不对抗、结伴而不结盟的国与国交往新路。要坚持以对话解决争端、以协商化解分歧，统筹应对传统和非传统安全威胁，反对一切形式的恐怖主义。要同舟共济，促进贸易和投资自由化便利化，推动经济全球化朝着更加开放、包容、普惠、平衡、共赢的方向发展。要尊重世界文明多样性，以文明交流超越文明隔阂、文明互鉴超越文明冲突、文明共存超越文明优越。要坚持环境友好，合作应对气候变化，保护好人类赖以生存的地球家园。"

"人类命运共同体"有不同的译法，如 a human community with a shared future、a global community of shared future 等，目前推荐的译法为 a global community of shared future。从文字上讲，global 意指全球、全人类。community（"共同体"）后的介词用 of 比较准确，指人类本身的命运共同体；用 with 或 for，可能会有歧义，赋予其"另外的、附带的"之意，译文可能会被理解成"为人类而存在的命运共同体"。

8. 全人类共同价值

> 中国共产党将继续同一切爱好和平的国家和人民一道，弘扬和平、发展、公平、正义、民主、自由的全人类共同价值。

"全人类共同价值"可译为 common values of humanity 或 shared human values。humanity 这个词除了指"人性""人道"外，也常用来指"全人类"，例如 crime against humanity（反人类罪）、problems facing humanity（人类面临的问题）。

二、关键语句理解与翻译

认真阅读以下句子，学习并领会关于中国特色大国外交的具体内容和精神，注意句子翻译的相关策略及其应用。

> 1. 走和平发展道路，是中华民族优秀文化传统的传承和发展，也是中国人民从近代以后苦难遭遇中得出的必然结论。
> Pursuing peaceful development is what the fine traditional Chinese culture calls for, and it is a natural choice made by the Chinese people who have suffered so much in modern times.

本句结构清楚，"走和平发展道路"是话题，后续两个是字句说明走和平发展道路的原因。"走和平发展道路"可译为动名词短语，作主语，后接以 what 引导的表语从句，其中"传承与发展"可解释性翻译为 call for；后半句主语可使用代词 it，实现语篇衔接。"必然结论"可理解为"必然选择"，可解释性翻译为 a natural choice。

> 2. 中国走和平发展道路，其他国家也都要走和平发展道路，只有各国都走和平发展道路，各国才能共同发展，国与国才能和平相处。
> China is pursuing peaceful development, and so are other countries. This is the sure way for all the countries in the world to seek common development and peaceful coexistence.

本句包含陈述句与条件句。"走和平发展道路"多次出现，首次出现翻译为

pursuing peaceful development，"……也都要走和平发展道路"可使用副词 so 代替。"……都走和平发展道路"可以承上使用代词 this 实现语篇衔接。"只有……才能……"的条件句可考虑翻译为陈述句，使用主系表结构，表语中心词 way 之前增补具体修饰词语（sure），强调"和平发展道路"的价值。

3. 各国主权范围内的事情只能由本国政府和人民去管，世界上的事情只能由各国政府和人民共同商量来办。
Matters that fall within the sovereign rights of a country should be managed only by the government and people of that country. And affairs of the world should be addressed by the governments and peoples of all countries through consultation.

原文使用对偶修辞，译文可考虑分为两个单句，并由并列连词 and 连接。原文使用"只能……去管""只能……来办"的主动形式表达被动意义，译文可转换视角，使用被动结构。两个"只能"所指的情况需根据语境进行不同处理。"管"即"管理"，可对应翻译为 be managed；"办"即"处理、解决"，可对应翻译为 be addressed。

4. 我国周边外交的基本方针，就是坚持与邻为善、以邻为伴，坚持睦邻、安邻、富邻，突出体现亲、诚、惠、容的理念。
China's basic policy of diplomacy with neighboring countries is to treat them as friends and partners, to make them feel secure and to support their development. This policy is characterized by friendship, sincerity, reciprocity and inclusiveness.

本句主要讲述我国周边外交基本方针所包含的内容，翻译可考虑分为两个英文句子，均以"我国周边外交的基本方针"作为主语，第二次出现时使用 this policy 指代。"与邻为善""以邻为伴"语义相近，可使用语义融合策略译为 to treat them as friends and partners。"睦邻、安邻、富邻"指加强周边国家的安全感，同时支持这些国家的发展需求，可使用解释性翻译策略处理为 to make them feel secure and to support their development。"亲、诚、惠、容"是新形势下中国坚持走和平发展道路的一份生动宣言，是对多年来中国周边外交实践的一个精辟概括。"亲"指巩固地缘相近、人缘相亲的友好情谊，增强中国周边外交的亲和力、感召力、影响力，可解释性翻译为 friendship；"诚"指坚持以诚待人的相处之道，诚心诚意对待周边国家，争取更多朋友和伙伴，可解释性翻译为 sincerity；"惠"指履行惠及周边、互利共赢的合作理念，让周边国家得益于我国发展，我国也从周边国家共同发展中获得裨益，可解释性翻译为 reciprocity；"容"指开放包容、求同存异的大国胸怀，可解释性翻译为 inclusiveness。

5. ❶要坚持国际关系民主化，坚持和平共处五项原则，❷坚持国家不分大小、强弱、贫富都是国际社会平等成员，坚持世界的命运必须由各国人民共同掌握，❸维护国际公平正义，特别是要为广大发展中国家说话。
We will promote democracy in international relations, and uphold the Five Principles of Peaceful Coexistence. We are firm in our position that all countries, regardless of their size, strength and level of development, are equal members of the international community and that the destiny of the world should be decided by people of all countries. We will uphold international justice and, in particular, speak up for developing countries.

　　本句话为主语省略（隐含）句，译文中应补充主语 we。本句中包含三个意思紧密相关的部分，可翻译为三个英文句子。"坚持国际关系民主化"指的是推动国际关系民主化的过程，可解释性翻译为 promote democracy。❷表达的是立场，可根据英文句子结构需求增添概指名词 position，意指"立场"，后接同位语从句，说明"立场"的具体内容。"为……说话"可对应翻译为 speak up for…。

6. 我们要坚持合作共赢，推动建立以合作共赢为核心的新型国际关系，坚持互利共赢的开放战略，把合作共赢理念体现到政治、经济、安全、文化等对外合作的方方面面。
We should continue to pursue win-win cooperation, promote a new model of international relations based on such cooperation, follow the mutually beneficial strategy of opening up and adopt the win-win approach to our external relations in the political, economic, security, cultural and other fields.

　　本句话讲的是合作共赢的方式。四个分句分别使用"坚持""推动""坚持""把……体现到……"等表述，可翻译为英文的并列分句。"合作共赢"多次出现，可考虑使用对应翻译策略译为 win-win cooperation，或使用限定词+名词（such cooperation）以避免重复，也可使用一词多义的策略，译为 the win-win approach，增加语言多样性。

7. ❶要坚持不干涉别国内政原则，❷坚持尊重各国人民自主选择的发展道路和社会制度，坚持通过对话协商以和平方式解决国家间的分歧和争端，反对动辄诉诸武力或以武力相威胁。

We will never compromise the principle of non-interference in other countries' internal affairs. We will respect the choices of development path and social system made independently by people of other countries, promote peaceful resolution of differences and disputes between countries through dialogue and consultation, and oppose the willful use or threat of force.

本句讲的是我国不干涉别国内政的原则。本句为主语省略（隐含）句，译文中应补充主语 we。本句可翻译为若干英文并列句。❶是对于该原则的概述，可考虑单独翻译一句，可采用视角转换的翻译策略，采用否定的表达方式 never compromise the principle of non-interference…，凸显原文主题信息。❷是对不干涉别国内政原则的具体内容的阐述，可翻译为一句。其中，"动辄诉诸武力或以武力相威胁"中的"动辄"意思是"动不动就"，带有一种不赞成、批评的含义，与英文的 willful 含义基本一致，暗含故意伤害他人之意，此处可对应翻译为 willful use or threat of force。

8. 面对严峻的全球性挑战，面对人类发展在十字路口何去何从的抉择，各国应该有以天下为己任的担当精神，积极做行动派、不做观望者，共同努力把人类前途命运掌握在自己手中。

All countries need to demonstrate a strong commitment to their global responsibilities in the face of daunting global challenges. Indeed, they need to determine a decisive direction for humanity at this juncture. We must take action instead of simply watching as bystanders, and endeavor to shape the future of humanity.

原文状语在句首，强调各国面临的严峻挑战与抉择（"面对……面对……"），继而引出主题（"各国应该……做……不做……努力……"）。译文可进行信息点与句型调整：先提出鲜明的观点 All countries need to demonstrate a strong commitment to their global responsibilities in the face of daunting global challenges，主题优先，状语随后，按照英语的表达习惯有效传递原文语义；再使用副词 indeed 加强语义，补充以上观点。"……做……不做……努力……"可单独一句，强调应采取的措施。"行动派""观望者"语义清楚，译文可相应解释。

第十一单元

三、重点段落分析与翻译

1. 基础阅读及试译分析

　　认真阅读以下材料，全面理解原文内容，深入领会原文思想，熟悉原文语言特色，并进行试译。

段落一　　新的征程上，我们必须高举和平、发展、合作、共赢旗帜，奉行独立自主的和平外交政策，坚持走和平发展道路，推动建设新型国际关系，推动构建人类命运共同体，推动共建"一带一路"高质量发展，以中国的新发展为世界提供新机遇。中国共产党将继续同一切爱好和平的国家和人民一道，弘扬和平、发展、公平、正义、民主、自由的全人类共同价值，坚持合作、不搞对抗，坚持开放、不搞封闭，坚持互利共赢、不搞零和博弈，反对霸权主义和强权政治，推动历史车轮向着光明的目标前进！

（2021年7月1日，习近平在庆祝中国共产党成立100周年大会上的讲话）

解读分析 | 本段语言气势恢宏，表达了我国外交的理念、目标与立场，文字铿锵有力、振奋人心。其中有较多并列的内容，根据语义，英文可以翻译成并列结构，也可以使用显化逻辑的策略将句间逻辑表达出来。也应考虑句中不同元素应以何种逻辑展现，使其突出表达重要的意思。

段落二　　我们呼吁，各国人民同心协力，构建人类命运共同体，建设持久和平、普遍安全、共同繁荣、开放包容、清洁美丽的世界。要相互尊重、平等协商，坚决摒弃冷战思维和强权政治，走对话而不对抗、结伴而不结盟的国与国交往新路。要坚持以对话解决争端、以协商化解分歧，统筹应对传统和非传统安全威胁，反对一切形式的恐怖主义。要同舟共济，促进贸易和投资自由化便利化，推动经济全球化朝着更加开放、包容、普惠、平衡、共赢的方向发展。要尊重世界文明多样性，以文明交流超越文明隔阂、文明互鉴超越文明冲突、文明共存超越文明优越。要坚持环境友好，合作应对气候变化，保护好人类赖以生存的地球家园。

（2017年10月18日，习近平在中国共产党第十九次全国代表大会上的讲话）

解读分析 | 本段呼吁各国人民采取实际行动，共同构建人类命运共同体。其中"同心协力""同舟共济"语义相近，都是行动所遵循的基本价值观和理念，在语气上是两次强调此理念，可以考虑翻译为两个段落。句子中包含的信息元素较多，句子较长，确保句子组织中的动宾搭配准确。"反对一切形式的恐怖主义"中的"一切形式"可以有多种强调的方式，可以考虑多种译文。此段中也多次出现"（以）……超越……"，可以考虑使用不同的搭配使译文语言多样化。

2. 参考译文及翻译策略分析

结合原文，对比分析个人译文与参考译文的异同，明确原文理解难点，讨论具体翻译策略的应用。

段落一

❶新的征程上，我们必须高举和平、发展、合作、共赢旗帜，奉行独立自主的和平外交政策，坚持走和平发展道路，❷推动建设新型国际关系，推动构建人类命运共同体，推动共建"一带一路"高质量发展，❸以中国的新发展为世界提供新机遇。❹中国共产党将继续同一切爱好和平的国家和人民一道，弘扬和平、发展、公平、正义、民主、自由的全人类共同价值，❺坚持合作、不搞对抗，坚持开放、不搞封闭，坚持互利共赢、不搞零和博弈，❻反对霸权主义和强权政治，推动历史车轮向着光明的目标前进！

On the journey ahead, we will remain committed to promoting peace, development, cooperation, and mutual benefit, to an independent foreign policy of peace, and to the path of peaceful development. We will work to build a new type of international relations and a human community with a shared future, promote high-quality development of the Belt and Road Initiative through joint efforts, and use China's new achievements in development to provide the world with new opportunities. The Party will continue to work with all peace-loving countries and peoples to promote the shared human values of peace, development, fairness, justice, democracy, and freedom. We will continue to champion cooperation over confrontation, to open up rather than closing our doors, and to focus on mutual benefits instead of zero-sum games. We will oppose hegemony and power politics, and strive to keep the wheels of history rolling towards bright horizons.

原文第一句话包括三方面内容。❶是我国外交遵循的总体原则，❷明确具体工作内容，❸是这些宏观工作的目的。其中❷❸意思更加紧密，英译时可以考虑❶单独成句，❷❸合为一句。

❶中，"高举……旗帜"在具体语境中可对应翻译为 hold high the banner，也可考虑省略原文意象，而解释说明其含义：we will remain committed to…。"高举……旗帜""奉行……政策""坚持走……道路"意思都是"坚定不移、致力于此"，为避免重复，可以采用融合性翻译策略，统一使用 remain committed to…，使译文言简意赅、一目了然。

❷中，在翻译"推动共建'一带一路'高质量发展"时，可以考虑将"高质量发展"作为结果先翻译，即 promote high-quality development，"共建"是建设方式，可译为介词短语 through joint efforts 或者用副词 jointly 作方式状语。❸中，"新发展"可解释性翻译为 China's new achievements in development（"中国发展新成就"）。

❹—❻，是在国际事务中弘扬全人类共同价值的承诺、准则与目标。其中❹是在国际事务中弘扬全人类共同价值的承诺，❺是实现全人类共同价值所秉承的准则，❻是弘扬全人类共同价值达到的目标，翻译时都可以单独成句。

❺主要包含三个部分，三组"坚持……，不搞……"，构成排比结构。每个部分均包含正反两方面内容，可以考虑融合性翻译策略，而不必保留"坚持……，不搞……"的两个动词的语言结构。考虑到语言多样化，译文可有多种表达方法，如 champion…over…、…rather than…、focus on…instead of… 等。"对抗""互利共赢""零和博弈"等可采取对应翻译策略。

❻中，"霸权主义"对应翻译为 hegemony，"强权政治"对应翻译为 power politics。"推动历史车轮向着光明的目标前进"，可以考虑在翻译时保留原文比喻意象，也可根据原文语境将"光明的目标"解释为光明的前景，配合"车轮前进"的具体形象，译为 bright horizons。

段落二

❶我们呼吁，各国人民同心协力，构建人类命运共同体，建设持久和平、普遍安全、共同繁荣、开放包容、清洁美丽的世界。❷要相互尊重、平等协商，坚决摒弃冷战思维和强权政治，走对话而不对抗、结伴而不结盟的国与国交往新路。❸要坚持以对话解决争端、以协商化解分歧，统筹应对传统和非传统安全威胁，反对一切形式的恐怖主义。❹要同舟共济，促进贸易和投资自由化便利化，推动经济全球化朝着更加开放、包容、普惠、平衡、共赢的方向发展。❺要尊重世界文明多样性，❻以文明交流超越文明隔阂、文明互鉴超越文明冲突、文明共存超越文明优越。❼要坚持环境友好，合作应对气候变化，保护好人类赖以生存的地球家园。

We call on the people of all countries to work together to build a global community of shared future, to build an open, inclusive, clean, and beautiful world that enjoys lasting peace, universal security, and common prosperity. We should respect each other, discuss issues as equals, resolutely reject the Cold War mentality and power politics, and take a new approach to developing state-to-state relations with communication, not confrontation, and with partnership, not alliance. We should commit to settling disputes through dialogue and resolving differences through discussion, coordinate responses to traditional and non-traditional threats, and oppose terrorism in all its forms.

We should stick together through thick and thin, facilitate free trade and investment, and make economic globalization more open, inclusive, and balanced so that its benefits are shared by all. We should respect the diversity of civilizations. In handling relations among civilizations, let us replace estrangement with exchange, clashes with mutual learning, and superiority with coexistence. We should be good friends to the environment, cooperate to tackle climate change, and protect our planet for the sake of human survival.

❶中，"我们呼吁，各国人民同心协力"在语义上统领后面的"构建……，建设……"等。译文可以使用逻辑显化的策略，将"我们呼吁，各国人民同心协力"翻译为主句，"构建……，建设……"可以译为并列的 to do 结构目的状语。"世界"前面的形容词较多，可以考虑部分作前置定语，部分作后置定语。其中"开放包容"（open, inclusive）、"清洁美丽"（clean, beautiful）可以使用对应性翻译策略作前置定语，而"持久和平、普遍安全、共同繁荣"可翻译成形容词 + 名词的结构（lasting peace, universal security, and common prosperity），作后置定语。

❶后面几个句子均为以"要……"开始的主语省略（隐含）句，译文均可考虑补充主语 we。

❸讲的是争端、分歧的解决方式。"反对一切形式的恐怖主义"可考虑对应翻译为 oppose terrorism in all its forms，其中"恐怖主义"以名词和代词形式出现两次，语义得以加强。

❹中，"同舟共济"与前文"同心协力"意思相同，都是呼吁全球团结共同合作，此处可以考虑译文另起一段。"同舟共济"可使用替代性翻译策略，用英文既有表达 through thick and thin 表述。"包容、普惠、平衡、共赢"可并列对应翻译为 open, inclusive, balanced, and mutually beneficial，或者考虑"共赢"是"包容、普惠、平衡"所达到的结果，翻译中显化因果逻辑关系（so that）。

❺统领❻，为层次清晰起见，翻译时可单独成句。❻中有三个并列短句，说明了处理文明关系的三种方式，为使译文语义更加明晰，可以考虑增加语义解释 in handling relations among civilizations。三个平行的短句为主语省略（隐含）句，语气为祈使，可考虑增补 let us。

❼中"坚持环境友好"可以用解释性翻译策略，译为 we should be friends to the environment，也可考虑对应性翻译为 we should be environmentally friendly。

3. 补充阅读及翻译分析

根据上述翻译实践及分析程序，讨论以下材料的理解与翻译过程，注意翻译策略的应用。

段落三

❶一个国家走什么样的道路，只有这个国家的人民最有发言权。❷一副药方不可能包治百病，一种模式也不可能解决所有国家的问题。❸生搬硬套或强加于人都会引起水土不服。 （2018年11月17日，习近平在亚太经合组织工商领导人峰会上的讲话）	When it comes to choosing a development path for a country, no one is in a better position to make the decision than the people of that country. Just as one does not expect a single prescription to cure all diseases, one should not expect a particular model of development to fit all countries. Blindly copying the models of others will only be counterproductive, as will be any attempt to impose one's own model on others.

❶中，前半句是话题内容，说明国家对发展道路的选择，后半句是话题说明，强调具体国家的人民对发展道路有最终决定权。首先，可考虑以 when it comes to 的形式引导话题内容；其次，后半句可考虑采用否定比较级的方式（no one...better...than...）强化译文语义，调整叙事视角，有效传达原文语义内涵。

❷中，前半部分是比喻，可以采用对应性翻译策略将"药方"译为 prescription。两个分句间的语义逻辑关系是类比，可以采用逻辑显化的翻译策略，增加连接词（just as）。此外，译文可考虑增加人称主语 one，调整原文叙事方式，强化原文语义。

❸中，"生搬硬套"指盲目照抄他人经验或模式，可解释性翻译为 blindly copy others' experience/model。而"强加于人"根据上下文，指的是将自己的模式强加于人，可解释性译为 impose one's own model on others。"水土不服"是一种形象表达，意为不利于自我发展，可解释性翻译为 counterproductive。此句包含两重意思，一个是"生搬硬套会引起水土不服"，另一个是"强加于人会引起水土不服"，前后两部分可考虑用关联词 as 替代，避免重复。

段落四

❶文明是多彩的，人类文明因多样才有交流互鉴的价值。❷阳光有七种颜色，世界也是多彩的。❸一个国家和民族的文明是一个国家和民族的集体记忆。❹人类在漫长的历史长河中，创造和发展了多姿多彩的文明。❺从茹毛饮血到田园农耕，从工业革命到信息社会，❻构成了波澜壮阔的文明图谱，书写了激荡人心的文明华章。

❼"一花独放不是春，百花齐放春满园。"❽如果世界上只有一种花朵，就算这种花朵再美，那也是单调的。❾不论是中华文明，还是世界上存在的其他文明，都是人类文明创造的成果。

（2014 年 3 月 27 日，习近平在联合国教科文组织总部的演讲）

Civilizations come in different colors, and such diversity has made exchanges and mutual learning among civilizations relevant and valuable. Just as the sunlight has seven colors, our world is a place of dazzling colors. A civilization is the collective memory of a country or a nation. Throughout history, mankind has created and developed many colorful civilizations, from the earliest days of primitive hunting to the period of agriculture, and from booming industrial revolution to the information society. Together, they present a magnificent genetic map of the exciting march of human civilizations.

"A single flower does not make spring, while one hundred flowers in full blossom bring spring to the garden." If there were only one kind of flower in the world, people would find it boring no matter how beautiful it was. Be it Chinese civilization or other civilizations in the world, they are all fruits of human progress.

❶中前后两个部分是递进关系，两部分存在共同的内容即"文明多样（多彩）"，可以使用限定词 + 名词（such diversity）指代前文内容，实现语篇衔接。

❷为类比修辞，可以考虑使用语篇衔接词（just as）将逻辑显化。

❹与❺可考虑逻辑调整，译文合并为一句，强调文明发展的多种层次和样态。其中，"茹毛饮血"指原始社会狩猎活动，译文可作相应解释（primitive hunting）。

❻可以用代词（如 they）实现语篇衔接，其中"文明图谱""文明华章"语义重复，不宜机械对应。

❼是时政文献引用的古诗文，应考虑具体语境中的连贯性和语体特征，而不宜简单引用一些具有古英语特征的译文。本句引用的诗句语义清楚，译文可保留原文形象化特征，与上下文语义有机衔接，有效传达原文语义内涵。

❾中"不论……还是……"是条件关系结构，可对应翻译为 whether...or... 的句型，此处可以使用"be it+ 名词"结构，语言更生动。

四、拓展训练

1 **词汇翻译：参考翻译策略建议，翻译以下加粗的词语，注意其在特定语境下的含义。**

1. 亚洲**地大物博**、**山河秀美**，在世界三分之一的陆地上居住着全球三分之二的人口，47 个国家、1000 多个民族**星罗棋布**。

内容理解与翻译策略建议 | 本句是对亚洲地理、人口、民族等总体情况的介绍，描写生动、文字优美。其中"地大物博""山河秀美"可以考虑解释性翻译策略，并思考是否能与句子其他成分有机结合，将其融入句子中。

2. **亲仁善邻**、**协和万邦**是中华文明一贯的处世之道，**惠民利民**、**安民富民**是中华文明鲜明的价值导向，**革故鼎新**、**与时俱进**是中华文明永恒的精神气质，**道法自然**、**天人合一**是中华文明内在的生存理念。

内容理解与翻译策略建议 | 本句是对中华文明精神气质、处世守则的介绍，侧重对价值观、理念的讲解。原文使用多个四字格工整对照，朗朗上口。可以考虑使用解释性或融合性翻译策略，注意译文表达准确、达意。

2 **句子翻译：参考翻译策略建议，翻译以下句子，注意句子的语义内涵及句法特点。**

1. 过去几年共建"一带一路"完成了总体布局，绘就了一幅"大写意"，今后要聚焦重点、精雕细琢，共同绘制好精谨细腻的"工笔画"。

内容理解与翻译策略建议 | 本句总结过去，说明未来"一带一路"建设的重点方向。使用了"大写意""工笔画"等与绘画相关的比喻修辞，意境优美。"大写意"强调框架轮廓，可用 outline 来对应；"工笔画"强调注重细节、一丝不苟，与 meticulous 含义一致，可考虑对应表达。可使用逻辑显化的翻译策略，增添必要的逻辑连接词，并使用照应等方式实现语篇衔接。

2. 共建"一带一路"顺应了全球治理体系变革的内在要求，彰显了同舟共济、权责共担的命运共同体意识，为完善全球治理体系变革提供了新思路新方案。

内容理解与翻译策略建议 | 本句是对共建"一带一路"意义的评价。其中需要注意的是如何翻译"顺应了""彰显了""提供了"构成的连动句。原文语句较长，译文可根据具体语义切分为若干短句。

3. 要坚持独立自主的和平外交方针，坚持把国家和民族发展放在自己力量的基点上，坚定不移走自己的路，走和平发展道路，同时决不能放弃我们的正当权益，决不能牺牲国家核心利益。

内容理解与翻译策略建议 | 本句讲的是坚持独立自主的和平外交方针，要维护国家正当权益和核心利益。本句是长句，可按照语义关系紧密程度使用拆分的翻译策略。"不能牺牲国家核心利益"可考虑视角转换的翻译策略，调整主动与被动叙事角度，突出重点信息。

第十一单元

3 语篇翻译：参考翻译策略建议，翻译以下段落，注意语篇的内容及组织特点。

1. ❶古丝绸之路沿线地区曾经是"流淌着牛奶与蜂蜜的地方"，如今很多地方却成了冲突动荡和危机挑战的代名词。❷这种状况不能再持续下去。❸我们要树立共同、综合、合作、可持续的安全观，营造共建共享的安全格局。❹要着力化解热点，坚持政治解决；❺要着力斡旋调解，坚持公道正义；❻要着力推进反恐，标本兼治，消除贫困落后和社会不公。

内容理解与翻译策略建议 | 本段是讨论解决古丝绸之路沿线现实问题的思路与方法。"流淌着牛奶与蜂蜜的地方""反恐""贫困落后和社会不公"等相关词语或结构可使用对应性翻译策略。关于古今对比的信息，英译时应注意使用逻辑显化方法体现语义转折，实现语义连贯。❻中，"标本兼治""消除贫困落后和社会不公"是"着力推进反恐"的方式，翻译时注意显化其中逻辑，有效传递语义内涵。

2. 中国共产党是为中国人民谋幸福的党，也是为人类进步事业而奋斗的党。中国共产党是世界上最大的政党。我说过，大就要有大的样子。中国共产党所做的一切，就是为中国人民谋幸福、为中华民族谋复兴、为人类谋和平与发展。我们要把自己的事情做好，这本身就是对构建人类命运共同体的贡献。我们也要通过推动中国发展给世界创造更多机遇，通过深化自身实践探索人类社会发展规律并同世界各国分享。我们不"输入"外国模式，也不"输出"中国模式，不会要求别国"复制"中国的做法。

内容理解与翻译策略建议 | 本段说明中国共产党的性质、宗旨与奋斗目标，并对未来的发展模式进行明确表态。在说明中国共产党所做的一切是为谁和为什么时，可考虑使用同位语（we Chinese Communists）起到语义强调的作用。"大就要有大的样子""把自己的事情做好"等可考虑使用解释性翻译策略，阐明其内涵。"不……也不……不会……"三个连续的否定，可采用英文 not...nor...still less 的否定表达形式，表达三个否定的意义。

五、思考题

1. 在中国时政文献的翻译中，对于同一句话，外国媒体译文与我国官方译文可能会有所不同。试比较下面例证中，外媒译文与我国官方译文的差异，并分析不同译文形成的原因以及可能对读者产生的不同影响。

    原文　　同时，中国人民也绝不允许任何外来势力欺负、压迫、奴役我们，谁妄想这样干，必将在14亿多中国人民用血肉筑成的钢铁长城面前碰得头破血流！

    官方译文　By the same token, we will never allow any foreign force to bully, oppress, or subjugate us. Anyone who would attempt to do so will find themselves on a collision course with a great wall of steel forged by over 1.4 billion Chinese people.

    外媒译文　At the same time, the Chinese people will absolutely not allow any foreign force to bully, oppress or enslave us and anyone who attempts to do so will face broken heads and bloodshed in front of the iron Great Wall of the 1.4 billion Chinese people.

2. 除了提出"人类命运共同体"以外，习近平也提出过"人类卫生健康共同体""人与自然生命共同体""中华民族共同体意识"等。查阅资料，理解"共同体"的含义，并讨论这些表述的翻译方法。

    - 人类卫生健康共同体

        a global community of health for all
    - 人与自然生命共同体

        a community of life for man and nature
    - 中华民族共同体意识

        a sense of Chinese/national identity 或 a sense of community for the Chinese nation

3. 在时政文献引用古诗文的翻译中，部分古文要根据语境采用解释性翻译策略，不能完全照搬现有的固定译法，只有这样才能更有利于译入语读者充分理解。试比较下面两个例证中对"一花独放不是春，百花齐放春满园"的不同译法，并分析二者是否有相同或相似的上下文语境及语体特征，以及这两种译法之外是否还有其他译法。

第十一单元

原文 1　共同维护和发展开放型世界经济。"一花独放不是春，百花齐放春满园。"各国经济，相通则共进，相闭则各退。我们必须顺应时代潮流，反对各种形式的保护主义，统筹利用国际国内两个市场、两种资源。

译文 1　We must safeguard and develop an open world economy. "A single flower does not make spring while one hundred flowers in full blossom bring spring to the garden." Countries will grow if their economies are open, and conversely decline if their economies are closed. We must follow the tide of the times, oppose all forms of protectionism, and make good use of international and domestic markets and resources.

原文 2　各国应该坚持包容普惠，推动各国共同发展。"一花独放不是春，百花齐放春满园。"追求幸福生活是各国人民共同愿望。人类社会要持续进步，各国就应该坚持要开放不要封闭，要合作不要对抗，要共赢不要独占。在经济全球化深入发展的今天，弱肉强食、赢者通吃是一条越走越窄的死胡同，包容普惠、互利共赢才是越走越宽的人间正道。

译文 2　It is important for all countries to pursue inclusive development for the benefit of all. As a Chinese saying goes, "All flowers in full blossom make a beautiful spring." To lead a happy life is the common aspiration of people all over the world. The progress of human society requires a continued effort from all countries to further opening-up, cooperation and win-win development, and reject isolation, confrontation and monopoly. In a world of deeper economic globalization, the pursuit of "the law of the jungle" and "winner-takes-all" leads nowhere. Inclusive growth for all is surely the right way forward.

第十二单元

全面从严治党的战略方针

明确全面从严治党的战略方针，提出新时代党的建设总要求，全面推进党的政治建设、思想建设、组织建设、作风建设、纪律建设，把制度建设贯穿其中，深入推进反腐败斗争，落实管党治党政治责任，以伟大自我革命引领伟大社会革命。本单元将结合全面从严治党的战略方针的思想内容，系统介绍对相关理念与表述的理解与翻译策略。

一、核心概念解读

1. 政治建设

旗帜鲜明讲政治是中国共产党作为马克思主义政党的根本要求。党的政治建设是党的根本性建设，决定党的建设方向和效果。中共十九大把党的政治建设纳入党的建设总体布局并摆在首位，明确了政治建设在新时代党的建设中的战略定位，抓住了全面从严治党的根本性问题。

加强党的政治建设，首要任务是保证全党服从中央，坚决维护党中央权威和集中统一领导。要求全党坚定执行党的政治路线，严格遵守党的政治纪律和政治规矩，在政治立场、政治方向、政治原则、政治道路上同党中央保持高度一致。加强党的政治建设，必须严肃党内政治生活。尊崇党章，严格执行新形势下党内政治生活若干准则，增强党内政治生活的政治性、时代性、原则性、战斗性，自觉抵制商品交换原则对党内生活的侵蚀，营造风清气正的良好政治生态。完善和落实民主集中制的各项制度，坚持民主基础上的集中和集中指导下的民主相结合，既充分发扬民主，又善于集中统一。注重加强党内政治文化建设。加强党的政治建设，要求全党同志特别是高级干部要加强党性锻炼，不断提高政治觉悟和政治能力，把对党忠诚、为党分忧、为党尽职、为民造福作为根本政治担当。

"政治建设"是党的建设的一个方面，其意思并非从无到有的"建设"（build），因此，"党的建设"在英文中较少使用 Party building 这样的说法。这是一个具有中国特色的词汇，其意思是加强党在各个方面的工作，可以用 strengthening the Party 表达。"政治建设"的意思是加强党在政治方面的工作，汉语中为名词，英文可根据具体语境进行多样化处理，如 reinforce the Party's political foundations、strengthen the Party in political terms 或 the Party's political foundations。

2. 思想建设

党的思想建设是中国共产党为保持自己的创造力、凝聚力和战斗力而在思想理论方面所进行的一系列工作。思想建设是党的基础性建设，是党永葆先进性和纯洁性的重要法宝。共产主义远大理想和中国特色社会主义共同理想，是中国共产党人的精神支柱和政治灵魂，也是保持党的团结统一的思想基础。作为党的基础性建设，思想建设的基本要求是：用马克思列宁主义、毛泽东思想、邓小平理论、"三个代表"重要思想、科学发展观、习近平新时代中国特色社会主义思想武装全党，不断改造和克服党内一切非无产阶级思想，以坚持马克思主义的思想领导，保证全党在思想上政治上行动上高度一致，保持党的先进性和纯洁性。加强党的思想建设，必须把坚定理想信念作为首要任务，教育引导全党牢记党的宗旨，挺起共产党人的精神脊梁，解决好世界观、人生观、价值观这个"总开关"问题，自觉做共产主义远大理想和中国特色社会主义共同理想的坚定信仰者和忠实实践者。加强党的思想建设，还要大力弘扬马克思主义学风。中共十八大以来，中国共产党开展了党的群众路线教育实践活动、"三严三实"专题教育、"学党章党规、学系列讲话、做合格党员"学习教育、"不忘初心、牢记使命"主题教育，成为党的思想建设的重要实践和有力抓手。

"思想建设"指的是加强党在思想或理论方面的工作。"加强"除了可译为 strengthen 以外，还可以有多样化的表达，如 buttress 等。因此，"思想建设"可解释性翻译为 buttress ideological commitment、strengthen the Party in ideological terms、strengthen our Party theoretically，或根据上下文翻译为名词 theory。

3. 组织建设

党的组织建设是党的建设的主要内容之一，包括贯彻新时代党的组织路线，坚持民主集中制，加强党的组织制度建设、组织体系建设、干部队伍建设、党员队伍建设和民主集中制建设等内容。党要实现各个历史时期的政治任务，必须始终把加强党的组织建设摆在突出位置。党的干部是党和国家事业的中坚力量，干部队伍建设在党的组织建设中居于核心地位。中共十九大报告指出，坚持党管干部原则，坚持德才兼备、以德为先，坚持五湖四海、任人唯贤，坚持事业为先、公道正派，把好干部标准落到实处，建设高素质专业化干部队伍。同时，坚持党管人才原则，聚天下英才而用之，加快建设人才强国。党的基层组织是党的全部工作和战斗力的基础，基层组织建设是党的组织建设的基础性工作。中共十九大报告强调，把基层党组织建设成为宣传党的主张、贯彻党的决定、领导基层治理、团结动员群众、推动改革发展的坚强战斗堡垒。党员队伍建设是党的组织建设的重要内容。党员是党肌体的组成细胞和党开展活动的主体，以党员发展教育管理等工作为主体的党员队伍建设，是党的建设基础工程。

"组织建设"指的是加强党在组织方面的工作，可解释性译为 consolidate the Party's organizations 或 strengthen the Party in organizational terms。

4. 作风建设

作风建设是管党治党的永恒课题。党的作风是党的各级组织和全体党员在实践过程中形成的比较稳定的、反映党的特征和品格的整体精神风貌，包括党的思想作风、工作作风、领导作风、学风和生活作风等。党的作风就是党的形象，关系人心向背，关系党的生死存亡。中国共产党历来高度重视作风建设，在长期不懈奋斗中形成了一整套优良作风，突出表现为理论联系实际、密切联系群众、批评与自我批评三大作风，以及谦虚谨慎、不骄不躁和艰苦奋斗等作风。中共十九大报告强调，加强作风建设，必须紧紧围绕保持党同人民群众的血肉联系，增强群众观念和群众感情，不断厚植党执政的群众基础。凡是群众反映强烈的问题都要严肃认真对待，凡是损害群众利益的行为都要坚决纠正。坚持以上率下，巩固拓展落实中央八项规定精神成果，继续整治"四风"问题，坚决反对特权思想和特权现象。

"作风建设"指的是加强党在作风方面的工作，可解释性译为 improve the Party's conduct 或 strengthen the Party in terms of conduct。

5. 纪律建设

> 纪律建设指坚持以上率下，巩固拓展落实中央八项规定精神成果，继续整治"四风"问题，坚决反对特权思想和特权现象。重点强化政治纪律和组织纪律，带动廉洁纪律、群众纪律、工作纪律、生活纪律严起来。坚持开展批评和自我批评，坚持惩前毖后、治病救人，运用监督执纪"四种形态"，抓早抓小、防微杜渐。赋予有干部管理权限的党组相应纪律处分权限，强化监督执纪问责。加强纪律教育，强化纪律执行，让党员、干部知敬畏、存戒惧、守底线，习惯在受监督和约束的环境中工作生活。

"纪律建设"指的是加强党在纪律方面的工作，可解释性译为 enforce the Party's discipline 或 strengthen the Party in terms of discipline。

6. 制度建设

> 制度建设是具有根本性、全局性、稳定性和长期性的重大问题。党的制度建设是指党在长期领导工作和党内生活中形成党的组织和党的成员必须共同遵守的党内法规制度。党的制度建设通过对各项工作制度化、规范化，形成党的一系列规章制度，从而为党的其他方面的建设提供基本遵循和制度保障。中共十九大报告强调把制度建设贯穿党的各项建设之中，表明党深化了对制度建设的规律性认识，更加注重凸显制度建设的重要地位和作用。推进全面从严治党，必须坚持制度治党、依规治党，把权力关进制度的笼子，用制度管权、管事、管人。加强党的制度建设，必须建立健全以党章为根本、民主集中制为核心的党内法规制度体系，扎紧制度笼子；必须强化制度宣传教育，增强全党制度意识，筑牢制度治党的思想基础；必须严格执行制度，坚持制度面前人人平等、制度执行没有例外，增强党内法规制度执行力，使制度成为"硬杠杠""高压线"。

"制度建设"指的是改善或强化党的制度或机构，可解释性译为 institution building、institutional improvement 或 create stronger institutions。

7. 反腐败斗争

> 反腐败斗争是加强党的长期执政能力建设、先进性和纯洁性建设，把党建设成为始终走在时代前列、人民衷心拥护、勇于自我革命、经得起各种风浪考验、朝气蓬勃的马克思主义执政党的必然要求。党的十八大以来，经过坚决斗争，反腐败斗争取得压倒性胜利并全面巩固，消除了党、国家、军队内部存在的严重隐患，党在革命性锻造中更加坚强。

"反腐败斗争"可采用对应性翻译策略译为 the anti-corruption campaign、the fight against corruption、the struggle against corruption，或根据上下文翻译为动词词组 fight/combat corruption。

8. 自我革命

> 勇于自我革命是中国共产党区别于其他政党的显著标志。自我革命精神是党永葆青春活力的强大支撑。先进的马克思主义政党不是天生的，而是在不断自我革命中淬炼而成的。党历经百年沧桑更加充满活力，其奥秘就在于始终坚持真理、修正错误。党的伟大不在于不犯错误，而在于从不讳疾忌医，积极开展批评和自我批评，敢于直面问题，勇于自我革命。只要我们不断清除一切损害党的先进性和纯洁性的因素，不断清除一切侵蚀党的健康肌体的病毒，就一定能够确保党不变质、不变色、不变味，确保党在新时代坚持和发展中国特色社会主义的历史进程中始终成为坚强领导核心。

"自我革命"强调党对自身的不断改革与自我完善，其译文为 self-reform 或 self-transformation，而不宜机械对应翻译为 self-revolution，因 revolution 的"革命"义项为 a successful attempt by a large group of people to change the political system of their country by force，与"自我革命"中的"革命"含义不同。

二、关键语句理解与翻译

认真阅读以下句子，学习并领会关于全面从严治党的战略方针的具体内容和精神，注意句子翻译的相关策略及其应用。

1. 我们党的全部历史都是从中共一大开启的，我们走得再远都不能忘记来时的路。
   Our Party's history started from its First National Congress in 1921. No matter how far we have traveled, we must never forget where we started.

   "中共一大"指的是"中国共产党第一次全国代表大会"（the First National Congress of the CPC）。根据上下文语义连贯，"中共"可以使用物主限定词 its 替代 our Party's 避免重复。考虑到译入语读者未必了解中共一大的相关背景，可以增加召开时间（1921）。"我们走得再远"意为"即使我们走得再远"，可以翻译为让步状语（no matter how far we have traveled）。

2. ❶全党要深刻认识到，党内监督是永葆党的肌体健康的生命之源，❷要不断增强向体内病灶开刀的自觉性，❸使积极开展监督、主动接受监督成为全党的自觉行动。
   All Party members should be fully aware that internal scrutiny is the source of health and life for the Party. We should constantly enhance our will to tackle deep-rooted problems, so that actively carrying out scrutiny and being receptive to such scrutiny become standard conduct throughout the Party.

   本句中包含主谓结构分句❶和主语省略（隐含）分句❷❸。❶独立成句，"肌体健康的生命之源"这个比喻在翻译中可对应译为 the source of health and life。❷中"向体内病灶开刀"表达形象，意指解决根深蒂固的问题，译文可作相应解释，便于读者理解。❸可看作是❷的结果，译文增加逻辑连接词（so that）使逻辑显化。

3. ❶要做起而行之的行动者、不做坐而论道的清谈客，❷当攻坚克难的奋斗者、不当怕见风雨的泥菩萨，❸在摸爬滚打中增长才干，在层层历练中积累经验。
   We should act rather than just uttering empty rhetoric. We should work hard to surmount difficulties, steel ourselves through hardships, and increase our capabilities through work on the ground.

第十二单元

本句是习近平鼓励年轻干部提高党性修养，砥砺政治品格，锤炼过硬本领。原文使用了"要做……不做……""当……不当……"的并列句，译文可将一正一反完整的语义组织成一个英文句子，并进行语义切分。译文可对"行动者""清谈客""奋斗者""泥菩萨"等词汇采用解释性翻译策略。"不当怕见风雨的泥菩萨"可采用视角转换的翻译策略，从正面强调原文语义，解释性翻译为 steel ourselves through hardships。❸为对偶句式，而且语义重复，可采用解释性及融合性策略翻译为 increase our capabilities through work on the ground。

4. 惩治腐败这一手必须紧抓不放、利剑高悬，坚持无禁区、全覆盖、零容忍。
   Our tough stance on corruption will never soften, and no exception is made for any organization or individual. For corruption, we have zero tolerance.

本句阐明惩治腐败的坚定态度。"紧抓不放、利剑高悬"四字格可采用融合与视角转换的翻译策略，翻译为否定的形式 will never soften。"无禁区、全覆盖、零容忍"三字格，可将语义紧密的前两个采用融合与解释的翻译策略译为 no exception is made for any organization or individual；"零容忍"表明坚决的态度，可单独翻译为一句，强调语义。

5. 讲实话、干实事最能检验和锤炼党性。
   Speaking the truth and doing honest work is the best way to test and temper the Party spirit.

本句言简意赅，提出检验和锤炼党性的两个标准。"实事"的意思是"具体的事"，在此处指的是"真抓实干"，可以解释性翻译为 doing honest work。"党性"指共产党员自觉认识和践行党的性质、宗旨、历史使命以及党的纲领和任务，体现了党员对身份的认同以及对党员应做的事、应有的行为的理解，可解释翻译为 Party spirit。在不同语境中也可译为 Party consciousness 等。

6. 形式主义、官僚主义同我们党的性质宗旨和优良作风格格不入，是我们党的大敌、人民的大敌。
   Favoring form over substance and bureaucratism are entirely incompatible with the nature, mission and fine conduct of our Party. They are the archenemies of our Party and the people.

本句内容是对形式主义与官僚主义的批判。译文可根据语义，确定英文主谓宾，切分为两个句子。"形式主义"不宜直接对应译为 formalism，formalism 的含义为一种艺术形式，此处的"形式主义"可按照实际意思"只注重形式条件，而忽略内在实质精神的思想潮流"，将其解释性翻译为 favoring form over substance。

三、重点段落分析与翻译

1. 基础阅读及试译分析

认真阅读以下材料，全面理解原文内容，深入领会原文思想，熟悉原文语言特色，并进行试译。

> **段落一**
>
> 一百年前，中国共产党的先驱们创建了中国共产党，形成了坚持真理、坚守理想，践行初心、担当使命，不怕牺牲、英勇斗争，对党忠诚、不负人民的伟大建党精神，这是中国共产党的精神之源。
>
> 一百年来，中国共产党弘扬伟大建党精神，在长期奋斗中构建起中国共产党人的精神谱系，锤炼出鲜明的政治品格。历史川流不息，精神代代相传。我们要继续弘扬光荣传统、赓续红色血脉，永远把伟大建党精神继承下去、发扬光大！
>
> （2021年7月1日，习近平在庆祝中国共产党成立100周年大会上的讲话）

解读分析 | 本段提出了中国共产党伟大建党精神，勉励广大党员继承、发扬伟大建党精神，践行初心使命。本段气势磅礴，有较多并列的四字格和排比句；中文韵律优美、形式紧凑、语义关联，英译时注意显化逻辑。

第十二单元

段落二　　勇于自我革命，从严管党治党，是我们党最鲜明的品格。必须以党章为根本遵循，把党的政治建设摆在首位，思想建党和制度治党同向发力，统筹推进党的各项建设，抓住"关键少数"，坚持"三严三实"，坚持民主集中制，严肃党内政治生活，严明党的纪律，强化党内监督，发展积极健康的党内政治文化，全面净化党内政治生态，坚决纠正各种不正之风，以零容忍态度惩治腐败，不断增强党自我净化、自我完善、自我革新、自我提高的能力，始终保持党同人民群众的血肉联系。

（2017年10月18日，习近平在中国共产党第十九次全国代表大会上的讲话）

解读分析｜本段讲的是从严治党各个方面的内容。其中有较长的句子，译文可按照从严治党的不同方面划分为不同的句子。部分概念英译时也可增加文内注释或使用解释性翻译策略，使译入语读者更容易理解。由于介词具有一定的动态含义，中文的介词结构可译为英文动词结构。

2. 参考译文及翻译策略分析

结合原文，对比分析个人译文与参考译文的异同，明确原文理解难点，讨论具体翻译策略的应用。

段落一

❶一百年前，中国共产党的先驱们创建了中国共产党，形成了坚持真理、坚守理想、践行初心、担当使命，不怕牺牲、英勇斗争，对党忠诚、不负人民的伟大建党精神，❷这是中国共产党的精神之源。

❸一百年来，中国共产党弘扬伟大建党精神，❹在长期奋斗中构建起中国共产党人的精神谱系，锤炼出鲜明的政治品格。❺历史川流不息，精神代代相传。❻我们要继续弘扬光荣传统、赓续红色血脉，永远把伟大建党精神继承下去、发扬光大！

A hundred years ago, the pioneers of Communism in China established the Communist Party of China and developed the great founding spirit of the Party, which is comprised of the following principles: upholding truth and ideals, staying true to our original aspiration and founding mission, fighting bravely without fear of sacrifice, and remaining loyal to the Party and faithful to the people. This spirit is the Party's source of strength.

Over the past hundred years, the Party has carried forward this great founding spirit. Through its protracted struggles, it has developed a long line of inspiring principles for Chinese Communists and tempered a distinct political character. As history has kept moving forward, the spirit of the Party has been passed on from generation to generation. We will continue to promote our glorious traditions and sustain our revolutionary legacy, so that the great founding spirit of the Party will always be kept alive and carried forward.

❶包含两个并列的动宾结构的短句：1）先驱们建立了中国共产党；2）先驱们形成了伟大建党精神。可以考虑使用并列连词 and 连接两个部分。"坚持真理、坚守理想，践行初心、担当使命，不怕牺牲、英勇斗争，对党忠诚、不负人民"是"伟大建党精神"的实质内容，可先对应翻译"形成了……建党精神"（develop the great founding spirit of the Party），再以定语从句引导"建党精神"的具体内容（which is comprised of the following principles），"建党精神"中"精神"可对应翻译为 spirit。"精神"（spirit）较为宏大抽象，而定语从句引导的"建党精神"所包含的具体内容可解释为主要原则（principles）。建党精神的具体内容体现为若干四字格，每两个意思紧密相关，可两两一组，采用语义融合的策略，根据句子结构的需求，翻译为四个并列的"动词 +ing 形式"的短语（upholding truth and ideals, staying true to our original aspiration and founding mission, fighting bravely without fear of sacrifice, and remaining loyal to the Party and faithful to the people）。

❷再次强调建党精神的重要性，可单独翻译为一句。"这"在原文中指代前文出现的"伟大建党精神"，该信息点在译文中出现得较早，距离较远，可使用词语语境化的翻译策略，显化翻译为 this spirit。为避免重复，"精神之源"可解释性翻译为 source of strength。

❸强调一百年来中国共产党坚守建党精神，译文可单独一句，同时用代词 + 名词（this spirit）结构表达"建党精神"，实现语篇衔接。❹隐含的主语（中国共产党）可用代词 it 表达，避免重复，而"精神谱系"这里统指一系列具有启发作用的原则，可解释性翻译为 a long line of inspiring principles。

❺为并列句，可将逻辑显化，"历史川流不息"作为状语，增加逻辑连接词 as，译为 as history has kept moving forward。"精神"指的是"伟大建党精神"，此处可显化翻译为 the spirit of the Party。

❻是连动句，其中"永远把伟大建党精神继承下去、发扬光大"可以看作是"继续弘扬光荣传统、赓续红色血脉"的结果，可将其逻辑显化，增加逻辑连接词 so that。"把伟大建党精神继承下去、发扬光大"可采用视角转换的翻译策略，以被动式突出原文核心信息，可译为 so that the great founding spirit of the Party will always be kept alive and carried forward。

段落二

❶勇于自我革命,从严管党治党,是我们党最鲜明的品格。❷必须以党章为根本遵循,把党的政治建设摆在首位,思想建党和制度治党同向发力,统筹推进党的各项建设,❸抓住"关键少数",坚持"三严三实",❹坚持民主集中制,严肃党内政治生活,严明党的纪律,强化党内监督,❺发展积极健康的党内政治文化,全面净化党内政治生态,坚决纠正各种不正之风,以零容忍态度惩治腐败,❻不断增强党自我净化、自我完善、自我革新、自我提高的能力,始终保持党同人民群众的血肉联系。

To have the courage to carry out self-reform and conduct strict self-governance: This is the most distinctive part of our Party's character. We must uphold the Party Constitution as our fundamental rules, reinforce the political foundations as our priority, buttress our ideological commitment, strengthen our systems, and increase Party competence in all respects. We must focus on oversight over the "key few", by which we mean leading officials, and see that the Three Guidelines for Ethical Behavior and Three Basic Rules of Conduct are observed.

We must uphold democratic centralism, ensure that intra-Party political activities are carried out in earnest, impose strict Party discipline, and strengthen internal oversight. We must develop a positive and healthy political culture in the Party and improve the Party's political ecosystem, resolutely correct misconduct in all its forms, and show zero tolerance for corruption. We will continue to strengthen the Party's ability to cleanse, improve, and reform itself, and forever maintain its close ties with the people.

❶是两个动宾短语作主语,译文可用动词不定式对应翻译(to have the courage to carry out self-reform and conduct strict self-governance)后,再使用代词 this 实现语篇衔接,总结前文意思,作后文主语。"自我革命"指进行自我改革,译文可相应解释。

❷—❻是中文长句,译文可根据语义切分为若干个句子,具体如下:

❷整体说明党的建设的基本原则,可单独翻译为一句。中文介词结构"以……为根本遵循""把……摆在首位"均可考虑翻译为相应的动词结构(uphold…as our fundamental rules 和 reinforce…as our priority)。"思想建党和制度治党同向发力"的"思想建党"指的是对马克思主义的学习与认同。"思想建党"和"制度治党"两个内容,可以考虑翻译为两个动宾短语(buttress our ideological commitment 和 strengthen our systems)。"统筹……各项建设"中"统筹"的意思是"通盘筹划",语义中已包含各个方面,这与"各项"存在一定程度的语义重复,可以使用融合性

翻译策略译为 increase Party competence in all respects，不必将"统筹"对应翻译。

❸说明重点对象和方法，可单独翻译为一句。其中"关键少数"可考虑对应翻译之后增加文内注释（by which we mean leading officials），说明具体所指。"三严三实"指严以修身、严以用权、严以律己，谋事要实、创业要实、做人要实。十九大报告的注释中对其解释为：The Three Guidelines for Ethical Behavior and Three Basic Rules of Conduct require all officials to be strict with themselves in self-cultivation, in the exercise of power, and in self-discipline, and act in good faith when performing official duties, undertaking initiatives, and interacting with others. 因此，"三严三实"可考虑译为 the Three Guidelines for Ethical Behavior and Three Basic Rules of Conduct。

❹可以考虑翻译为并列句。"严肃党内政治生活"的"严肃"不易找到对应的英文动词，可以考虑使用解释性翻译策略表明其意思（ensure that intra-Party political activities are carried out in earnest）。

❺可单独翻译为一句，"政治生态"可对应翻译为 political ecosystem。

❻可单独翻译为一句，"自我净化""自我完善""自我革新"可对应翻译，而"自我提高"与"自我完善"可融合翻译为 to improve。"血肉联系"指党和人民群众的紧密关系，可解释性翻译为 close ties，确保原文语义明确。

3. 补充阅读及翻译分析

根据上述翻译实践及分析程序，讨论以下材料的理解与翻译过程，注意翻译策略的应用。

> **段落三**
>
> ❶党的领导干部更要对组织和人民常怀感恩敬畏之心，对功名利禄要知足，对物质享受和个人待遇要知止。❷"惟江上之清风，与山间之明月，耳得之而为声，目遇之而成色，取之无禁，用之不竭。"❸苏轼的这份情怀，正是今人所欠缺的，也是最为珍贵的。❹生不带来、死不带去。❺想通这个道理，就一定能够以身作则、以上率下，以清廉养浩然正气。
>
> （2018年1月11日，习近平在中共十九届中央纪委二次全会上的讲话）
>
> Leading Party officials should be grateful to the Party and the people and hold them in reverence, never seek position or privileges, and put a cap on their desire for material enjoyment and other perquisites. "Only the gentle breeze caressing the river and the bright moonlight pouring down on the mountains are a bounty and ceaseless feast for the eye and the ear that nature offers." This sentiment of Su Shi, a great writer of ancient China, as he expressed in these words, is most precious but not seen among us now. We had nothing with us when we were born and will take nothing away with us when we die. Once we think this through, we can play a model role by being clean and have integrity prevail within the Party.

❶中，"感恩敬畏"包含"感恩""敬畏"两个不同的层面，可以考虑分别使用"be + 形容词 + to"的结构和动宾结构，采用拆分的策略翻译为并列句（be grateful to the Party and the people and hold them in reverence）。"对功名利禄要知足，对物质享受和个人待遇要知止"是并列关系，译文可对应处理；"功名利禄"指官职及相应权利，可解释为 position or privileges；"知止"指约束和限制，可进行语义替代，使用 put a cap on 传达原文语义内涵。

❷引自《赤壁赋》，表达作者苏轼积极旷达的心境。主句可以表达此段中最主要的信息，即"只有清风与明月无尽无竭"。此外，可考虑增加相应动词，明确表达原文中"清风"与"江上"以及"明月"与"山间"的关系。

❸中"苏轼"未必为译入语读者所熟知，可考虑增加文内注释，给予读者必要的背景信息。本句信息重点在于"正是今人所欠缺的"，译文可先处理"最为珍贵的"，再明确转折关系（but），说明该"情怀"为"今人所欠缺"，再现原文语义重点。

❹是主语省略（隐含）句，译文可补充主语 we。"带来""带去"的宾语省略，

宾语泛指"一切",在否定句中译为 nothing,同时注意将句子内部的语义关系显性处理(when)。

❺是主语省略(隐含)句,译文可补充主语 we。首先,此句隐含"一旦……就……"的逻辑关系,译文可将其显化翻译为 once...。"这个道理"指的是前文所阐述的道理,可以考虑使用代词进行衔接。其次,全句强调个人首先要廉洁,才能"以身作则、以上率下",译文可先突出"以身作则、以上率下"(两个表述语义相近,可融合处理为 play a model role),并以个人廉洁为途径(by),最终让正气成为主流(have integrity prevail)。

段落四

❶温室里长不出参天大树,懈怠者干不成宏图伟业。❷广大党员、干部要在经风雨、见世面中长才干、壮筋骨,练就担当作为的硬脊梁、铁肩膀、真本事,❸敢字为先、干字当头,勇于担当、善于作为,❹在有效应对重大挑战、抵御重大风险、克服重大阻力、解决重大矛盾中冲锋在前、建功立业。

(2020年1月8日,习近平在"不忘初心、牢记使命"主题教育总结大会上的讲话)

A towering tree will not grow in a plant pot; likewise, a great cause cannot be achieved by idlers. To become mainstays of the Party our members and officials must face the world, brave the storm, hone their skills, and enhance their capabilities. They should be men and women of courage and action, knowledgeable and ready to take on responsibilities. They should lead the charge in the face of major challenges, risks, and resistance, and distinguish themselves.

❶前后类比,译文可对应翻译,并采用逻辑显化的翻译策略,增加副词(likewise)。译文可以采用视角转换的翻译策略,突出原文"参天大树"和"宏图伟业"的重点信息,将其译为主语(a towering tree 和 a great cause)。

❷—❹是中文长句,译文可按照语义拆分为多个句子。❷是广大党员、干部成长的目标,❸是面向成长目标的成长方法,❹是成长后获得的能力与成果,翻译时均可单独成句。

❷中有很多三字格。可以将"练就担当作为的硬脊梁、铁肩膀、真本事"看作是广大党员、干部"在经风雨、见世面中长才干、壮筋骨"的目标,即"成为中流砥柱"之意,将其解释性翻译为 become mainstays of the Party。"经风雨"可对应翻译为 brave the storm,"见世面"可对应翻译为 face the world,"长才干"可对应翻译为 hone their skills,"壮筋骨"可采用解释性翻译策略处理为 enhance their capabilities。

❸为主语省略(隐含)句,英译时可先补充主语(they)。该结构为中文四字格,

每两个四字格意思紧密相关，可使用融合性翻译策略译为 of courage and action, knowledgeable and ready to take on responsibilities。

❹主要由"冲锋在前""建功立业"组成连动句，可翻译为英文的并列句 lead the charge 和 distinguish themselves。"应对重大挑战、抵御重大风险、克服重大阻力、解决重大矛盾"形成排比句式，语义相近，可以采用语义融合的策略，将"应对""抵御""克服""解决"融合翻译为 in the face of，"挑战""矛盾"可融合翻译为 challenge，译为 in the face of major challenges, risks, and resistance。

四、拓展训练

1 词汇翻译：参考翻译策略建议，翻译以下加粗的词语，注意其在特定语境下的含义。

> 1. 我们要有**钉钉子的精神**，钉钉子往往不是**一锤子**就能钉好的，而是要一锤一锤接着敲，直到把钉子**钉实钉牢**，钉牢一颗再钉下一颗，不断钉下去，必然大有成效。

内容理解与翻译策略建议 ｜ 本句以"钉钉子"为比喻，强调坚持一张蓝图绘到底。如何翻译与此相关的动词"钉"、名词"钉子"、副词"钉实""钉牢"、动词"敲"等词语，对展现此处形象的比喻尤为重要。

> 2. 党提出和贯彻新时代党的组织路线，明确信念坚定、为民服务、勤政务实、敢于担当、清正廉洁的新时代好干部标准，突出政治素质要求、树立正确用人导向，坚持**德才兼备、以德为先**，坚持**五湖四海、任人唯贤**，坚持**事业为上、公道正派**，坚持不唯票、不唯分、不唯生产总值、不唯年龄，不搞"海推"、"海选"，强化党组织领导和把关作用，纠正选人用人上的不正之风。

内容理解与翻译策略建议 ｜ 本段提出选拔新时代好干部的标准与"四个不唯"的要求。"德才兼备、以德为先""五湖四海、任人唯贤""事业为上、公道正派"为六个四字格，每两个之间存在一定的语义逻辑，如"德才兼备、以德为先"中的逻辑是"德才兼备"为基础，更加强调其中的"德"。此处每两个四字格都可采用语义融合与解释性翻译策略表达原文的核心内涵。

第十二单元

2 句子翻译：参考翻译策略建议，翻译以下句子，注意句子的语义内涵及句法特点。

> 1. 人民立场是马克思主义政党的根本政治立场，人民是历史进步的真正动力，群众是真正的英雄，人民利益是我们党一切工作的根本出发点和落脚点。

内容理解与翻译策略建议 ｜ 本句强调人民对于党、党的工作的重要性。原文四个分句并列，简短有力，英译时可考虑使用相似的句式，译为多个句子。原文多次出现"人民"（"群众"），为了起强调作用，译文也可重复使用名词。"人民"可对应翻译为 the people 或 the public，后者更强调总体意义。

> 2. 对我们共产党人来讲，能不能解决好作风问题，是衡量对马克思主义信仰、对社会主义和共产主义信念、对党和人民忠诚的一把十分重要的尺子。

内容理解与翻译策略建议 ｜ 本句讲述了作风问题对于共产党人的重要意义。对于译文的主语判断，考虑到英语主谓搭配，可将"能不能解决好作风问题"转换为名词 conduct 来作主语。"尺子"前的修饰成分较长，译文可调整为后置定语。

3 语篇翻译：参考翻译策略建议，翻译以下段落，注意语篇的内容及组织特点。

> 1. 加强作风建设必须紧扣保持党同人民群众血肉联系这个关键。"四风"问题只是表象，根上是背离了党性，丢掉了宗旨。现在基层的种种问题，很多是因为党员、干部心里没有群众，不去做、不想做、不会做群众工作，少数干部或无视群众期盼、或不敢应对诉求，在群众面前处于失语状态。领导干部要破除"官本位"思想，坚决反对特权思想、特权现象。就像毛泽东同志当年说的："群众是从实践中来选择他们的领导工具、他们的领导者。被选的人，如果自以为了不得，不是自觉地作工具，而以为'我是何等人物'！那就错了。"这句掷地有声的话，今日听来依然振聋发聩。

内容理解与翻译策略建议 ｜ 本段指出加强作风建设中的关键是保持同人民群众的血肉联系，体现出群众语言风格。译文注意使用代词、副词等实现语篇衔接的方式。"只是表象"可采用解释性翻译策略，阐明在语境中的内涵。"背离了党性，丢掉了宗旨"等并列成分可考虑融合性翻译策略。

2. 党的十八大以来，经过坚决斗争，全面从严治党的政治引领和政治保障作用充分发挥，党的自我净化、自我完善、自我革新、自我提高能力显著增强，管党治党宽松软状况得到根本扭转，反腐败斗争取得压倒性胜利并全面巩固，消除了党、国家、军队内部存在的严重隐患，党在革命性锻造中更加坚强。

内容理解与翻译策略建议 | 本段总结了党的十八大以来从严治党所取得的成就。本段中主谓短句并列使用，译文可使用逻辑显化的策略，再现原文隐含逻辑，如"消除了党、国家、军队内部存在的严重隐患"可以看作是"党在革命性锻造中更加坚强"的原因。部分内容可采用视角转换的翻译策略，将主动结构翻译为被动结构，突出重点信息，如"反腐败斗争取得压倒性胜利并全面巩固"。

五、思考题

1 在中国时政文献的翻译中，为了便于译入语读者理解，必要时可以增加简明的说明文字，如首次提到的会议名称可以添加年份信息，有中国特色或汉语特色的词语可以进行阐释等。对比以下原文及译文，讨论哪些内容可能需要补充、解释。

原文1　十月革命一声炮响，给中国送来了马克思列宁主义。在中国人民和中华民族的伟大觉醒中，在马克思列宁主义同中国工人运动的紧密结合中，中国共产党应运而生。

译文1　With the salvoes of Russia's October Revolution in 1917, Marxism-Leninism was brought to China. Then in 1921, as the Chinese people and the Chinese nation were undergoing a great awakening and Marxism-Leninism was becoming closely integrated with the Chinese workers' movement, the Communist Party of China was born.

原文 2　要牢记"蠹众而木折，隙大而墙坏"的道理，保持惩治腐败的高压态势，做到有案必查、有腐必惩，坚持"老虎"、"苍蝇"一起打，切实维护人民合法权益，努力做到干部清正、政府清廉、政治清明。

译文 2　We should keep it in mind that "Many worms will disintegrate wood, and a big enough crack will lead to the collapse of a wall." We must be tough in cracking down on corruption, and ensure that all cases of corruption are investigated and that all corrupt officials are punished, catching "tigers" as well as "flies" – senior officials as well as junior ones guilty of corruption. In this way, we will effectively protect the legitimate rights and interests of the people and see to it that our officials remain honest and upright, that the government remains clean, and that political integrity is upheld.

2 为更好地实现传播与沟通，译者应"将信息完整无误地传递给外国读者。这里不仅包括字里行间的意思，好的译文还能把弦外之音，甚至音容笑貌一并反映出来，让外国读者产生跟本国读者相同的感受。"（王丽丽语）对比以下原文及译文，讨论原文有何特点，以及译文是否反映出"音容笑貌"。

原文　共产主义决不是"土豆烧牛肉"那么简单，不可能唾手可得、一蹴而就，但我们不能因为实现共产主义理想是一个漫长的过程，就认为那是虚无缥缈的海市蜃楼，就不去做一个忠诚的共产党员。革命理想高于天。实现共产主义是我们共产党人的最高理想，而这个最高理想是需要一代又一代人接力奋斗的。如果大家都觉得这是看不见摸不着的东西，没有必要为之奋斗和牺牲，那共产主义就真的永远实现不了了。我们现在坚持和发展中国特色社会主义，就是向着最高理想所进行的实实在在努力。

译文　Communism is not as simple as a meal of goulash, and it cannot be attained easily. But we cannot dismiss it as an illusion or choose not to be a loyal Communist just because there is a long way to go. Our revolutionary ideals are of supreme importance. Communism is the ultimate ideal of Communists, and it needs generations of strenuous effort to achieve. If we all see it as no more than an illusion, if we deem it unworthy of hard work and sacrifice, communism will never come. What we do today in upholding and developing Chinese socialism is the real effort towards the ultimate ideal.

3 翻译家刘宓庆认为，现代汉语流水句模糊了短语与句子之间的界限，主要依仗语序实现简单聚集和简单对接，语境在范围和结构上更加具有规管、制约能力，这些特征使语句的意念更加明确，也更具自由度，这就是古人说的"笔下生花""笔底生澜"。对比以下原文及译文，讨论流水句的翻译效果。

原文 1　我对县一级职能、运转和县委书记的角色有亲身感悟，刚才听了6位同志的发言，很有感触，脑海里不断浮现我当县委书记时的画面，仿佛回到了30多年前。

译文 1　I was myself a county Party secretary, with firsthand experience of the functions and operation of a county-level Party committee. Hearing the speeches of six county Party secretaries just now, I was deeply impressed; memories of my office as a county Party secretary came flooding back. It was like going back 30 years in time.

原文 2　我在正定时经常骑着自行车下乡，从滹沱河北岸到滹沱河以南的公社去，每次骑到滹沱河沙滩就得扛着自行车走。虽然辛苦一点，但确实摸清了情况，同基层干部和老百姓拉近了距离、增进了感情。

译文 2　In Zhengding, I often cycled to the villages, pedaling from the north bank of the Hutuo River to a people's commune on the south bank. I had to carry my bike every time I neared the river. It was not easy, but that way I got to know the real situation, and became close to the villagers and local officials.

参考文献

1. 蔡力坚，2021，中文特有并列结构的英译处理，《中国翻译》（4）。
2. 蔡力坚、杨平，2017，《中国关键词》英译实践探微，《中国翻译》（2）。
3. 曹逢甫，2005，《汉语的句子与子句结构》，王静译。北京：北京语言大学出版社。
4. 陈明琨、陶文昭，2018，文化自信视阈下的新时代中国特色对外话语体系建构，《马克思主义研究》（6）。
5. 陈明明，2018，以与时俱进的精神做好十九大报告的英文翻译，《英语世界》（3—12）。
6. 程镇球，2003，政治文章的翻译要讲政治，《中国翻译》（3）。
7. 邓中敏、曾剑平，2020，政治话语重复修辞的翻译——以《习近平谈治国理政》为例，《中国翻译》（5）。
8. 窦卫霖，2016，如何提高中国时政话语对外传译效果——基于认知心理学角度，《探索与争鸣》（8）。
9. 杜争鸣，2014，《时政用语中译英释例》。北京：外文出版社。
10. 方梦之，2019，《翻译学辞典》。北京：商务印书馆。
11. 胡文仲，1999，《跨文化交际学概论》。北京：外语教学与研究出版社。
12. 胡壮麟，2018，《新编语篇的衔接与连贯》。上海：华东师范大学出版社。
13. 黄娴、张克亮、陈晓扣，2017，基于大规模汉英平行语料库的"使"字句英译方法探讨，《解放军外国语学院学报》（2）。
14. 黄友义，2004，坚持"外宣三贴近"原则，处理好外宣翻译中的难点问题，《中国翻译》（6）。
15. 黄友义，2018，译好鸿篇巨著　讲好中国故事——通过翻译《习近平谈治国理政》英文版体会中国国际话语体系构建，《中国政协》（14）。
16. 黄友义、黄长奇，2021，党领导下的新中国对外翻译出版事业发展回顾——以中国外文局为例，《中国翻译》（3）。
17. 黄友义、黄长奇、丁洁，2014，重视党政文献对外翻译，加强对外话语体系建设，《中国翻译》（3）。
18. 李长栓，2018，《非文学翻译理论与实践》（第二版）。北京：中译出版社。
19. 李运兴，2015，《汉英语篇翻译》。北京：清华大学出版社。

20. 连淑能，2010，《英汉对比研究》（增订本）。北京：高等教育出版社。

21. 凌继尧，2015，习近平话语体系的风格研究，《艺术百家》（1）。

22. 凌继尧，2016，习近平话语体系的风格再研究，《艺术百家》（2）。

23. 刘宓庆，2006，《新编汉英对比与翻译》。北京：中国对外翻译出版公司。

24. 刘宓庆，2007，《翻译教学：实务与理论》。北京：中国对外翻译出版公司。

25. 刘涛，2017，新概念　新范畴　新表述：对外话语体系创新的修辞学观念与路径，《新闻与传播研究》（2）。

26. 《马克思主义基本原理》（2021年版）编写组，2021，《马克思主义基本原理》（2021年版），北京：高等教育出版社。

27. 穆虹，2022，完整准确全面学习贯彻习近平经济思想，《学习时报》（4月11日A1版）。

28. 曲青山，2019，新时代在党史、新中国史上的重要地位和意义，《求是》（19）。

29. 全国干部培训教材编审指导委员会，2019，《建设现代化经济体系》。北京：人民出版社、党建读物出版社。

30. 全国干部培训教材编审指导委员会，2019，《全面加强党的领导和党的建设》。北京：人民出版社、党建读物出版社。

31. 邵志洪，2013，《汉英对比翻译导论》，上海：华东理工大学出版社。

32. 沈家煊，2017，汉语有没有"主谓结构"，《现代外语》（1）。

33. 孙吉胜，2017，传统文化与十八大以来中国外交话语体系构建，《外交评论》（4）。

34. 谭学纯、濮侃、沈梦璎，2010，《汉语修辞格大辞典》。上海：上海辞书出版社。

35. 谭载喜，2004，《西方翻译简史》（增订版）。北京：商务印书馆。

36. 陶原珂，2002，试析汉语四字格成语的类型及其释义方式，《学术研究》（9）。

37. 汪榕培、王宏，2009，《中国典籍英译》。上海：上海外语教育出版社。

38. 王东风，2005，小说翻译的语义连贯重构，《中国翻译》（3）。

39. 王东风，2007，时态推进的连贯功能与英汉翻译，《外语研究》（6）。

40. 王东风，2009，《连贯与翻译》。上海：上海外语教育出版社。

41. 王宏印，2009，《中国文化典籍英译》。北京：外语教学与研究出版社。

42. 王建国，2019，《汉英翻译学：基础理论与实践》。北京：中译出版社。

43. 王丽丽，2018，中央文献翻译的立场、路径与策略——以党的十九大报告英文翻译为例，《天津外国语大学学报》（2）。

44. 王明杰，2020，高标准翻译出版领导人著作——以英文版《习近平谈治国理政》为例，《中国翻译》（1）。

45. 王弄笙，2004，十六大报告汉英翻译的几点思考，《中国翻译》（1）。

46. 王文斌、赵朝永，2017，论汉语流水句的句类属性，《世界汉语教学》（2）。

47. 王晓晖，2014，加强国际传播能力建设，精心构建对外话语体系，《马克思主义与现实》（4）。

48. 王永贵、刘泰来，2015，打造中国特色的对外话语体系——学习习近平关于构建中国特色对外话语体系的重要论述，《马克思主义研究》（11）。

49. 吴礼权，2016，《现代汉语修辞学》（第三版）。上海：复旦大学出版社。

50. 吴为善、严慧仙，2009，《跨文化交际概论》。北京：商务印书馆。

51. 《新时代党员干部学习关键词》（2020 版）编写组，2020，《新时代党员干部学习关键词》（2020 版），北京：党建读物出版社。

52. 伊斯特伍德，2011，《牛津英语语法：即学即练》（Oxford Practice Grammar），袁懋梓译。北京：外语教学与研究出版社。

53. 尹佳，2016，从读者接受理论看外宣翻译中的读者关照——黄友义、徐明强访谈录，《中国翻译》（5）。

54. 张德禄、刘汝山，2003，《语篇连贯与衔接理论的发展及应用》。上海：上海外语教育出版社。

55. 张峰，2021，"江山就是人民，人民就是江山"：中国共产党百年政权建设的核心理念，《学术前沿》（11）。

56. 张美芳，2009，文本类型理论及其对翻译研究的启示，《中国翻译》（5）。

57. 张美芳，2013，文本类型、翻译目的及翻译策略，《上海翻译》（4）。

58. 张威、董娜，2011，《英汉互译策略对比与应用》。北京：北京语言大学出版社。

59. 张智、刘建军，2017，习近平的群众风格语言及其对宣传思想工作话语的启示，《中国特色社会主义研究》（3）。

60. 中共中央宣传部，2018，《习近平新时代中国特色社会主义思想三十讲》，北京：学习出版社。

61. 中国外文出版发行事业局、当代中国与世界研究院、中国翻译研究院，2019，《中国关键词：治国理政篇》。北京：新世界出版社。

62. 中国外文出版发行事业局、中国翻译研究院，2016，《中国关键词》（第一辑）。北京：新世界出版社。

63. 周忠良，2020，政治文献外译须兼顾准确性和接受度——外交部外语专家陈明明访谈录，《中国翻译》（4）。

64. 朱大鹏、付静伟，2019，新时代的政治话语风格及其启示——基于党的十九大报告的文本考察，《广西社会科学》（7）。

65. 朱义华，2019，外宣翻译的新时代、新话语与新思路——黄友义先生访谈录，《中国翻译》（1）。

66. Baker, M. 2018. *In Other Words: A Coursebook on Translation* (3rd Edition). London & New York: Routledge.
67. Barrett, G. 2016. *Perfect English Grammar: The Indispensable Guide to Excellent Writing and Speaking.* Berkeley: Zephyros Press.
68. Toury, G. 1995. *Descriptive Translation Studies—and Beyond.* Amsterdam & Philadelphia: John Benjamins Publishing Company.
69. Wyrick, J. 2012. *Steps to Writing Well with Additional Readings* (8th Edition). Boston: Wadsworth Publishing.

网络文献

1. 习近平，《把握新发展阶段，贯彻新发展理念，构建新发展格局》，求是网。
2. 习近平，《深化改革开放　共创美好亚太——在亚太经合组织工商领导人峰会上的演讲》，新华网。
3. 习近平，《扎实推动共同富裕》，求是网。
4. "习近平法治思想"，中国日报网。
5. 韩震，《如何理解我们创造的人类文明新形态》，求是网。
6. 王广，《中国式现代化道路的逻辑意蕴》，求是网。
7. 谢春涛，《中国共产党如何建设社会主义现代化强国》，求是网。
8. 辛鸣，《中华民族伟大复兴的理论意蕴》，求是网。
9. 新华社，《习近平对平安中国建设作出重要指示强调　全面提升平安中国建设水平不断增强人民群众获得感幸福感安全感》，新华网。
10. 新华社，《习近平在湖南考察时强调深化改革开放推进创新驱动》，中国政府网。
11. 新华社，《习近平在陕西考察时强调　扎实做好"六稳"工作落实"六保"任务奋力谱写陕西新时代追赶超越新篇章》，新华网。
12. 新华社，《中共中央关于坚持和完善中国特色社会主义制度推进国家治理体系和治理能力现代化若干重大问题的决定》，新华网。
13. 新华社，《中共中央关于全面推进依法治国若干重大问题的决定》，中国政府网。
14. 新华社，《中共中央关于制定国民经济和社会发展第十四个五年规划和二〇三五年远景目标的建议》，中国政府网。
15. 中国关键词，"'两个一百年'奋斗目标""党的思想建设""党的政治建设""党的制度建设""党的组织建设""党的作风建设""中国特色社会主义进入新时代""构建人类命运共同体""和平发展道路""新型国际关系""党在新时代的强军目标"

"坚持党对人民军队的绝对领导""新时代军队使命任务""政治建军、改革强军、科技强军、人才强军、依法治军""中国特色强军之路""习近平外交思想",中国网。

16. 中华人民共和国国务院新闻办公室,《中共中央关于全面深化改革若干重大问题的决定》,国务院新闻办公室网站。
17. 中华人民共和国国务院新闻办公室,《中国的民主》白皮书,国务院新闻办公室网站。
18. 中华人民共和国国务院新闻办公室,《中国的医疗卫生事业》白皮书(英文),国务院新闻办公室网站。

后 记

"理解当代中国"系列教材是中央宣传部、教育部联合开展的《习近平谈治国理政》多语种版本进高校、进教材、进课堂工作的重要成果。

本系列教材编写出版工作得到中央宣传部、教育部领导的亲切关怀和悉心指导，得到中央有关部门和相关单位的支持和帮助。中央宣传部国际传播局、教育部高等教育司给予具体指导。中共中央对外联络部、外交部、中央党史和文献研究院、新华社、人民日报社、中国日报社等相关部门领导和专家共同研究教材编写方案。中国外文局、外文出版社提供《习近平谈治国理政》版权并推荐审定稿专家协助把关。教育部高等学校外国语言文学类专业教学指导委员会各分指委主任委员蒋洪新、贾文键、曹德明、常福良、罗林，各分指委副主任委员、委员，意大利语、葡萄牙语和国际中文等专业有关专家共201位，参与教材样书的审议并提出修改意见。中共中央党校韩庆祥，中国社会科学院龚云，中国人民大学秦宣，中央党史和文献研究院卿学民、王刚，人民日报社杨凯，北京大学陈文旭，北京外国语大学韩强，北京第二外国语学院庄文城等专家学者从思政角度审读了样书，并就有关问题提供咨询指导。

本系列教材的编写与研究经全国哲学社会科学工作领导小组批准，被立为2021年度国家社会科学基金重大委托项目（批准号为：21@ZH043）。课题组首席专家为北京外国语大学党委书记王定华，负责全面统筹指导教材编审、研发、出版、使用等全过程各环节，核心成员为每个语种系列教材的总主编。课题组坚持编研结合、以研促编，深入探究如何更好实现习近平新时代中国特色社会主义思想从理论体系向教材体系、从教材体系向教学体系、从教学体系向学生的知识体系和价值体系的转化，创新教材呈现方式和话语体系，为确保教材的科学性、前沿性、时代性、适宜性提供了方向指引和有力支撑。

本系列教材由北京外国语大学牵头成立工作组，全面负责组织协调、推动实施和支持保障工作。工作组组长为北京外国语大学党委副书记、校长杨丹，副组长为北京外国语大学孙有中，成员有北京外国语大学张文超、王芳、常小玲，北京大学宁琦，北京语言大学魏晖，北京第二外国语学院程维，天津外国语大学李迎迎，大连外国语大学刘宏，上海外国语大学张静，南京大学王志林，广东外语外贸大学焦方太、四川外国语大学严功军、西安外国语大学姜亚军等。北京外国语大学教材处和外语教学与研究出版社承担秘书处工作。

本系列教材编写团队由 251 位专家构成，涉及 50 所高校及相关机构。孙有中承担本系列教材的编写统筹并主持英语系列教材编写工作，刘宏主持俄语系列，孔德明主持德语系列，郑立华主持法语系列，于漫主持西班牙语系列，张洪仪主持阿拉伯语系列，修刚主持日语系列，董洪川、陈英、文铮主持意大利语系列，姜亚军、徐亦行主持葡萄牙语系列，王丹主持韩国语系列，刘利主持国际中文系列。

本系列教材课文选篇主要来自《习近平谈治国理政》多语种版本的核心内容，并及时吸收《中共中央关于党的百年奋斗重大成就和历史经验的决议》、习近平总书记《在庆祝中国共产党成立 100 周年大会上的讲话》等党的最新理论成果。教学设计上注重理论体系向教材体系的有机转化，致力于价值塑造、知识传授和能力培养的有机统一，为我国高校外语类专业培养能够理解当代中国、讲好中国故事的高素质国际化外语人才提供有力支撑。由于能力所限，书中不当、不周之处恐难避免。恳请广大师生不吝指正，以使本系列教材得以完善。

"'理解当代中国'系列教材编写与研究"课题组
2022 年 6 月